KB069508

유아사회교육

이순형 · 김진경 · 서주현 · 김정민 · 이정현
순진이 · 정현심 · 최은정 · 정하나 · 김태연 공저

Early Childhood
Social Education

학지사

‖ 머리말 ‖

    유아는 출생과 동시에 부모자녀관계에 놓이게 되며, 성장하면서 형제관계, 또래관계, 교사와 학생의 관계 등 다양한 사회적 관계를 경험하게 된다. 유아의 사회성 발달은 개인 내적인 요인과 주변 여러 환경의 영향을 받아 이루어진다. 이는 향후 성인이 되어서 원만한 대인관계를 형성하고 사회적으로 성공하기 위한 기본 토대가 된다.

    약 10여 년 전만 해도 유아의 인지발달을 촉진하는 유아교육이 주를 이루었다면, 이제는 유아교육 관련 전문가들뿐 아니라 교육 현장의 교사와 가정에서의 부모 등 일반인에 이르기까지 유아기 사회교육이 중요하다는 것에 뜻을 함께하고 있다. 이에 현장에서는 전인교육, 인성교육, 성품교육 등의 명목으로 유아사회교육이 이루어지고 있다. 그런데 유아사회성 발달의 근간이 되는 인지적 측면을 간과하거나 유아사회성의 부분적인 측면, 예를 들어 이타성, 도덕성에 치중한 교육을 한다는 한계가 발견된다.

    이러한 문제의식에서 출발하여 저자들은 유아사회교육과 관련된 이론을 정리하고, 유아사회성 발달의 기본 요소인 정서 인식 및 조절, 자기 및 타인 이해 등 인지적 측면을 포함한 교재를 준비하게 되었다. 또한 유아교육은 실천학문인 바 유아교사들이 이론적인 내용을 유아교육 현장에 바로 적용할 수 있도록 돕기 위해 실제 사례를 풍부하게 담고자 노력하였다.

    이 책은 1부 유아사회교육의 개관, 2부 유아사회교육의 내용, 3부 유아사회교육의 실제 및 평가로 구성되어 있다.

구체적으로, 1부의 1장에서는 유아사회교육의 필요성을 짚어 보고 목적과 내용을 서술하였으며, 2장에서 유아사회성 발달과 관련된 이론인 유기체론적 관점, 기계론적 관점, 맥락적 관점을 다루었다. 이어서 3장에서 유아사회성 발달에 영향을 미치는 현대의 환경 요인인 가족환경, 교육환경, 매체환경을 살펴보았다. 4장에서는 우리나라 누리과정에 명시된 사회관계영역의 내용들을 살펴보면서 누리과정의 유아사회교육 내용을 분석하였다.

2부인 5장부터 10장에서는 정서 인식 및 조절, 자기 및 타인 이해, 이타성과 친사회적 행동, 도덕성과 집단생활, 성역할과 평등, 반편견 및 문화수용 순서로 각각의 개념 및 발달에 대한 이해와 이를 어떻게 교육할 것인지에 대한 내용을 다루었다.

마지막으로, 3부에서는 유아교육 현장에서 사회성교육을 실천할 수 있도록 3~5세 유아를 대상으로 한 사회성교육의 실제 사례를 11장에 제시하였으며, 현장에서 활용할 수 있는 유아사회교육 평가 방법에 대해 12장에서 소개하였다.

이 책은 유아교육 현장에서 직접 유아와 상호작용하며 유아사회교육을 적용해 온 교사이자 유아발달 전문가인 저자들이 집필하였다. 또한 누리과정과 연계하였으며 실제 적용 사례인 유아사회교육 활동안을 제시하였다는 측면에서 유아교육 관련 학과 전공자들뿐 아니라 유아교사 및 부모들에게도 도움이 될 것으로 기대된다.

2016년 관악에서
이순형

‖ 차 례 ‖

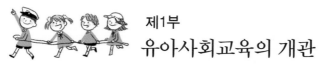

제2부
유아사회교육의 내용

제3부
유아사회교육의 실제 및 평가

제1부

유아사회교육의
개관

Early Childhood Social Education

제1장

유아사회교육의 필요성

1. 유아사회교육의 배경과 필요성

2. 유아사회교육의 목적

3. 유아사회교육의 내용

① 유아사회교육의 배경과 필요성

한 사회의 유아관은 유아에게 제공되는 양육 및 교육 정책에 영향을 미친다. 전통사회에서부터 오늘날 현대사회에 이르기까지 유아관이 어떻게 변화되었는지에 대해서 알아본다.

1) 유아관의 변화와 교육의 필요성

유아에 대한 관점은 시대에 따라 변화해 왔다. 과거 유아는 힘없고 수동적인 존재라는 인식이 지배적이었는데 20세기 이후부터는 환경과 적극적으로 상호작용하는 능동적 존재라는 인식으로 바뀌고 있다. 특히 유아의 인지 발달을 다루는 이론가인 피아제(Piaget, 1965)나 비고츠키(Vygotsky, 1978)의 이론에서 유아가 환경과 상호작용한다는 이론이 중요하게 대두되고 실제로 많은 연구가 이를 뒷받침하고 있다. 따라서 유아는 능동적 존재라는 유아관이 확고히 자리를 잡아가고 있다. 특히 유아의 사고능력이 형편없이 미성숙하다는 인식에서 초보적이지만 인지적 능력이 있고 단지 사고방식이 성인과 다를 뿐이라는 인식으로 전환되고 있다.

한편, 유아에 대해 가지고 있던 사회적 편견이나 잘못된 인식 또한 수정되고 있다. 전통사회에서 유아는 성별에 따라서 기대하는 바가 다르므로 그 기대에 부응하도록 교육되어야 했다. 그래서 유아기가 지날 무렵 남아는 사랑채에서 할아버지와 아버지와 함께 기거하면서 남성의 역할을 학습했고, 여아는 안채에서 할머니와 어머니와 함께 기거하면서 여성의 역할을 학습했다(이순형, 2000). 그러나 현대에 들어서는 성별에 상관없이 유아 개인이 지니고 있는 존재 가치와 성장 잠재력을 인정하고 그것을 키우도록 교육되어야 한다는 방향으로 사회 인식이 변하고 있다. 즉, 유아의 발달에 영향을 주는 요인이 외부적 요인(부모의 학력이나 경제력 등)이 아니라 유아 자신이 가지고 있는 내적 요인(잠재능력)이라는 점이 의미 있게 다루어졌다. 또한 유아마다 가지고 있는 잠재능력이 다르고 발달의 속도가 다르다는 점에서 개인차를 인정해야 한다는 데 주목할 필요가 있다.

이러한 맥락에서 유아사회교육은 개별 맞춤형으로 이루어져야 한다. 어떤 유아는 타인의 요구에 민감하고 사회적 관계 형성에 적극적인 경우가 있다. 그런가 하면 어떤 유아는 타인에게 관심이 적고 사회적 관계를 인식하지 못해 일방적으로 행동하는 경우가 있다. 사회교육은 이와 같은 유아의 타고난 사회적 민감성과 관심에 따라서 달리 실시해야 한다.

2) 가정교육의 변화와 유아사회교육의 필요성

전통사회에서 가족과 친족은 한 마을에 모여 살았고, 그 마을 공동체에서는 성인 모두가 유아교육자였다. 어머니나 아버지는 물론이고 결혼하지 않은 아버지의 형제도 한집에서 살았고 이들과 유아가 접촉하는 시간이 길었다. 친척 할머니나 할아버지는 물론 아저씨, 아주머니가 유아를 지켜보고 가르치던 교사였던 셈이다. 그렇지만 현대 산업사회에서는 친척들이 직업에 따라 여러 지역으로 흩어져 살게 되면서 마을 공동체가 해체되었다(이광규, 1990). 가족도 직업을 유지해야 하므로 바쁘고 부모들도 맞벌이가 많아졌다. 유아의 교육을 담당할 성인들이 외부 일로 바빠서 가정교육이 전통사회처럼 이루어지지 못하고 있다. 가족들이 둘러앉아 저녁식사를 하면서 밥상머리 교육을 실시했던 전통사회와 달리, 현대사회에서는 잠자는 아이 얼굴만 보는 부모가 적지 않아 실제로 가정교육이 실시될 기회나 시간이 대폭 감소하였다. 따라서 유아들이 미래 사회의 시민으로제 역할을 할 수 있는 사회교육이 실시될 필요가 있다.

가정에서 이루어지는 교육의 부족을 메울 수 있도록 유아기 사회교육은 어린이집, 유치원 등에서 실시되어야 한다. 이러한 필요성에서 현재 누리과정에서는 기초적인 사회교육이 다루어지고 있다. '나'를 중심으로 인간을 소중히 여기고 존중하는 교육, 다른 사람들과 더불어 원만하게 지내는 교육, 사회에 대한 의무와 사회적 약자를 배려하는 교육 등이 실시되고 있다.

나아가 유아사회교육은 언론매체를 통해 이루어져야 한다. 유아가 시청하는 TV 프로그램에서 나를 소중히 여기는 만큼 다른 사람에 대해 고려하고 사회적 약자를 배려하도록 하며 우리가 속한 사회에 대한 의무와 책임을 교육할 필요가 있다.

② 유아사회교육의 목적

사회교육이란 사회구성원으로서 그 사회가 요구하는 가치와 태도를 갖추도록 교육하여 스스로 사회적 유능성을 키우는 것이다. 사회적 유능성은 가치, 지식, 공감, 태도, 기술로 이루어질 수 있다. 가치는 개인이 소속되어 있는 사회의 구성원들이 합의를 통해 중요한 것으로 여기는 덕목이다. 인류가 발전해 오면서 선진 사회 대부분에서는 정의, 민주, 공평, 배려, 정직, 근면, 절약 등이 중시되는 덕목으로 받아들여졌다. 정의로운 사회, 민주사회, 공평한 사회, 타인을 배려하는 사회, 정직하고 근면한 사람들이 사는 사회 그리고 환경을 아끼고 절약하는 사회를 이루는 것이 사회의 목적이 되어 왔다.

또한 사회가 지향하는 어떤 이념을 교육시키는 것이 유아교육의 목적인가? 어떤 사회는 정신보다 물질에 가치를 둘 수 있고 성취보다 여가와 휴식에 가치를 둘 수도 있다. 그 사회가 어떠한 상황에 놓여 있는가에 따라서 중요하게 생각하는 가치가 다를 수 있기 때문이다. 때로 개인의 자유나 행복보다는 집단의 성취나 평화가 더 중요시될 수 있다. 전자는 개인주의 사회이념을 중시하고 후자는 집합주의 사회이념을 중시하는 것이다. 이러한 사회의 이념에 맞추어 교육하는 것이 유아사회교육의 목적인가? 사회이념이 실제로 영향을 미치겠지만 유아사회교육의 목적은 아니다.

그렇다면 특정 사회가 비민주적인 경우에 유아사회교육의 목적은 무엇인가? 민주화가 이루어지지 않은 일부 사회에서는 민주사회의 덕목이나 가치가 받아들여지지 않을 수 있다. 독재의 그늘에서는 부정과 부패가 자라고, 정의롭고 공평하기보다는 권력집단의 이익이 중시되며, 사회적 약자가 배려받기보다 그들의 인권이 무시될 것이다. 이러한 사회의 가치를 수용하고 그에 적응하도록 교육시키는 것이 유아사회교육의 목적은 아니다. 유아사회교육의 목적은 어떤 사회든 그 사회 상황에서 유능한 사람을 키우는 것만이 아니다. 이제까지 인류가 이상적 사회로 지향하고 소망해 오던 사회, 즉 민주사회의 가치를 수용하고 그 사회에 적응하는 유능한 민주시민을 교육하는 것이 진정한 목적이다.

③ 유아사회교육의 내용

사회적 유능성에 대해서는 여러 학자가 논의하였는데, 이 장에서는 자기조절 교육과 문화적 유능성 발달시키기 과업을 포함하여 사회적 유능성을 다음의 일곱 가지 과업으로 제시한다.

① 사람과 사회에 대한 지식 갖추기
② 사회가 합의한 가치 수용하기
③ 긍정적 자아 정체감 형성하기
④ 유아의 자기조절 교육
⑤ 대인관계 기술 기르기
⑥ 계획하고 결정하는 능력 기르기
⑦ 문화적 유능성 발달시키기

1) 사람과 사회에 대한 지식 갖추기

사회적 유능성을 키우려면 인간과 사회에 대한 지식을 알아야 한다는 인지적 시각에서 비롯되어야 한다. 사회적 유능성은 사람에 대한 지식을 필요로 한다. 우선, 인간 본성에 대한 지식, 인간의 언어와 행동에 대한 지식, 다양한 문화에 대한 지식이 필요하다. 특히 사회문화적 배경이 다른 사람에 대한 다양한 지식이 있어야 한다. 사회문화적 배경은 한 개인의 말과 행동을 해석하는 데 필요하기 때문이다.

우선, 유아는 남녀를 구분할 수 있어야 하고, 성별에 따른 외모 차이를 알아야 하며, 연령이 증가하면서 나타나는 신체적 변화도 알 수 있어야 한다. 유아도 노화된 외모의 차이를 알 수 있다.

유아는 또한 인간의 정서 반응을 알고 그 정서가 무엇을 의미하는지 알아야 한다. 웃음은 즐거운 정서의 표현이고, 울음은 슬픈 정서의 표현이며, 화남은 분노 정서의 표현임을 알아야 한다. 정서가 유발되는 데에는 맥락상 그럴 만한 이유가 있다는 사실과 동일 자극에 대한 정서 상태가 사람마다 다를 수 있다는 점도 알아야 한다.

그리고 어떤 일이 발생했을 때 사람마다 예상과 달리 다른 반응 양식을 보일 수 있다는 점도 알아야 한다. 일반적으로 두 사람이 머리를 부딪치면 아프다는 사실 때문에 화를 내지만 아버지와 아들이 머리를 부딪치면 아버지가 웃을 수 있다는 점도 알아야 한다. 아버지는 자신에게 일부러 다가와 가볍게 머리를 부딪치는 아들의 행동이 너무 귀여워서 고통보다 애정을 더 느끼기 때문이다.

그 외에도 다양한 배경에 따라서 사람들이 자극에 대해 다른 정서 반응을 보이고 달리 해석하며 달리 행동할 수 있다는 사실을 알 수 있어야 한다.

2) 사회가 합의한 가치 수용하기

인류가 오랜 시간 발전해 오면서 합의한 보편적 가치와 덕목이 있다. 인류가 중요한 것으로 지켜 온 덕목은 대부분 '가치로운 것'에 속한다. 인류가 역사적으로 중요한 것으로 합의한 가치는 무엇인가? 우선 정의를 들 수 있다. 정의란 무엇인가? 정의의 사전적 의미는 사회나 공동체를 위한 옳고 바른 도리다. 이 정의는 추상적이다. 마이클 샌델(Michael J. Sandel)은 정의를 판단하는 세 가지 기준으로 행복, 자유, 미덕을 들었다. 즉, 정의가 사회구성원의 행복에 도움을 줄 수 있는지, 사회구성원 각각의 자유로움을 보장할 수 있는지, 아니면 사회에 좋은 영향을 미치는지로 정의로움을 결정할 수 있다는 것이다.

인류가 중시하는 이러한 덕목은 개인의 인성 특성으로 특징지을 수 있어 바람직한 사회구성원의 인성으로 지적된다. 이러한 것으로는 공정성, 정직성, 근면성, 성실성, 책임감, 융통성 그리고 건강한 생활습관과 성적 태도 등이 있다. 공정성의 사전적 의미는 어떤 일의 가치, 선악, 우열, 시비 등을 판단할 때 어느 한쪽으로 치우치지 않는 공평하고 올바른 성질이다. 정직성은 사전적 의미로 거짓이나 숨김이 없이 바른 특성을 말한다. 근면성은 부지런하고 성실한 성질을 말하고, 성실성은 정성스럽고 참된 품성을 말한다. 책임감은 어떤 일에 대한 책임을 중히 여기는 인성 특성을 말한다. 융통성은 형편이나 경우에 따라서 일을 처리하는 능력을 말한다. 그리고 건강한 생활습관은 자신의 건강을 돌볼 수 있는 습관을 말한다. 건강한 성적 태도 역시 건강한 삶을 누리기 위해서 필요한 것임을 의미한다.

3) 긍정적 자아정체감 형성하기

긍정적 자아정체감은 스스로 자신을 긍정적으로 생각하는 것이다. 인간은 누구나 긍정적으로 자아정체를 형성하여야 긍정적으로 자기 미래를 생각할 수 있다. 긍정적으로 자아정체를 형성하면 다른 사람을 긍정적으로 바라보고, 그 상호작용을 긍정적으로 생각하는 경향이 있으므로 사회적 유능감을 높일 수 있다. 사회적 유능감은 스스로 자신의 능력에 대해 인식하고, 자신의 능력이 힘과 가치를 지니고 있다는 것을 알게 한다. 유능감은 자신감을 주고 뚜렷한 목적의식을 갖게 하는 데 도움이 된다. 따라서 사회적 유능감을 지닌 사람은 낯선 상황이나 새로운 사람을 만났을 때 위축되지 않는다. 그리고 타인의 관계에서 여유를 지니고 다가갈 수 있고 주도적으로 사회적 상호작용을 이어 갈 수 있다.

4) 유아의 자기조절 교육

자기조절은 인간의 삶에 있어 가장 중요한 과업이다. 인간이 사회 속에서 살아가기 위해서는 자신의 본능적 욕구를 조절할 수 있어야 한다. 그리고 사회적 규칙과 규범을 따르고 그에 용납되지 않는 것은 통제할 수 있어야 한다. 이는 가장 주요한 발달 과업이므로 유아기에도 초보적 수준에서 자기조절 교육이 필요하다.

(1) 감정 성찰하기 교육

유아도 자신의 감정을 느끼고 스스로 감정을 과도히 표현했는지 아닌지를 알 수 있다. 성인들이 자신의 감정을 과도하게 표현하고 스스로 후회하거나 다음에는 이러한 표출을 하지 않겠다고 결심하는 것과 마찬가지다. 반복된 후회를 하듯이 유아도 같은 일을 반복해서 하기도 한다. 유아는 화, 분노와 같은 부정적 감정을 스스로 통제하도록 교육되어야 한다. 왜냐하면 부정적 감정을 상대에게 분출하는 것이 상대에게 피해를 주는 것이기 때문이다. 따라서 유아가 부정적 감정을 통제하지 못하는 것을 부끄럽게 여기도록 교육할 필요가 있다.

(2) 충동 통제와 만족지연 교육

유아는 때때로 충동적으로 떼를 쓴다. 잠이 와서 잠투정을 하기도 하고, 배가 고프거나 기분이 나쁠 때 충동적으로 떼를 쓰는 경우가 있다. 이러한 경우에 성인이 달래거나 원하는 음식을 주거나 기분을 달래 주면 유아는 잠이 들거나 기분이 바뀌어 잘 놀곤 한다.

드물기는 하지만 유아는 아무런 이유 없이 그저 충동을 이기지 못해 옆에 있는 아이를 밀치거나 다른 아이의 놀잇감을 뺏거나 또래를 때림으로써 신체적 위해를 가하는 경우가 있다. 이러한 가해 욕구의 원인은 알 수 없다. 아마도 자신의 신체적 힘을 과시하거나 체력의 우위를 통해 지배력을 확보하기 위한 본능적 행동일 수 있다.

어린이집이나 유치원에서 체구가 비교적 크거나 힘이 센 유아가 일종의 힘자랑을 하는 경우가 종종 있다. 이는 체구가 작거나 약한 아이들에게는 위협적이다. 교사나 부모가 힘센 아이의 폭력 행동을 금지하면 그 유아는 성인의 눈을 피해서 교묘하게 폭력을 행사하기도 한다. 성인 세계에서 약자를 괴롭히는 폭력 행동이 유아들 사이에서도 일어나는 것이다. 교사와 부모는 유아에게 폭력이 왜 나쁜 것인지 그 이유를 반복해 설명하고 명확히 금지하는 지침을 주는 방식으로 교육해야 한다. 때로 자기 아이만 피해자가 안 되면 된다는 식의 부모의 이기적 태도가 유아기 폭력을 조장할 수 있다. 폭력을 명백히 금지하는 교육을 어릴 때부터 명확하게 실시해야 한다. 그렇지 않으면 작은 폭력이 큰 폭력으로 이어질 수 있기 때문이다.

충동을 억제하는 교육은 만족지연으로 이어질 수 있다. 충동을 억제하고 만족을 지연할 수 있는 유아들이 성장 후 자아 존중감이 높고 학교 성적도 우수하다고 알려져 있다. 충동을 통제할 수 있어 과제에 주의를 집중할 수 있으므로 성취가 높기 때문이다. 따라서 사려 깊고 과제에 전념하는 습관은 충동 억제 훈련으로 시작될 수 있다. 충동 억제 교육은 유아 주변의 성인이 모델이 되어야 한다. 부모나 성인들의 충동적 모습이 유아에게 동일시 모델로 부정적 영향을 미칠 수 있다. 반면에, 사려 깊고 충동을 억제하는 성인의 모습은 역시 동일시 모델로 긍정적 영향을 미칠 수 있기 때문이다.

(3) 외부 압력 극복 교육

유아의 자율성은 외부 압력을 극복하는 모습에서 찾을 수 있다. 유아도 성인과 마찬가지로 또래집단의 압력을 받으며, TV 등 매체에서 전달해 주는 또래 문화의 압력을 받기도 한다. 또래집단이나 외부집단의 압력에서 자유로울 수 있어야 자율성을 형성했다고 하겠다. 그렇지만 외부의 압력에서 벗어나 스스로 생각하고 판단하며 행동하는 자율성을 형성하는 일은 쉽지 않다. 때로 유아는 또래 압력에 굴해서 색종이 같은 물건이나 먹을 것을 주기도 한다. 유아는 스스로 강자에게 굴종했다는 부끄러운 경험을 했다고 생각하기도 한다. 성인들은 어린아이들이 그러한 복잡한 사고와 감정을 느낄 것이라고 생각하지 못한다. 그러나 성인과 마찬가지로 유아들도 힘겨루기, 자원 비교하기, 패거리 만들기 등 여러 가지 방식으로 외부 사회 압력에 대응한다. 성공적 대응 경험은 유아의 자신감과 자기효능감을 길러 준다.

5) 대인관계 기술 기르기

인간은 다른 사람을 만났거나 어떤 집단 속에 들어갔을 때 상대와 대인관계를 맺는 기술을 사용한다. 사회적 기술이란 자신의 의견을 표현하기, 사회적 상황을 파악하기, 타인의 요구를 이해하기, 타인의 정서를 이해하기, 사회적 상황에 적절히 반응하기, 정서 표현하기 등을 말한다. 누구나 새로운 사람을 만나면 익숙하지 않기 때문에 자신의 의견을 말하지 않을 수 있다. 사회적으로 유능한 사람으로 크기 위해서는 자신의 의견을 큰 어려움 없이 상대가 불쾌하게 여기지 않도록 표현할 수 있는 기술을 가져야 한다. 자신이 처한 사회적 상황을 민감하게 파악하고 상대의 정서를 이해하며 그의 요구를 이해할 수 있어야 한다. 그 후에 자신이 처한 사회적 상황에서 요구되거나 스스로 그렇게 생각하는 방식으로 반응할 수 있는 기술을 익혀야 한다.

이러한 사회적 기술을 익혀야 하는 것은 유아에게도 예외 없이 적용된다. 유아도 놀이 상대를 만나거나 또래집단에 들어가거나 성인들과 만났을 때 그리고 낯선 사람을 만났을 때 나름의 사회적 기술을 사용할 수 있다. 유아는 타인에게 친근하게 접근할 수 있으며, 어린 유아도 상대에게 관심을 표하고 한 걸음씩 접근할 수 있다. 유아도 자신의 감정, 느낌, 의견을 표현할 수 있으며, 이 경우에 타인의 감정이 상하지 않도록 분명하지만 부드럽게 표현해야 효과적이라는 사실을 안다. 또한 유아는 상대의 감정을 이해할 수 있으며, 유아 자신이 처한 사회적 상황을 정확하게 파악할 수 있다. 그리고 다양한 사회적 상황의 요구에 따라 스스로 행동을 조절할 수 있다. 한편, 유아는 자신이 가진 갈등을 평화적으로 해결하려고 노력할 수 있다. 그리고 자신이 경험하는 좌절 상황을 건설적으로 극복하려는 기술을 사용할 수 있다.

특히 상대의 의견과 자신의 의견이 다를 경우에 다소의 양보를 통해 타협할 수 있어야 한다. 타협은 자신의 의견을 주장하는 것을 멈추고 타인의 의견을 수용하는 것이다. 이때 잊지 말아야 할 것은 타인의 권리를 인정해야 한다는 사실이다. 어쩌면 애정을 표현할 때에도 상대를 존중하고 그의 권리를 인정해야 한다는 사실을 알아야 한다. 이러한 사회적 기술을 첫째, 관계 맺기와 유지하기 기술, 둘째, 상대와 상황에 대해 이해하기 기술, 셋째, 사회적 행동 기술로 나누어 제시하면 다음과 같다.

- 관계 맺기와 유지하기 기술
  - 생각, 욕구, 감정 전달하기
  - 애정 표현하기
  - 타인에게 친근하게 접근하기
  - 자신의 정서 표현하기
- 상대와 상황에 대해 이해하기 기술
  - 타인의 정서 이해하기
  - 사회적 상황을 정확하게 파악하기
- 사회적 행동 기술
  - 다양한 사회적 상황의 요구에 따른 행동 조절하기
  - 갈등을 평화적으로 해결하기
  - 좌절 상황을 건설적으로 극복하기
  - 정서적 지원 주고받기
  - 타협하기
  - 자신의 의견을 주장하고 타인의 의견을 수용하기
  - 타인을 존중하고 권리 인정하기

6) 계획하고 결정하는 능력 기르기

사회적 유능감에는 사회적 문제를 해결하기 위한 계획을 세우고 장기적으로 미래를 계획하며, 사회적 목표 성취를 위해 긍정적 행동을 수행하는 계획이 포함된다. 그리고 이렇게 계획한 바를 결정하는 것이 포함된다.

사회적 문제해결을 위해 대안을 모색하고 미래 계획을 세우며 그 계획을 결정하는 것은 일종의 사회 문제해결 과제로서 다음의 과정을 거친다. 즉, 사회 정보 처리과정에서 보듯 사회적 정보의 정확성 파악, 대안의 모색과 평가, 문제해결 방법 결정 그리고 문제해결 결과에 대한 평가의 과정을 포함한다. 한 예로, 유아가 동생이 계속 울고 있다는 상황을 어떻게 파악하는지를 살펴보자. 유아는 동생이 울고 있으면 동생의 앞에 가서 웃음을 짓고 같이 놀자고 손짓을 한다. 이 경우는 동생이 함께 놀 친구가 없어서 운다고 그 원인을 파악했기 때문이다. 동생의 울음이 잦아지는 기색이 없자 유아는 놀잇감을 쥐여 준다. 이 경우는 형이 가지고 있는 놀잇감을 동생이 가지기를 원해 울고 있다고 원인을 파악했기 때문이다. 그래도 동생이 여전히 울음을 그치지 않자 우유병을 가져와 물려 본다. 동생이 놀잇감이 갖고 싶어서가 아니라 배가 고파서 울고 있다고 울음의 원인을 생각했기 때문이다. 그래도 울음이 그치지 않자, 평소 동생이 좋아하는 베개를 가져와 안겨 준다. 이번에는 동생이 잠이 와서 울고 있다고 그 원인을 파악한 것이다. 이처럼 동생의 울음에 대한 형의 대안 모색과 대응 행동은 일반적인 사회 문제해결의 접근방식을 보여 준다.

유아들은 문제가 발생하면 그 문제에 관한 정보를 수집한다. 그리고 문제 발생의 원인을 여러 가지로 생각한다. 하나의 원인을 고려하고 다음 것을 고려하며 다른 것을 또 고려한다. 이러한 대안 모색은 곧 유아가 사회적 유능감을 지니고 있다는 점을 의미한다. 그리고 여러 과정을 거쳐 대안을 검증하고 그 문제의 해결방안으로 결정짓는 것은 사고 능력의 성숙을 의미한다. 따라서 문제에 관련된 정보를 파악하고 가능한 대안을 마련하며 그 대안을 검증하면서 의사결정을 하는 것은 유아의 사회적 유능감이 크다는 사실을 말해 준다.

7) 문화적 유능성 발달시키기

(1) 배경이 다양한 사람들에 대한 지식 갖추기

사회적 유능성은 문화에 대한 민감성과 적응능력을 포함한다. 상대를 이해하려면 우선 상대의 성장 문화를 고려해야 한다. 사람은 성장 배경이 각각 다르다. 어렸을 때부터 사람은 다양한 문화권에서 자신이 속한 특정 문화의 영향을 받으며 성장한다. 특정인에 대한 정확한 인식은 그 성장 배경 문화에 대한 지식을 포함해야 한다. 따라서 문화 배경이 다른 다양한 사람에 대한 지식을 갖출 필요가 있다. 예를 들면, 종교에 따라 먹는 음식이 다르며 생활습관도 다르다. 오랫동안 가톨릭 신자들은 금요일에 육식을 하지 않아 왔다. 이는 금요일에 십자가에 매달린 예수의 고통을 기억하고 절식을 통해 기도하는 행위라고 볼 수 있다. 이슬람을 믿는 무슬림들은 적절한 방식으로 처리된 할랄 음식만 먹고 돼지고기를 불경한 음식으로 보고 먹지 않는다. 무슬림들이 살아온 사막에 가까운 무더운 지역에서 음식이 잘 부패할 수 있고 특히 돼지고기는 더 쉽게 부패할 수 있기 때문에 생긴 관습일 것이다. 불교 신자들은 육식을 하지 않는다. 생명을 존중하기 때문에 살아 있는 생물을 죽게 할 수 없다는 생각에서다. 이처럼 자신과 다른 종교를 가진 사람들의 입장을 이해하기는 어렵지만, 각 종교의 발생 지역이나 그 이념을 고려해 볼 때 다른 종교를 가진 사람들의 신념과 생활습관을 알고 존중해야 한다.

(2) 상대 존중하기

사회적 유능감은 상대 존중하기에서 시작된다고 해도 과언이 아니다. 상대 존중하기는 인간 존중하기다. 즉, 상대가 어떤 사람이든 상관없이 그를 하나의 인간으로 존중해야 한다는 의미다. 상대가 남자든 여자든 성별과 상관없이 존중하고, 상대가 어떤 인종이든 상관없이 존중한다는 것이다. 상대의 국적이 무엇이든, 종교가 무엇이든, 직업이나 사회적 지위가 어떻든, 재산이 얼마나 있든 상관없이 존중한다는 것이다. 물론 나이와 상관없이 상대를 존중해야 한다. 노인이든 아동이든 상관없이 존중해야 한다는 것이다.

상대를 존중하지 않는다면 어떻게 될까? 상대를 경시하거나 비하하거나 무시한다면 상대에게 나에 대한 나쁜 인식을 심어 줄 뿐만 아니라 상대와 나의 관계는 이어지지 않게 될 것이다.

(3) 문화 배경이 다양한 여러 사람과 상호작용하는 기술 익히기

사회성 교육은 문화 배경이 다양한 여러 사람과 상호작용하는 기술을 익히는 것이다. 문화 배경이 다른 사람들과 상호작용할 때에는 두 가지 기술이 필요하다. 어느 문화권에서나 상관없이 일반적 사실을 이야기하여 공통의 관심사를 나누는 것이다. 주로 날씨, 음식이나 여가활동과 같은 내용으로 공통의 관심을 나눌 수 있다. 다른 하나는 새로운 문화에 대한 호기심과 탐구하려는 노력을 표현하는 것이다. 새로운 문화권에서 이루어지는 각종 의례, 예를 들면 결혼식, 성인식, 생일잔치 등으로 문화에 따른 차이에 흥미를 가지고 이야기를 나누는 것이다. 사람들은 대체로 자신의 문화나 민속에 관심을 둔 다른 문화권 사람에 대해서 호의를 느낀다. 새로운 문화적 사실을 통해 보다 지구촌 곳곳의 일면을 알 수 있고 타 문화에 대한 이해가 깊어질 수 있다.

서구사회는 개인주의를 지향해 개인의 자유, 개성, 자기주도성, 자율성을 강조하는 데 반해 동양사회는 집합주의를 지향해 개인보다는 가족이나 집단의 발전, 우호, 평화, 이익을 중시하는 경향을 보인다(Triandis, 1995). 이처럼 사회문화적 특성에 따라서 중시하는 양육 가치가 달라진다. 이에 따라서 유아의 사회화 방식이 달라질 수 있다. 한 문화권 내에서도 개인의 이념 정향에 따라서 지향하는 양육 가치가 다르고 성취 지향도 다르다. 실제로 한국의 중류층 아버지들은 가족주의와 집합주의가 강한 이념 정향을 지녔을 경우에 자녀에 대한 성취 기대가 높고 보다 성취를 지향하도록 유도하는 양상을 보인다(이순형, 1996).

또한 개인의 사회적 행동에 대한 해석이 문화권에 따라서 달라질 수 있다. 한 예로, 수줍음이나 부끄러움을 타는 것은 동양사회에서는 부정적으로 해석되지 않지만, 서구사회에서는 고립되거나 또래로부터 거부당하는 경우가 있을 정도로 바람직하지 않게 평가되는 경향이 있다(Schneider & Fonzi, 1996). 그 이유는 서구사회는 유아의 자기주도성이나 자율성을 강조하는 문화이기 때문이다(Smith & Hart, 2014, p. 149).

(4) 불공정한 처우에 대한 이의 제기하기

사회적으로 불공정한 대우를 받고 있는 사람들의 불이익에 대해서 이의를 제기하고 사회적 관심을 끌어 이들에 대한 정책을 변화시키는 것도 문화적 유능성에 포함된다. 어느 사회든 이주민, 난민 등 문화 배경이 다른 사람들이 겪고 있을 상황에 대해서 잘 알지 못하는 경우가 있다. 해외 파견 전문가의 자녀가 그 사회의 아동복지 대상이 되지 못한다든가, 임시 체류 중인 난민의 자녀가 학교에 가지 못하는 등 아동의 입장에서 부당한 대우를 받는 경우가 종종 있다. 때로는 정부가 모르고 있어서 그럴 수 있고 때로는 사회 자원이 부족해서 그럴 수 있다. 어느 경우든 불공정한 처우를 받는 사람들에게 관심을 기울이고 그들이 일반 국민들과 비슷하게 대우받도록 제도 개선을 제시하는 것도 사회적 유능성에 포함된다.

(5) 사회 정의를 위해 행동하기

사회가 정의롭다는 것은 사회 비용을 줄여 모든 사람의 삶의 질을 높일 수 있게 하는 것이다. 따라서 정의로운 사회의 국민들은 복지와 행복감이 높다. 누군가 정의로운 사회를 만들기 위해서 노력하고 행동하는 것은 실은 모든 사회구성원의 삶의 질을 높여 행복하게 살도록 하는 길이다. 페이스북 창시자인 마크 저커버그는 딸의 출생을 축하하며 세상을 보다 정의롭게 만드는 데 사용되기를 바란다며 전 재산의 대부분을 기부했다(헤럴드경제, 2015. 12. 17.). 그가 기부를 한 것은 앞으로 자신의 사랑하는 딸이 살아 나갈 세상이 보다 개선되기를 바라는 마음에서다.

정의로운 사회를 만드는 데 도움이 되도록 교육하는 것은 사회를 보다 살아갈 만하고 살고 싶은 세상이 되도록 하는 것이다. 정의가 살아 숨 쉬는 사회에서 사람들은 보다 정신적으로 건강하고 행복할 수 있을 것이다.

참고문헌

이광규(1990). 한국의 가족과 종족. 서울: 민음사.

이순형(1996). 가족주의와 집합주의, 성취지향성과 양육 가치 간의 관계-중류층 아버지를 대상
       으로-. 한국사회학회지, 제30권, 가을호, 545-573.

이순형(2000). 한국의 명문 종가. 서울: 서울대학교출판부.

헤럴드경제(2015. 12. 17.). 저커버그는 美창업교육 생태계가 만든 '혁신적 기업가'.

Piaget, J. (1965). *The moral judgement of the child*. NY: Free Press.

Schneider, B. H., & Fonzi, F. (1996). Friendship stability: A cross-cultural study in Italy-Canada.
       Eta Evolution, 3, 73-79.

Smith, P. K., & Hart, G. (2014). *The Wiley Blackwell handbook of childhood social
       development*. NY: Wiley Blackwell.

Triandis, H. C. (1995). *Individualism and collectivism*. Boulder, CO: Westview Press.

Vygotsky, L. S. (1978). *Mind in society: The development of a higher psychological process*.
       Cambridge, MA: Harvard University Press.

제2장

유아사회성 발달이론

1. 유기체론적 관점

2. 기계론적 관점

3. 맥락적 관점

발달은 전 생애에 걸쳐 일어나는 변화다. 발달의 여러 영역이 환경과 상호작용하면서 개인은 자신이 속한 사회에 적응하며 살아갈 수 있는 능력을 키우게 된다. 유아는 생애 초기에 양육자(주로 부모)와 일차적 관계를 맺고, 이후 형제, 다른 가족구성원, 또래, 교사, 가족 외의 사람들과 새로운 사회적 관계를 확장해 간다. 이 과정에서 다른 사람들과의 상호작용을 성공으로 이끄는 기술, 가치관, 태도 등을 익혀 사회적 존재가 되는 사회화(socialization)가 이루어진다.

이 장에서는 사회성 발달과 관련된 이론들을 발달적 관점에서 어떠한 철학적 가정 또는 세계관에 바탕을 두느냐에 따라 유기체론적 모델(organismic model), 기계론적 모델(mechanistic model), 그리고 맥락적 모델(contextual model)로 구분(Shaffer, 2009)하여 살펴보고자 한다.

① 유기체론적 관점

유기체론적 관점은 인간의 발달 경로가 주로 본능이나 성숙과 같은 인간 내면으로부터의 힘에 의해 변화한다고 보는 것이다. 따라서 유아는 능동적인 존재이고, 부분들이 모여 이루어진 단순한 집합체가 아니라 총체적인(holistic) 존재라고 본다. 그리고 발달은 비연속적인 단계를 거쳐 이루어진다고 본다.

유기체론적 관점에 근거를 둔 이론으로는 프로이트(Freud)와 에릭슨(Erikson)의 정신분석이론과 피아제(Piaget)의 인지발달이론이 있다.

1) 정신분석이론

정신분석이론에서는 인간의 사회 · 정서적 발달이 일련의 단계를 거치며 발달한다고 주장한다. 각각의 단계는 특정한 과업 또는 위기의 해결로 특징지어지며, 이를 통해 원만한 발달이 가능하다고 본다. 발달에 있어 정신 에너지(psychic energy)와 성적 충동이 강조되는 프로이트의 심리성적 이론과 사회적 요인이 더 중요시되는 에릭슨의 심리사회적 이론을 중심으로 정신분석이론을 살펴보기로 한다. 두 이론 모두 인생 초기의 경험이 이후의 발달과 타인과의 관계에 지속적인 영향을 준다고 강조한다.

(1) 심리성적 이론

프로이트는 인간 행동의 동기가 기본적 욕구를 충족시키고자 하는 것으로부터 출발한다고 본다. 이러한 욕구와 동기는 대부분 개인이 의식하지 못하는 무의식 속에서 찾을 수 있다. 또한 인간의 성격 구조는 원초아, 자아, 초자아로 구성되고, 이 세 구성요소가 발달하여 심리성적 발달의 5단계로 통합된다(Shaffer, 2009).

원초아(id)는 성격 구조에서 가장 원초적인 부분으로 출생 시에 가지고 태어난다. 원초아는 선천적인 생물학적 본능을 포함하는 무의식 세계에 존재하며, 즉각적인 본능 충족을 통한 쾌락을 추구하고자 하는 쾌락원리(pleasure principle)를 따른다.

자아(ego)는 성격 구조에서 이성적, 논리적, 문제해결의 기능을 지닌 부분으로 생후 1~2년이 지나면서 발달하기 시작한다. 유아는 경험을 통해 자신의 본능과 현실이 충돌하는 것을 인식한다. 본능적 욕구 충족을 위해서는 현실원리(reality principle)에 따른 방법을 찾아야 하는데, 즉흥적인 충동을 억제하고 현실을 고려하도록 하는 것이 바로 자아다. 즉, 자아는 즉각적인 욕구 충족을 추구하는 원초아와 외부 세계인 현실 간의 갈등을 해결해야만 하는 상황에서 발달하게 된다.

초자아(superego)는 옳고 그름에 대한 판단을 기준으로 유아가 자신의 행동을 통제할 수 있도록 하는 양심에 해당하는 부분이다. 유아는 자신이 속한 사회의 규칙을 배우는 사회화 과정에서 부모의 도덕적 가치와 표준을 내재화하는 동일시 과정을 통해 초자아를 발달시킨다. 초자아로 인해 유아는 내재화된 규칙과 기준을 어길 시 경험하게 되는 죄책감을 불러일으킬 행동을 자제하게 된다.

프로이트는 본능의 역할을 강조하는데, 성적 본능 에너지인 리비도(libido)가 신체 부위에 집중되는 순서에 따라 발달을 다섯 단계로 구분한다. 즉, 성적 본능의 성숙함에 따라 성의 초점이 신체의 몇몇 부위로 이동하면서 새로운 심리성적 발달단계를 불러온다는 것이다. 각각의 단계에서의 욕구가 적절히 충족되면 다음 단계로의 안정적 이행이 일어나지만, 그렇지 못할 경우 고착(fixation)이 일어나며, 이는 고착 행동이나 고착 성격으로 이어진다. 프로이트가 제시한 심리성적 발달단계는 다음과 같다.

① 구강기(oral stage): 출생~1세

구강기는 리비도가 입 주위에 집중되면서 영아가 빨기, 깨물기, 삼키기 등을 통해 입, 입술, 혀 등의 자극으로부터 쾌감과 만족을 얻는 시기다. 영아가 본능적으로 배고픔을 느끼고 이를 울음을 통해 표현하면 어머니는 수유를 하는데, 이는 영아의 배고픔을 해소시켜줄 뿐 아니라 영아가 빠는 행동 자체에서 쾌감을 느끼게 한다. 과도한 구강 만족이나 결핍은 구강기 고착으로 이어져, 우유부단하고 의존적인 성격과 과음, 폭식 등의 행동 특성이 나타나기도 한다.

② 항문기(anal stage): 1~3세

항문기에는 리비도가 구강에서 항문 주위로 옮겨지며, 배설물의 배설과 보유를 통한 쾌감을 경험하게 된다. 이 시기에 유아는 배변훈련을 통한 본능적 욕구의 만족지연을 요구받게 된다. 즉, 유아는 처음으로 사회의 기대에 순응하도록 요구받으며 점점 타인의 요구와 규범을 고려하게 된다. 유아가 신체적·심리적으로 준비가 되기 전에 배변훈련을 시키고, 지나치게 엄격한 배변훈련이나 청결을 강요하게 되면 인색하고 강박적인 성격 등의 고착으로 이어질 수 있다.

③ 남근기(phallic stage): 3~6세

리비도가 성기에 집중되어, 이 시기 유아는 성과 성기에 대한 관심이 높아진다. 이 단계에서 유아는 이성 부모에 대한 강한 애정으로 남아는 오이디푸스 콤플렉스를, 여아는 엘렉트라 콤플렉스를 경험하게 된다. 남아는 어머니를 두고 아버지를 경쟁 상대로 인식하여 적대감을 갖는 동시에 '거세불안'을 경험하게 된다. 남아는 어머니에 대한 성적 욕망과 아버지에 대한 적대감을 억압하고 아버지를 닮아 가려는 동일시 과정을 통해 거세불안과 오이디푸스 콤플렉스를 극복한다. 또한 이러한 동일시 과정을 통해 초자아가 형성된다.

마찬가지로 여아는 어머니를 동일시하는 과정을 통해 아버지에 대한 성적 감정과 애정을 느껴 어머니를 경쟁 상대로 인식하며 좌절을 경험하는 엘렉트라 콤플렉스를 극복

한다. 이 시기 유아에게는 동성 부모를 동일시함으로써 콤플렉스를 극복하고 초자아를
발달시키는 것이 발달의 중요한 과업이다.

④ 잠복기(latency period): 6~12세

잠복기는 성적 욕구가 억압되어 무의식 속에 잠재되어 있는 비교적 평온한 시기다. 또
한 정신 에너지가 사회적으로 바람직한 인지적 · 사회적 활동으로 집중되어 학업과 기
술, 또래관계 형성 등에 전념하는 시기다.

⑤ 생식기(genital stage): 12세 이후

생식기는 신체적 · 성적 성숙이 이루어지면서 성적 욕구가 다시 표출되는 시기로 리
비도가 이성에게 향하게 된다. 이 시기에 이르기까지 현실에의 적응을 돕는 강인한 자아
와 적절한 초자아의 발달을 이루는 것이 가장 이상적이라고 할 수 있다.

이상과 같이 프로이트의 심리성적 이론은 출생에서부터 청소년기에 이르는 발달단계
를 제시하며 이를 사회화 과정으로 본다. 인생 초기의 경험이 개인의 일생에 걸친 성격
형성과 사회화를 결정짓게 된다는 관점에서 이 이론은 부모의 양육방식의 중요성을 시
사한다.

(2) 심리사회적 이론

성격 발달의 기초로 성적 에너지인 리비도를 강조한 프로이트와는 달리, 에릭슨은 사
회적 에너지를 강조하는 심리사회적 이론을 주장하였다. 유아는 사회적 기대와 요구 사
이에서 개인적 욕구나 능력을 잘 조절함으로써 발달한다고 본 것이다.

에릭슨은 발달에서의 사회적 맥락을 강조하며 8단계의 평생 발달적 접근을 제시하였
다. 에릭슨의 심리사회적 이론에 의하면 인간은 각 발달단계마다 해결해야 하는 심리사
회적 위기(psychosocial crisis)가 있다. 이러한 각 단계의 위기는 다음 단계의 위기를 잘 해결
하기 위해 성공적으로 해결되어야 한다.

이 장에서는 성인 초기부터 노년기에 이르는 제6단계: 친밀감 대 고립감(intimacy vs.
isolation), 제7단계: 생산성 대 침체성(generativity vs. stagnation), 제8단계: 통합감 대 절망감

(integrity vs. despair)을 제외하고 영아기부터 청소년기에 이르는 5단계에 한해 기술하기로
한다.

① 기본적 신뢰감 대 불신감(basic trust vs. mistrust): 출생~1세

프로이트의 구강기에 해당하는 제1단계는 신뢰감을 발달시켜야 하는 시기다. 기본적
신뢰감은 타인에 대한 믿음과 자기 자신에 대한 믿음을 모두 포함한다. 영아가 세상에 태
어나서 최초로 맺게 되는 사회적 관계인 양육자와의 상호작용을 통해 이후 맺게 되는 대
인관계의 기초를 형성하게 된다. 영아의 신체적·심리적 요구에 대해 양육자가 민감하고
일관되게 반응하여 영아의 욕구를 충족시켜 준다면 영아는 인간관계에 대한 기본적 신뢰
감을 형성하게 된다. 에릭슨은 이 시기에 형성되는 신뢰감이나 불신감이 이후 경험하게
되는 타인과의 사회적 관계에 지속적인 영향을 주기 때문에 성공적인 사회 적응을 위해서
는 생후 1년 동안의 신뢰감 형성이 가장 중요한 발달 과업 중 하나라고 보았다.

② 자율성 대 수치심 및 회의감(autonomy vs. shame and doubt): 1~3세

제2단계는 프로이트의 항문기에 상응하는 단계로, 유아 스스로 자유로운 선택을 하고
자 하며 스스로 문제를 해결함으로써 자율성을 발달시킨다. 유아는 이 시기의 운동능력,
인지능력, 언어 발달 등을 기초로 자신의 독립성을 확인하며 자율성을 발달시키고자 한
다. 이러한 특성은 유아가 외적 통제를 거부하는 것으로 나타나는데, 이때 부모는 유아
의 자유를 제한하기도 하고 수용 가능한 행동과 그렇지 않은 행동을 가르친다. 이 과정
에서 부모가 유아의 자율성을 향한 의지에 대해 지지적인 환경을 조성한다면 유아는 자
신감을 잃지 않고 자율성을 발달시킬 수 있다. 반대로 부모가 유아의 자율성을 향한 행
동과 의도를 벌하거나 조롱한다면 유아는 자기 자신과 자신의 능력에 대한 수치심과 회
의감을 발달시킨다.

③ 주도성 대 죄책감(initiative vs. guilt): 3~6세

이 시기의 유아는 스스로 목표와 계획을 세우고 이를 달성하기 위한 주도적 노력을 기
울이게 된다. 프로이트의 남근기에 해당하는 제3단계의 유아는 넘치는 호기심과 높은
활동 수준을 보이며 주도적 행동과 탐색적 행동을 하는데, 이러한 주도성이 부정적으로

받아들여져 부모의 심한 제재와 비난 또는 처벌로 이어진다면 유아는 주도성 대신 죄책감을 발달시킨다.

④ 근면성 대 열등감(industry vs. inferiority): 6~12세

프로이트의 잠복기에 해당하는 제4단계는 학령기에 해당하는 시기로, 아동이 자신이 속한 문화에서 중요시되는 인지적·사회적 기술을 습득하고 또래와 협력하며 근면성을 키워 나가게 된다. 이 과정에서 아동에게 성취 기회가 주어지며, 아동은 자신의 노력에 대한 인정을 받게 되는 성공적 경험을 통해 근면성과 성취감을 발달시킨다. 반면, 필요한 기술을 개발하지 못하거나 인정을 받지 못하는 등의 실패를 반복하게 되면 과도한 열등감으로 이어질 수 있다.

⑤ 정체감 대 역할 혼미(identity vs. role confusion): 청소년기

청소년기는 자신의 정체감을 형성해야 하는 중요한 시기다. 급격한 신체적·심리적 변화와 더불어 새로운 사회적 기대와 요구는 청소년들에게 혼란을 가중시킨다. 에릭슨(1968)은 아동기를 벗어나 성인기로 향하는 과도기인 이 시기에 '나는 누구인가'라는 본질적 물음에 대한 고민과 노력으로 자아 정체감을 확립해 나가는 것이 청소년기의 가장 중요한 발달 과업이라고 보았다. 만약 정체감을 확립하지 못한다면, 역할 혼미를 경험하게 되면서 타인의 견해에 과도하게 집착하거나 무시하고, 만성비행 등으로 이어질 수 있다.

2) 인지발달이론

인지발달 이론가들은 인간을 단순히 외부 자극에 반응하는 수동적인 존재가 아니라, 능동적으로 환경과 상호작용하면서 적응해 가고 사고하는 주도적 존재로 본다. 유아가 자신과 다른 사람에 대해 생각하는 방식은 유아의 인지발달 수준에 따라 달라진다(Shaffer, 2009). 유아가 보편적인 인지발달 단계를 거쳐 발달한다는 피아제의 인지발달 이론은 유기체론적 관점을 바탕으로 하고 있다.

피아제에 의하면 인지적 활동은 유아가 환경에 적응할 수 있게 하는 기본적인 기능이다. 인지 발달은 일련의 단계를 거치며 각 단계는 특징적인 사고 구조의 특성을 나타낸다. 이에 따라 유아의 인지 발달은 외부 세계에 대한 정보를 받아들이고 처리하는 능력과 방법에 차이를 가져온다. 유아는 점차 사회적 자극을 이해하고 해석하며 반응하는 방법도 발달시키게 되는 것이다.

피아제는 유아가 자신의 경험을 이해하기 위해 구성하는 조직화된 사고와 행위 패턴으로서의 인지 구조를 도식(scheme)이라는 용어로 설명한다. 도식은 환경과의 끊임없는 접촉을 통해 얻는데, 이는 조직화(organization)와 적응(adaptation) 과정을 통해 이루어진다. 사용 가능한 도식들을 지식체계로 결합하고 통합하는 조직화와, 환경의 요구에 순응하는 적응은 선천적으로 가지고 태어나는 기능으로 본다(Shaffer, 2009). 적응은 외부의 자극을 자신이 이미 가지고 있는 도식으로 통합하여 해석하는 인지과정인 동화(assimilation)와, 새로운 정보를 받아들이는 데 동화만으로는 불충분할 때 기존의 도식을 수정하는 과정인 조절(accommodation)을 통해 이루어진다. 새로운 경험과 기존의 인지 사이의 불균형은 긴장과 갈등을 유발하는데, 유아는 이러한 불평형(disequilibrium) 상태에서 벗어나 균형을 이루는 평형(equilibrium) 상태로 가고자 동화와 적응 과정을 거치면서 인지적으로 발달한다.

피아제의 인지발달 단계는 질적으로 다른 단계들로 이루어지며, 발달 순서는 불변이다. 또한 발달은 개인이 속한 사회나 문화와 상관없이 보편적으로 일어난다. 피아제가 제시한 인지발달 단계는 다음과 같다.

① 감각운동기(sensory motor stage): 출생~2세

감각운동기는 영아가 감각과 운동을 통해 환경과 상호작용하면서 세상에 대한 이해를 확장해 가는 시기다. 영아는 최초의 도식이라고 할 수 있는 빨기나 잡기와 같은 출생 당시 타고난 반사운동을 이용하여 외부 환경을 인지하고 도식을 발달시킨다. 이후 자신과 다른 대상을 구별할 수 있는 능력이 생기고, 반사적 운동은 목적이 있는, 의도적이며 협응된 행동으로 바뀐다.

감각운동기의 중요한 변화 중 하나는 대상영속성(object permanence) 개념의 획득이다. 대상영속성은 어떤 대상이 눈앞에서 사라져도 여전히 존재한다는 사실을 아는 것이다. 감각운동기 초기의 영아는 가지고 놀던 딸랑이를 수건으로 덮어 감추면 딸랑이가 사라

진 것으로 생각하여 찾으려 하지 않지만 대상영속성 개념을 획득하게 되면 수건을 치워 수건 아래 감춰 둔 딸랑이를 찾는다. 대상영속성은 사회성 발달에 중요한 역할을 한다. 대상영속성의 발달 없이는 애착 또는 정서적 유대를 맺기 힘든데, 이는 어떤 대상이 시야에서 사라질 때마다 존재 자체가 사라진다고 믿는다면 존재하지 않는 사람과 의미 있는 지속적 관계를 맺기란 어렵다고 보기 때문이다(Shaffer, 2009). 또 다른 변화는 지연모방이 가능하게 된다는 점이다. 지연모방은 어떤 행동을 본 뒤 곧바로 모방하지 않고, 얼마간의 시간이 흐른 뒤에 그 행동을 모방하는 것을 말한다.

영아가 세상에 적응하기 위해 환경과의 상호작용을 통해 만든 감각운동 도식이 내면화되면서 상징도식을 형성하는데, 이러한 상징도식은 대상영속성의 개념 획득과 지연모방을 가능하게 해 준다(Shaffer, 2009).

② 전조작기(preoperational stage): 2~7세

유아는 이제 이전과는 다른 인지적 발달을 이루게 된다. 유아는 상징적 표상의 발달로 모방과 상상, 상징 등을 통해 눈에 보이지 않는 사물이나 행동도 표상할 수 있게 된다. 상징놀이도 이 시기에 보다 자주, 보다 복잡한 형태로 나타나기 시작하는데, 이는 상징적 표상의 발달로 가능해진다. 상징놀이는 유아의 사회적 · 정서적 · 지적 발달을 촉진시킨다. 상징놀이를 많이 한 유아가 그렇지 않은 유아에 비해 더 창의적이고 사회적으로 성숙하며, 또래 사이에 인기가 많은 것으로 나타난다(Howes & Metheson, 1992). 유아들은 상징놀이를 통해 또래와 긍정적으로 상호작용하는 방법과 일상생활 안에서의 사회적 상황을 연습하기 때문이다.

그러나 Piaget에 의하면 이러한 사고의 발달에도 불구하고 전조작기 사고의 한계는 분명하게 나타난다. 전조작기의 유아는 자아중심성(egocentrism)의 특징을 보이는데, 이는 타인의 다양한 입장을 고려하지 못하고 세상을 자기 자신의 관점에서만 인식하는 경향을 말한다. 유아의 자아중심성은 타인의 관점을 인식함에도 불구하고 자신의 이익을 우선시하는 이기적인 것과는 차이가 있다.

전조작기의 또 다른 특징으로는 중심화(centration)와 직관적 사고(intuitive thought)가 있다. 중심화는 사물이나 사건의 여러 가지 측면에 주의를 기울이지 못하고 외적으로 두드러진 하나의 속성에 의존하여 사고하는 것을 말한다. 문제해결을 하기 위해서는 사물이나 사건의 다양한 속성을 동시에 고려해야 하는 경우가 많은데, 중심화의 특성상 유아는 여러 기준을 동시에 고려하여 문제를 해결하는 데 어려움을 겪는다. 이러한 특성은 직관적 사고와 연결되어 유아는 합리적 사고과정보다 외적이고 지각적인, 특히 눈에 보이는 그대로 판단을 하는 경향이 두드러지기 때문에 보존개념을 획득하기 어렵다. 또한 사람들과의 상호작용에서도 상대의 외적인 측면에 주목하기 때문에 유아가 그 사람의 행동 이면에 내재된 동기, 의도, 심리적 상태 등을 추론하기란 어려운 일이다.

③ 구체적 조작기(concrete operational stage): 7~11세

구체적 조작기의 아동은 논리적 조작을 할 수 있게 되고, 대상 간의 관계성을 이해하게 된다. 이 시기의 특징으로는 보존개념의 습득, 탈중심화, 서열화 및 유목개념의 발달 등이 있다. 보존개념은 어떤 피상적 방식으로 외양이 변해도 그 대상이나 물질의 속성은 변하지 않고 그대로 유지된다는 사실을 이해하는 것이다. 탈중심화는 이전의 자기중심적 사고에서 벗어나 여러 측면을 고려하여 생각할 수 있게 되는 것이다. 이는 타인의 입장, 감정, 의도 등을 추론하고 이해할 수 있는 조망수용 능력과도 큰 관련이 있다. 서열화 및 유목개념의 발달은 아동으로 하여금 크기, 무게, 길이 등의 요소에 따른 사물이나 대상 간의 차이점과 공통점에 따라 나열하고 분류할 수 있게 한다.

비록 이 시기의 아동이 이전 단계에 비해 논리적인 사고를 할 수 있는 정도의 발달을 이룬다고는 하나, 구체적 조작기의 논리적 사고에는 한계가 존재한다. 구체적 조작기의 논리적 사고는 관찰 가능한 구체적 사건이나 사물 또는 익숙한 상황에 한정된다.

④ 형식적 조작기(formal operational stage): 11, 12세 이상

형식적 조작기의 청소년은 추상적 사고가 가능해지면서 추론을 하고 가설을 세우며 이를 합리적이고 체계적으로 검증할 수 있는 능력이 생긴다. 이들은 주어진 문제의 해결을 위해 가능한 모든 해결 방법을 생각해 내고 논리적으로 검토하고 평가하여 답을 구할 수 있다.

형식적 조작기의 사고는 청소년들이 안정적 정체성을 확립할 수 있게 하고, 타인의 심리적 관점과 행동의 원인을 보다 잘 이해할 수 있게 한다. 또한 대안적 행위가 자신과 타인에게 불러올 수 있는 결과를 가늠하여 개인적 결정을 보다 잘 내릴 수 있게끔 한다. 인지 발달에서의 이러한 변화는 다른 사회성 발달의 측면에서 일어날 변화의 토대가 된다 (Shaffer, 2009).

한 가지 주목할 것은, 피아제는 앞선 세 단계와는 다르게 모든 청소년이 마지막 단계 인 형식적 조작기까지 도달하는 것은 아니라고 주장했다는 점이다. 그러나 이 단계의 발 달까지 도달하는 청소년은 인지적 세계가 크게 확장되고, 지적인 성인의 논리적 능력을 획득하게 된다(Siegler, Deloache, & Eisenberg, 2006).

피아제의 인지발달이론은 유아의 인지적 발달이 이루어지면서 물리적 세계에 대한 이해가 더욱 정교해지고, 이에 따라 사회성의 여러 측면에 대한 복잡한 개념이 형성되어 간다는 사회인지 연구에 많은 기여를 했다. 사회정서 발달의 중요한 많은 부분이 피아제 의 인지 발달의 중요한 이정표에 도달하는 시기와 거의 같은 시기에 일어난다는 사실들 이 밝혀지면서 피아제의 인지발달이론은 발달의 많은 측면에서 일어나는 변화를 이해 하는 데 중요한 틀을 제공해 준다(Shaffer, 2009).

② 기계론적 관점

기계론적 관점은 기계를 각각의 부품으로 분해할 수 있는 것처럼 사람도 행동의 부분 들이 모여 이루어진 집합으로서 외부 영향에 대한 반응으로 변화하는 수동적인 존재로 본다. 또한 발달의 변화는 특정한 인지적 · 정서적 · 행동적 능력의 부분들이 더해지면 서 점진적 또는 연속적으로 이루어진다는 견해를 가진다(Schaffer, 2009). 따라서 기계론 적 관점을 지닌 이론들은 유아를 외부 환경의 영향에 의해 발달의 경로가 결정되는 수동 적인 존재로 본다.

초기의 학습이론은 기계론적 관점을 취하는데, 학습이론은 행동주의에 그 뿌리를 두 며 외부의 환경적 요인이 인간의 성격과 사회적 행동을 결정짓는 결정적 요인이라고 본 다. 또한 발달이 점진적이고 연속적인 과정이라고 보기 때문에 발달에 있어 질적인 변화 와 차이를 보이는 발달단계의 구분은 없다. 학습이론가들은 강화와 관찰학습과 같은 특 정한 변화의 기제에 주목하면서 개인의 차이는 각기 다른 강화와 관찰학습의 경험에서 오는 것이라고 보았다(Siegler et al., 2006). 기계론적 관점을 택한 대표적인 학습이론으로 왓슨(Watson)의 행동주의이론과 스키너(Skinner)의 조작적 조건형성이론을 들 수 있다. 반면, 반두라(Bandura)의 사회학습이론은 일차적으로 기계론적 관점을 취하지만, 인간은 환경에 영향을 받기도 하고 영향을 주기도 하는 능동적인 존재라는 유기체론적 가정을 반영한다는 점에서 차이를 보인다(Schaffer, 2009).

1) 행동주의이론

행동주의이론은 발달이 사회적 환경에 의해 결정된다고 믿으며, 왓슨은 조건화에 의한 학습이 발달의 주요 기제라고 주장했다. 왓슨은 러시아의 생리학자 파블로프(Pavlov)가 동물학습에 관한 연구에서 제시한 고전적 조건형성의 원리가 인간의 행동에도 적용된다는 사실을 보여 주었다. 고전적 조건형성의 원리는 자극(음식)과 중립자극(종소리)의 연합을 반복했을 때 중립자극만으로도 음식에 대한 선천적인 반사반응인 타액 분비를 하게 되는 학습된 반응 형성을 말한다. 왓슨은 흰쥐에 대한 긍정적 반응을 보이는 9개월 된 유아에게 공포반응을 일으키는 큰 소리와 흰쥐를 연합해서 제시하는 실험을 통해 유아가 이후에는 흰쥐 자체에 대한 공포반응을 보이는 조건형성을 이루게 된다는 사실을 보여 주었다. 즉, 두려움이라는 정서도 학습될 수 있다는 것이다.

유아들이 흰 의사가운을 입은 사람만 보고도 울음을 터뜨리고 두려워하는 반응을 보이는 것은 이전의 경험에서 흰 의사가운과 아픈 주사의 경험이 연합된 결과에서 오는 학습된 반응의 예라고 할 수 있다.

2) 조작적 조건형성이론

고전적 조건형성의 원리가 선천적인 반사 행동의 학습을 설명하는 데 유용하다면, 스스로 조작하는 행동에 대한 설명은 스키너의 조작적 조건형성의 원리가 더 적절하다고 볼 수 있다. 조작적 조건형성의 주요 원리는 긍정적인 결과로 이어진 행동은 반복하고 부정적 결과로 이어진 행동은 통제하게 된다는 것이다. 스키너는 생활에서 우리가 하는 대부분의 행동이 과거 행동의 결과에 의해 영향을 받은 조작적 조건형성의 결과라고 본다(Skinner, 1953).

어떤 행동에 대한 결과로 보상을 받게 되면, 그 행동은 강화되어 반복적으로 나타나게 된다. 반대로 처벌받은 행동은 다시 발생할 확률이 낮아진다. 이처럼 강화(reinforcement)를 통해 유아에게 바람직한 사회적 행동을 학습시킬 수 있는데, 이 원리는 바람직하지 못한 행동을 바로잡기 위한 행동수정 기법에 적용되어 효과적으로 사용되고 있다. 주의할 것은 강화물이나 처벌이 오히려 바람직하지 않은 행동을 강화시키는 경우다. 스키너(1953)에 의하면 아이들은 종종 단순히 관심을 끌기 위해 행동을 할 때가 많다. 즉, '관심' 자체가 강력한 강화물로서 작용할 수 있다. 바람직하지 못한 행동에 대해 혼을 내고 처벌하는 것 자체가 유아에게는 관심이라는 강화물로 작용할 수 있기 때문에 때로는 잘못된 행동을 무시하는 것이 잘못된 행동을 바로잡거나 소멸시키는 방법이 될 수도 있다.

또 하나 주의할 점은 간헐적 강화를 받은 행동은 더더욱 소멸되기 힘들다는 점이다. 스키너의 동물실험을 통해 밝혀진 바에 의하면 어떠한 행동에 따른 보상이 때로는 주어지고 때로는 주어지지 않는 간헐적인 강화를 받은 경우, 그 행동이 보상을 가져올 수도 있다는 기대를 버리기 쉽지 않기 때문에 그 행동을 지속적으로 반복하게 되는 경향이 강해진다. 때때로 부모는 유아가 떼를 쓰면 마지못해 그 요구를 들어주게 되는데 이처럼 잘못된 행동에 대한 간헐적 강화는 유아의 바람직하지 못한 행동을 지속적으로 유지시키는 강력한 원인으로 작용하기도 한다.

3) 사회학습이론

다른 학습이론과 마찬가지로 반두라의 사회학습이론 역시 학습 기제를 통해 개인의 성격 및 사회적 발달을 설명하고자 한다. 그러나 사회학습이론은 발달에서의 환경의 영향을 강조함에 있어서 강화보다는 관찰과 모방에 초점을 맞춘다(Siegler et al., 2006).

인간의 학습은 대부분 사회적 성격을 띠며 다른 사람의 행동을 관찰하는 것으로부터 이루어진다(Bandura, 1986). 유아도 단순히 다른 사람의 행동을 관찰하고 이를 모방하는 과정에서 아주 빠르고 효과적으로 배울 수 있다. 이때 직접적 강화는 모방의 가능성을 높여 줄 수 있지만 직접적 강화가 학습이 일어나기 위해 반드시 필요한 것은 아니다. 예를 들어, 언니의 어떤 행동에 대해 엄마가 칭찬하는 것을 관찰한 동생이 그 행동을 배우게 되는 경우가 이에 해당된다. 이처럼 학습은 직접적인 행동이나 경험을 비롯해 관찰을 통한 간접적 경험 속에서 일어나는 인지적 과정을 통해서도 이루어진다. 사회학습이론에서는 발달에 있어서 인지적 측면을 중요시했다. 관찰학습이 이루어지기 위한 네 가지 구성요소는 주의(attention), 기억(retention/memory), 운동재생(initiation/motor), 동기(motivation)다. 관찰학습은 다른 사람의 행동에 주의를 기울이고, 관찰한 것을 부호화(encoding)하고, 기억 속에 정보를 저장하고, 후에 이를 다시 기억해 내어 실행하는 과정이 기본적인 인지 과정에 의존한다는 점에서 인지적 측면의 중요성을 알 수 있다.

사회학습이론이 다른 학습이론과 다른 점은 발달에 있어 유아의 적극적 역할을 강조한다는 점이다. 반두라(1977)는 이를 상호결정론(reciprocal determinism)이라 하였다. 유아는 환경으로부터 수동적으로 영향을 받아 발달하는 존재가 아니라, 자신과 외부 환경 간의 특정한 상호작용을 추구하게끔 하는 특성을 지녀서 외부 환경과의 상호작용에 의해 발달하는 존재라는 것이다(Siegler et al., 2006). 개인, 행동 그리고 환경 간의 관계는 상호적이며, 따라서 유아가 경험하는 환경은 유아에게 영향을 주고, 유아의 행동 또한 환경에 영향을 미친다고 볼 수 있다.

자기효능감(perceived self-efficacy)은 사회학습이론에서 강조하는 또 하나의 중요 요소다. 자기효능감은 원하는 목표를 달성하기 위해 자신의 행동, 생각 그리고 감정을 얼마나 효과적으로 조절할 수 있는지에 대한 개인적 신념이다(Bandura, 1997; Bandura, Caprara, Barbaranelli, Gerbino, & Pastorelli, 2003). 자신이 잘할 수 있다고 믿는 일은 시도하려 하고 자신의 능력을 벗어나는 일은 회피하려 한다는 점에서 자기효능감은 어떤 행동을 모방할지에 대한 결정에 영향을 미칠 수 있다. 그뿐만 아니라 각기 다른 영역의 자기효능감은 상호적 작용을 한다. 예를 들어, 정서적 자기규제에 대한 자기효능감이 낮은 경우 학업에 대한 자기효능감 또한 낮아지고, 자신의 행동을 규제하는 능력이 떨어진다고 믿는 아이들은 또래 사이의 압력에 맞설 힘이 없다고 느끼기 때문에 비행 행동을 할 가능성이 높아지는 것이다(Siegler et al., 2006).

③ 맥락적 관점

맥락적 관점에서는 발달이 인간과 환경의 역동적인 상호작용에 의해 일어난다고 본다. 즉, 인간이 발달과정에서 능동적인 역할을 한다는 유기체론적 관점과 인간의 발달은 환경의 능동적인 영향에 의해 이루어진다는 기계론적 관점을 같이 포함하는 세계관을 가진다. 맥락적 관점은 많은 발달학자가 선호하는 관점(Lerner, 1996)으로, 발달에서의 보편성과 특수성을 모두 가질 수 있다고 본다. 여기서 특수성이란 특정 문화, 시대 그리고 개인에 따라 발달이 다른 양상으로 나타날 수 있음을 말한다. 발달에서의 변화는 연속적이거나 비연속적일 수 있으며, 천성(nature)이라 할 수 있는 개인의 내적인 힘과 환경에 해당하는 외적인 영향 사이의 복잡한 상호작용으로 발달의 경로가 결정된다(Schaffer, 2009).

맥락적 관점을 포함하는 이론으로 유아가 속해 있는 문화와 사회적 관계의 중요성을 강조한 비고츠키(Vygotsky)의 사회문화적 이론과 사회인지이론을 들 수 있다. 유아는 능동적으로 환경 정보를 받아들이는 동시에 자신의 사회문화적인 경험에 크게 영향을 받는 존재라고 본다는 점에서, 사회문화적 이론에서 맥락적 세계관을 찾을 수 있다. 사회인지이론 가운데 마음이론과 역할수용이론도 맥락적 관점을 수용한다고 볼 수 있다. 마음이론은 유아가 심적 상태에 대한 정보를 획득하도록 생물학적으로 준비되고 동기화되어 있으며(Meltzoff, 1995), 동시에 유아의 마음이론의 발달을 위해서 필요한 여러 가지 사회적 경험이 있다는 점(Milligan, Astington, & Dack, 2007; Ruffman, Slade, & Crowe, 2002), 그리고 문화에 따라 마음이론의 출현이 특정 연령에 보편적으로 이루어지는 것은 아니라는 점(Vinden & Astington, 2000)에서 맥락적 관점을 취한다고 볼 수 있다. 역할수용이론 역시 아동의 역할수용 능력의 발달은 인지 발달과 밀접한 관련이 있다고 보는 동시에 다양한 대상과의 사회적 경험이 중요한 기여를 한다(Smith & Ross, 2007)고 본다.

1) 사회문화적 이론

비고츠키는 유아가 자신의 경험에 기초하여 능동적으로 세상을 탐색하는 존재라는 피아제의 의견에는 동의를 하면서도 자기주도적 발견보다는 사회적 기여의 중요성을 강조했다. 즉, 인간의 발달은 개인이 속한 사회문화적 맥락 안에서 일어나며, 개인적 특성과 인지적 기술의 많은 부분이 부모, 교사 그리고 유능한 또래와의 사회적 상호작용을 통해 발달한다고 주장한다(Shaffer, 2009).

인간은 자발적 주의력, 감각, 지각 그리고 연상기억 등의 기능을 가지고 태어나며 이러한 기본적 정신기능(elementary mental functions)은 자신이 속한 문화에 의해 높은 수준의 정신적 기능으로 발달하게 된다(Vygotsky, 1978). 문화는 유아에게 기본적 정신기능을 보다 잘 사용할 수 있도록 하는 기억 책략과 같은 정신적 도구(mental tools)를 제공하고, 사회적으로 전수되는 정신적 도구는 유아가 어떻게 생각하고 무엇을 생각할지를 가르친다.

사회문화적 이론에서는 새로운 기술을 학습하거나 획득하는 과정인 유도된 학습(guided learning) 또는 협동학습(collaborative learning) 과정을 통해 발달이 이루어진다고 보며, 이는 모든 문화에서 공통적이지만 그 안에서 배우게 되는 내용은 문화에 따라 차이가 있다고 본다. 비고츠키는 사회적 상호작용을 통해 일어나는 발달을 설명하는 데 유도된 학습 외에도 상호주관성, 비계설정, 근접발달영역과 같은 개념을 내세우고 있다. 상호주관성(intersubjectivity)은 사람들이 소통할 때 공유하는 공통된 이해를 말하는데, 효과적인 소통을 위해서는 참여자 모두가 같은 주제에 집중하고 상대방의 반응에 집중하는 것이 필요하다는 점에서 학습에 있어서도 이러한 상호주관성의 역할이 중요하다는 것을 알 수 있다. 상호주관성의 중요한 요소인 공동주의집중(joint attention)과 사회적 참조(social referencing) 능력의 발달은 유아가 타인의 관점을 이해할 수 있는 능력을 길러 주는데, 이러한 능력은 유아가 서로 학습하고 가르칠 수 있는 능력으로 이어진다(Gauvain, 2001).

비계설정(scaffolding)은 유아나 초보자가 풀기 어려운 문제를 해결하고 목표를 성취할 수 있게 돕는 것이다. 즉, 부모나 교사 혹은 유능한 또래가 유아를 도와 결국에는 어려운 과제를 스스로 해결할 수 있도록 도움의 수준을 점진적으로 변화시키는 과정을 말한다. 유아는 비계설정 과정을 통해 혼자서 해결할 수 있는 수준보다 높은 수준의 과제를 완수할 수 있게 된다. 초반에는 광범위한 지지가 요구되지만 필요로 하는 도움의 정도는 점차 감소하고 마침내 어떠한 도움 없이도 유아가 스스로 문제를 해결할 수 있는 수준에 도달하게 된다.

비고츠키는 비계설정과 관련된 중요한 개념으로 근접발달영역을 설명한다. 근접발달

영역(zone of proximal development: ZPD)이란 학습자가 도움 없이 스스로 달성할 수 있는 실제적 발달 수준과 능숙한 사람의 도움이 있을 때 달성할 수 있는 잠재적 발달 수준 사이의 범위를 말한다. 현재 실제적 발달 수준이 같아도 잠재적 발달 수준이 다를 수 있으므로 근접발달영역은 개인에 따라 차이가 있을 수 있다. 사회문화적 이론에서는 언어가 유아의 사고 발달에 필수적인 요소라고 본다. 발달은 사회적 상호작용을 통해 이루어지고, 사회적 상호작용의 가장 큰 매개체 역할을 하는 것이 언어이기 때문이다. 특히 혼잣말(private speech)은 유아가 어려운 문제를 해결하고 목표를 달성하고자 할 때 많이 나타난다. 유아는 자신의 행동을 조절하고 문제해결 능력을 발달시키는 과정에서 처음에는 외부의 지시, 즉 성인의 말을 듣고 자신의 행동을 조절하다가 자신의 혼잣말로 조절하는 단계에 이르게 된다. 유아의 큰 소리 혼잣말은 스스로에게 지시를 내리는 것과 같은 역할을 하면서 자기조절, 자기지시 기능을 한다. 이후 큰 소리 혼잣말은 속삭임으로, 궁극적으로는 내면화된 언어적 사고를 의미하는 내적 언어(inner speech)로 바뀌게 된다. 비고츠키는 사고 발달의 중요한 도구이며 자기조절의 기능을 하는 혼잣말을 많이 사용하는 유아는 그렇지 않은 유아에 비해 사회적 능력이 더 높다고 주장한다. 자신의 행동과 감정을 적절히 조절할 수 있는 능력은 사회적 상호작용에서 매우 중요한 발달 과업이라 할 수 있다.

2) 사회인지이론

사회인지이론은 자신과 타인의 생각, 감정, 의도 그리고 행동 등에 대해 사고하고 이해하는 능력에 대해 다룬다. 사회인지(social cognition)는 사회적 관계를 이해하는 능력으로 인간관계의 기본이 된다. 다른 사람의 생각과 감정을 읽고 이해하는 것은 다른 사람과 원만한 관계를 유지하는 데 필수적이다(Gnepp & Chilamkurti, 1988). 사회인지이론에서는 대표적으로 마음이론과 역할수용이론에 대해 살펴보고자 한다.

(1) 마음이론

마음이론(theory of mind)은 마음이 어떻게 작용하고 행동에 영향을 미치는지에 대한 이해로서 의도, 소망, 믿음, 감정 등 특정한 심리적 과정과 행동 간의 관계를 이해하는 논리적 사고체계다(Wellman & Gellman, 1998). 유아는 점차 다양한 사람과 상호작용을 하면서 성장해 가는데, 타인의 마음을 이해하는 능력은 사회적 존재로 잘 적응하기 위해 반드시 필요하다. 마음을 이해한다는 것은 타인의 생각과 감정, 바람, 의도 등을 이해한 다는 것이고, 마음을 이해할 수 있으면 타인의 행동을 예측하고 설명할 수 있게 된다. 행동이 인간의 심리내적 상태의 산물이라는 사실을 이해하는 것은 사회적 관계의 기초가 되는 것이다.

연령이 증가하면서 유아의 마음에 대한 이해는 타인의 행위와 정신에 대한 '외적이고 물리적인 이해'에서 '내적이고 심리적인 이해'로 발달한다(Bartsch & Wellman, 1995). 마음이론 발달의 초기 단계는 생후 1년 정도가 지나면서 타인의 바람과 행동의 연관성에 대한 이해에서 출발한다(Phillips, Wellman, & Spelke, 2002). 만 2세 정도가 되면 개인의 바람이 행동을 유발한다는 사실에 대한 생각이 보다 확고해진다. 따라서 이 시기에 이르면 이야기 속 주인공의 바람이 유아의 바람과 다를 때, 이야기 속 주인공은 유아의 바람이 아닌 주인공 자신의 바람에 따라 행동할 것이라고 예측할 수 있다(Lillard & Flavell, 1992).

그러나 아직까지는 바람 외에, 믿음 역시 행동에 영향을 미친다는 사실은 이해하지 못한다. 만 3세 정도가 되면 믿음, 신념 등 개인의 생각과 행동 사이의 관계를 이해하기 시작하지만 여전히 불완전한 상태다. 특히 '틀린 믿음(false-belief)'에 대한 이해에 어려움을 겪는 것으로 나타나는데, 틀린 믿음은 유아가 타인의 믿음이 틀렸다는 사실을 알고 있을 때에도 그 사실을 인지하지 못한 타인은 자신이 생각하고 믿는 대로 행동할 것이라는 믿음에 대한 이해를 말한다(Siegler et al., 2006). 예를 들어, 3세 유아에게 과자 상자를 보여 주며 그 안에 무엇이 들었을지 물어보면 과자가 들어 있을 것이라고 답한다. 그런 다음 실제로 과자 상자 안에는 과자 대신 연필이 들어 있음을 보여 준 뒤, 과자 상자를 열어 보지 않은 다른 친구에게 보여 줄 때 친구는 그 안에 무엇이 들어 있을 것이라고 생각할 지에 대해 물어보면, 유아들은 '연필'이라고 대답한다. 같은 실험을 5세 유아에게 적용했을 때에는 자신이 알고 있는 '연필' 대신 다른 친구는 '과자'가 들어 있을 것으로 생각한다고 대답한다. 이는 3세 유아는 타인의 믿음이 옳은 것이든 틀린 것이든 사람은 자신의 믿음에 따라 행동한다는 사실을 이해하는 데 어려움을 겪는 반면, 5세 정도가 되면 이를 이해한다는 것을 말해 준다. 3~5세 사이에 크게 발달하는 마음에 대한 이해는 틀린 믿음에 대한 사고능력으로 이어져, 유아는 사람들의 마음속에는 다양한 생각이 존재하고, 사람들은 사실과 다른 틀린 믿음에 따라 행동할 수 있음을 이해하게 된다.

유아는 틀린 믿음에 대한 이해를 포함한 마음과 관련된 다양한 현상에 대한 이해를 바탕으로 자신과 다른 사람의 행동을 더 잘 이해하고 예측할 수 있게 된다. 따라서 마음이론의 발달은 유아의 사회적 능력으로 이어져 성공적인 대인관계 형성과 유지에 중요한 역할을 한다고 볼 수 있다.

(2) 역할수용이론

셀먼(Selman, 1980)은 타인의 관점에서 생각하고 이해하는 중요한 능력을 역할수용(role-taking)의 발달로 설명한다. 타인을 이해하기 위해서는 그의 생각과 감정, 의도 등을 이해할 수 있어야 하고, 이를 위해서는 역할수용 기술이 필요하다. 자기중심적 사고에서 벗어나지 못한 유아는 역할수용 능력이 부족하지만 인지적 발달과 더불어 역할수용 기술을 습득하게 되면서 인간관계의 의미와 특성에 대한 이해가 점차 변하게 된다. 우정에 대한 개념을 예로 들면, 유아는 역할수용 기술이 발달하면서 '자신에게 이익을 주는 사람'이라는 자기중심적 관점에서 벗어나 조화를 이루고 상호적인 관계로 받아들이게 되어, 우정은 서로에 대한 이해를 바탕으로 정서적 지원을 주고받으며 배려하는 관계라는 관점을 가지게 된다(Shaffer, 2009).

역할수용의 발달은 다음과 같은 5단계로 이루어진다.

① 0수준 – 자기중심적/미분화된 조망(Egocentric or undifferentiated perspective): 대략 3~6세

자신과 타인의 관점에 대한 구분을 하지 못하는 단계다. 자신이 좋아하고 옳다고 느끼는 것은 다른 사람들도 똑같이 느낄 것이라고 가정한다.

② 1수준 – 사회정보적 역할수용(Social-informational role taking): 대략 6~8세

자신의 관점과 타인의 관점이 다를 수도 있다는 것을 인식하는 단계다. 그러나 그러한 관점의 차이가 단지 서로 다른 정보를 받았기 때문이라고 믿는다. 또한 자신의 관점과 타인의 관점은 서로 영향을 주고받는다는 사실을 이해하지 못한다.

③ 2수준 – 자기반성적 역할수용(Self-reflective role taking): 대략 8~10세

이 단계에서는 같은 정보를 가지고도 사람의 관점이 다를 수 있다는 사실을 이해한다. 또한 사람들이 가진 가치관과 목적이 다르기 때문에 서로 다른 관점을 가질 수 있다는 것을 안다. 따라서 타인이 자신과는 다른 관점을 가질 수 있다는 사실을 이해할 뿐만 아니라 타인의 관점에서 고려할 수 있는 능력이 생긴다. 타인도 자신의 입장에서 생각할 수 있다는 사실을 인식하게 되면서 자신의 행동에 대한 타인의 반응을 예측할 수 있게 된다. 그러나 자신의 관점과 타인의 관점을 동시에 비교하고 고려하는 능력은 부족하다.

④ 3수준 – 상호적 역할수용(Mutual role taking): 대략 10~12세

이 단계에서는 자신과 타인의 관점을 동시에 고려하는 것이 가능해지며, 각자가 상대의 관점에 대해 어떻게 반응할 것인지 예측할 수 있다. 또한 제3자의 관점에서 상황을 바라볼 수 있게 된다.

⑤ 4수준 – 사회적 역할수용(Societal role taking): 대략 12~15세 이상

이 마지막 단계에 이르면 사람들에 대해 사회집단 내 대부분의 사람이 공유하는 사회적 규범과 가치관을 따를 것이라고 추정한다. 따라서 '일반적 타인(generalized other)'의 관점과의 비교를 통해 또 다른 타인의 관점을 이해하려고 시도한다.

이상과 같이 타인의 관점과 역할을 이해하고 추론하는 역할수용 능력의 발달은 유아가 자기중심적 사고에서 벗어나 동일한 자극에 대해서도 사람마다 다르게 받아들일 수 있음을 이해할 수 있게 한다. 역할수용 능력의 발달은 자신과 타인에 대한 이해를 높이고, 또래를 포함한 타인의 욕구에 민감하게 반응할 수 있도록 하여 보다 효율적인 대인관계를 가능하게 하는 등 사회성 발달에 긍정적 영향을 미친다.

참고문헌

Bandura, A. (1977). *Social learning theory*. Englewood Cliffs, NJ: Prentice-Hall.

Bandura, A. (1986). *Social foundations of thought and action: A social cognitive theory*. Englewood Cliffs, NJ: Prentice-Hall.

Bandura, A. (1997). *Self-efficacy: The exercise of control*. New York: W. H. Freeman.

Bandura, A., Caprara, G. V., Barbaranelli, C., Gerbino, M., & Pastorelli, C. (2003). Role of affective self-regulatory efficacy in diverse spheres of psychological functioning. *Child Development, 74*, 769-782.

Bartsch, K., & Wellman, H. M. (1995). *Children talk about the mind*. New York: Oxford University Press.

Erikson, E. H. (1968). *Identity: Youth and crisis*. New York: Norton.

Gauvain, M. (2001). *The social context of cognitive development*. New York: Guilford.

Gnepp, J., & Chilamkurti, C. (1988). Children's use of personality attributions to predict other people's emotional and behavioral reactions. *Child Development, 59*, 743-754.

Howes, C., & Metheson, C. C. (1992). Sequences in the development of competent play with peers: Social and social pretend play. *Developmental Psychology, 28*, 961-974.

Lerner, R. M. (1996). Relative plasticity, integration, tempotality, and diversity in human development: A developmental contextual perspective about theory, process, and method. *Developmental Psychology, 32*, 781-786.

Lillard, A. S., & Flavell, J. H. (1992). Young children's understanding of different mental states. *Developmental Psychology, 28*, 626-634.

Meltzoff, A. N. (1995). Understanding the intentions of others: Re-enactment of intended acts by 18-months-old children. *Developmental Psychology, 31*, 838-850.

Milligan, K., Astington, J. W., & Dack, L. A. (2007). Language and theory of mind: Meta-analysis of the relation between language ability and false-belief understanding. *Child Development, 78*, 622-646.

Phillips, A., Wellman, H. M., & Spelke, E. (2002). Infants' ability to connect gaze and emotional expression to internal action. *Cognition, 85*, 53-78.

Ruffman, T., Slade, L., & Crowe, E. (2002). The relation between children's and mother's mental state language and theory of mind understanding. *Child Development, 73*, 734-751.

Selman, R. L. (1980). *The growth of interpersonal understanding*. Orlando, FL: Academic Press.

Selman, R. L., & Byrne, D. F. (1974). A structural-developmental analysis of levels of role taking in middle childhood. *Child Development, 45*, 803-806.

Shaffer, D. R. (2009). *Social and personality development* (6th ed.). Belmont, CA: Wadsworth.

Shaffer, D. R., & Kipp, K. (2007). *Developmental psychology: Childhood and adolescence* (7th ed.). Belmont, CA: Wadsworth.

Siegler, R., Deloache, J., & Eisenberg, N. (2006). *How children develop* (2nd ed.). New York: Worth Publishers.

Skinner, B. F. (1953). *Science and human behavior.* New York: MacMillan.

Smith, J., & Ross, H. (2007). Training parents to mediate sibling disputes affects children's negotiations and conflict understanding. *Child Development, 78,* 790–805.

Vinden, P. G., & Astington, J. W. (2000). Culture and understanding others' mind. In S. Baron-Cohen, H. Tager-Flusberg, & D. J. Cohen (Eds.), *Understanding other minds: Perspectives from developmental cognitive neuroscience* (2nd ed.). New York: Oxford University Press.

Vygotsky, L. S. (1978). *Mind in society: The development of higher psychological processes.* Cambridge, MA: Harvard University Press.

Wellman, H. M., & Gellman, S. (1998). Knowledge acquisition in foundational domains. In W. Damon (Series Ed.), & D. Kuhn & R. S. Siegler (Vol Eds.), *Handbook of child psychology: Vol 2: Cognition, Perception, & Language* (5th ed.). New York: Wiley.

제3장

유아사회성 발달환경

유아는 태어날 때부터 외부 환경을 접하게 된다. 성장하면서 유아는 다양한 환경 요인으로부터 영향을 받고 이에 반응하며 때로는 환경을 능동적으로 탐색하며 자란다. 유아에게 영향을 주는 대표적인 환경으로 가족환경, 교육환경, 매체환경이 있다. 가족 환경은 부모, 형제, 조부모 등 가족구성원을 의미한다. 교육환경은 어린이집, 유치원, 학원 등 유아교육기관에서 교사, 또래와의 관계와 교육 프로그램 등을 의미한다. 또한 현대사회의 유아는 어려서부터 매체환경을 접하게 되는데 TV 프로그램, 컴퓨터, 스마트폰이 대표적인 매체환경이라 할 수 있다. 따라서 이 장에서는 유아의 가족환경, 교육 환경, 매체환경이 유아사회성 발달에 어떠한 영향을 미치는지에 대하여 살펴볼 것이다.

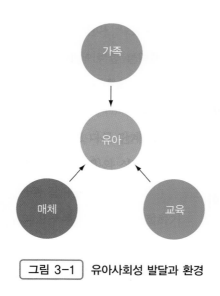

그림 3-1 유아사회성 발달과 환경

1 가족환경

1) 가족의 정의 및 특성

가족은 혈연공동체, 법적 공동체, 공동주거, 공동경제가 이루어지는, 즉 결혼과 혈연 혹은 입양 관계로 맺어진 동거동재 집단이라고 고전적으로 정의되어 왔다. 하지만 최근의 가족 유형은 기러기 가족과 같이 부모 중 한쪽이 나머지 가족과 따로 사는 경우도 있으며, 사실혼의 관계이지만 법적으로는 혼인관계가 아닌 동거 가족도 있으며, 일부 맞벌이 가족의 경우 공동으로 가계 경제를 운영하지 않는다. 즉, 현대에 와서는 가족에 관한 고전적 정의와 유형에 일치하지 않는 다양한 가족 유형이 있으며 다양한 가족 안에서 자녀가 성장하고 발달한다.

일반적으로 가족은 다음과 같은 특성을 가진다. 첫째, 가족은 임의로 형성된 다른 사회집단에 비해 비교적 장기간 유지되고 아동의 발달에 지속적인 영향을 미친다. 가족 유형, 가족의 생애 주기에 따라 아동은 다양한 가족환경에 놓인다. 둘째, 가족의 구성원은 부모, 형제, 조부모 등 다양하게 구성되며 구성원 개개인뿐만 아니라 구성원 간의 상호작용도 아동의 발달에 영향을 미친다. 특히 부부간의 상호작용은 아동의 사회성 발달의 모델이 되기도 한다. 셋째, 가족은 가족구성원의 성장과 발달을 위한 출산과 양육, 생산과 소비, 보호와 휴식 등의 기능을 한다(김주수, 김희배, 1986). 즉, 아동 발달에 있어 가족은 아동의 건강한 성장과 발달을 위한 중요한(critical) 환경 변인이다. 여기서는 아동과 밀접한 관계를 형성하는 부모와 형제가 유아의 사회성 발달에 어떠한 영향을 미치는지에 대해 살펴보고자 한다.

2) 부모와 유아사회성 발달

부모는 유아의 1차적 가족환경이라고 볼 수 있다. 유아는 부모의 가치관, 생활습관, 언어 사용, 대인관계, 훈육 방법 등 부모의 언어적 · 비언어적 행동에 직간접적인 영향을 받아 사회화된다. 사회화(socialization)란 아동이 사회에 기여할 수 있는 유능한 사회구성원으로 자랄 수 있도록 하는 과정이다. 부모의 의식적인 말과 행동이 유아의 사회화에 기여하고 유아는 부모의 말과 행동을 관찰하고 모방하고 학습함으로써 사회인으로 자라나게 된다. 특히 부모가 자녀를 어떻게 양육하는지에 따라 아동의 사회성 발달의 결과가 달라질 수 있다.

부모의 양육태도의 종류는 학자마다 다르게 분류한다. 대표적으로 바움린드(Baumrind, 1977)는 〈표 3-1〉에서와 같이 양육태도를 두 가지 양육 차원으로 구분하여

그림 3-2 | 부모를 모방하는 유아

출처: https://my.vanderbilt.edu/developmentalpsychologyblog/files/2013/12/Parent-and-Child.jpg

제시하였다. 첫째는 요구 · 통제적 양육 차원이다. 이는 부모가 자녀의 행동을 어느 정도로 규제하고 감독하는지를 나타낸다. 둘째는 수용 · 반응적 양육 차원이다. 이는 부모가 어느 정도로 자녀에게 따뜻하게 반응하고 자녀에게 애정을 보이는지를 나타낸다. 이 두 가지 양육 차원 중 어느 것이 높고 낮은지에 따라 권위적, 독재적, 허용적, 방임적 양육 태도로 구분된다. 권위적 양육태도란 요구 · 통제적 차원과 수용 · 반응적 차원이 모두 높은 경우를 말한다. 즉, 권위적 양육태도를 가진 부모들은 유아의 요구에 민감하게 반

표 3-1 | 바움린드의 애정과 통제를 기반으로 한 부모 양육태도 분류

		수용 · 반응성	
		높음	낮음
요구 · 통제	높음	〈권위적〉 합리적인 요구, 일관된 규칙, 민감하고 아동에 대해 따뜻하고 수용적임, 자녀의 의견을 수용하면서 안내와 통제를 하는 유연하고 민주적인 양육	〈독재적〉 많은 규칙과 요구를 하되 합리적인 설명이 없음, 아동의 요구나 관점에 대해 민감하지 못함, 엄격한 복종을 기대하고 순응을 하도록 하기 위해 이성보다 힘에 의존하는 양육
	낮음	〈허용적〉 규칙과 요구가 없음, 아동에게 지나치게 많은 자유를 허용함, 훈육 시 일관된 규칙이 없어 부모가 아동의 요구와 통제에 따르는 듯한 양육	〈방임적〉 규칙과 요구가 없음, 부모가 아동 양육에 거의 관여하지 않음, 아동의 요구에 둔감하고 무관심한 채로 양육

응하고 그 요구를 따뜻하게 수용한다. 권위적 양육태도를 가진 부모와 자녀는 서로의 요구를 긍정적으로 주고받는 관계라 할 수 있다. 반면에, 독재적 양육태도는 부모가 유아에게 요구하고 통제를 많이 하지만 유아의 요구를 수용하는 정도는 낮고 반응을 적게 해 주는 경우를 의미한다. 독재적 양육태도를 가진 부모는 아무런 설명이 없이 유아에게 일방적으로 규칙을 이행할 것을 요구하거나 아동이 요구하는 것에 대해서는 무심한 반응을 보인다. 독재적 양육태도를 가진 부모는 유아가 부모의 요구에 무조건적으로 복종할 것을 기대하고 무력을 행사하기도 한다. 허용적 양육태도는 유아에게 요구하고 통제하는 수준은 낮으나 유아의 요구를 무조건적으로 수용하고 지나치게 민감하게 반응하는 경우를 말한다. 허용적 양육태도를 가진 부모는 유아에게 지나치게 관대하게 대하고 훈육을 위한 규칙을 부과하지 않고 지나친 자유를 허용한다. 마지막으로, 방임적 양육태도는 부모가 유아에게 요구하고 통제하는 수준도 낮고, 유아의 요구에 둔감한 경우를 의미한다.

부모의 양육태도는 유아기부터 아동기를 지나 청소년기에 이르기까지 인지적 및 사회적 능력 발달에 영향을 미친다(Baumrind, 1991). 바움린드는 조사 대상 아동이 4세, 9세, 15세일 때 부모의 양육태도와 발달 상태를 추적하여 조사하였다. 그 결과, 부모가 권위적 양육태도로 양육한 경우 그 자녀의 인지적 및 사회적 능력이 높았고, 독재적 양육태도로 양육한 경우 평균 수준이었으며, 허용적 양육태도로 양육한 경우 인지적 및 사회적 능력이 가장 낮았다. 이러한 경향은 청소년기까지 이어져서 아동기에 권위적 양육태도로 양육을 받은 아동은 청소년기가 되어서도 자아존중감이 높았으며 사회적 기술이 뛰어나고 도덕성 및 친사회성이 강하고 학업성취도가 높았다. 반면에, 독재적 양육태도로 양육을 받은 아동은 청소년기가 되어도 인지적 및 사회적 능력이 평균 수준이었으며 허용적 양육태도로 양육을 받은 아동은 자기통제 능력이 떨어지고 학업성취도가 저조하였으며, 권위 있는 부모 혹은 권위주의적 부모의 청소년 자녀에 비해 약물 사용을 더 많이 하였다. 이와 같이 부모의 양육태도는 유아 및 아동기뿐만 아니라 자녀가 청소년기에 이르기까지 사회성 발달에 지대한 영향을 미친다.

그러나 부모의 양육태도가 자녀의 발달에 미치는 영향은 인종, 문화에 따라 다르다. 권위적 양육태도로 양육했을 때 자녀의 학업성취가 높다는 결과가 일관되게 보고되고 있지만, 인종이나 문화에 따라 미치는 영향력이 달랐다. 연구 결과에 의하면 부모의 권

위적 양육태도와 자녀의 학업성취는 유럽계 미국인에게 효과가 가장 컸고 아프리카 또
는 아시아계 미국인 청소년에게는 효과가 가장 낮았다(Steinberg, Lamborn, Darling,
Mounts, & Dornbusch, 1994). 따라서 부모의 양육태도와 아동의 발달의 관계를 논의할
때에는 사회문화적 맥락을 고려할 필요가 있다.

3) 형제와 유아사회성 발달

형제 또한 유아의 사회성 발달에 영향을 미치는 중요한 인적 환경이다. 흔히 형제관계
는 주로 나이가 많은 형제가 권위적으로 나이 어린 형제를 지배하고, 나이 어린 형제는
나이가 많은 형제의 통제에 순종해야 하는 전통적인 부모자녀 관계와 유사하다. 또한 부
모의 사랑을 더 많이 받기 위해 경쟁하고 성장하면서 끊임없이 성취가 비교되기 때문에
형제관계는 유아의 발달에 부정적인 영향을 미칠 것이라고 보여져 왔다. 그러나 지난
30여 년간 축적된 연구 결과에 의하면 형제관계는 또래관계나 부모자녀 관계와 다른 고
유의 특성이 있으며 유아의 성숙한 발달을 촉진하는 긍정적인 영향력을 미칠 수 있다.

일반적으로 형제관계는 다음과 같은 특성이 있다. 첫째, 같은 세대에 속한 횡적 관계
를 이루므로 비교적 대등한 관계다. 둘째, 형제관계에서는 또래집단과 유사한 상호작용
을 하나 더 깊은 유대관계를 맺는다. 셋째, 형제자매 간에는 서로 모방하는 경향이 강하
고 손위 형제는 동생에게 지적·사회적으로 자극을 주는 존재다. 넷째, 형제간에는 긍정
적 감정과 부정적 감정을 복합적으로 경험하게 된다(최규련, 2007). 이처럼 형제관계는
부모의 애정과 인정을 더 받기 위해 경쟁하는 관계이기도 하지만 애정 및 정서적 욕구의
충족을 시켜 주는 정서적 지원, 학습 및 놀이를 통한 지적 자극을 제공하는 인지적 지원
을 통해 유아사회성 발달에 기여한다. 더 나아가 형제는 유아가 또래와의 상호작용 시
필요한 놀이 방법, 문제해결 전략 등 사회인지적 기술을 습득할 수 있는 사회인지적 지
원자가 되기도 한다.

형제는 유아의 사회성 발달에 있어서 정서적인 안정을 제공해 주는 정서적 지원자다.
스튜어트와 마빈(Stewart & Marvin, 1984)은 영아와 부모의 애착관계의 안정성을 평가하
기 위한 '낯선 상황' 실험에 형제가 어떠한 영향을 미치는지 알아보기 위해 형제 참여
실험을 실시하였다. 연구자들의 의문은 과연 부모가 없는 낯선 상황에 손위 형제가 있다

면 영아가 부모를 대신하여 그 형제에게 정서적으로 의존할 것인가였다. 실험 결과, 실험 대상이 된 손위 형제의 51%가 어린 동생에게 보살피는 행동을 하였으며, 타인의 관점을 조망하는 능력이 높을수록 동생을 보살피는 행동을 더 많이 하였다. 또한 부모들은 손위 형제가 자신을 대신하여 어린 동생들을 돌보기를 기대했다. 따라서 유아는 부모에게 애착을 형성하듯이 형제에게도 애착을 형성하기도 하며, 손위 형제는 어린 동생을 돌보도록 길러진다고 할 수 있다. 특히 어린 유아는 부모를 대신해서 손위 형제에게 의지하기도 하며 부모가 없을 경우에 손위 형제로부터 정서적인 안정감을 얻는다.

손위 형제에게 정서적으로 의존할 뿐만 아니라, 어린 동생은 손위 형제의 행동에 더 주목하여 많은 것을 배우게 된다. 한 연구에 의하면 14개월의 영아도 모방 대상이 또래, 3세 유아, 성인인 경우에 자신보다 나이가 많은 사람의 행동을 더 잘 모방하였다(Zmyj, Daum, Prinz, Nielsen, & Aschersleben, 2012). 즈미즈 등(Zmyj et al., 2012)은 TV 화면에 14개월 정도의 영아, 3세 유아, 성인 각각이 전등을 손으로 조작하는 장면과 머리로 조작하는 장면을 보여 주었다. 이러한 예외적인 상황을 TV로 관찰한 14개월 정도의 영아들은 성인이 했던 새로운 행동을 가장 잘 모방하였고 그다음으로 자신보다 나이가 많은 3세 유아의 행동을 잘 모방하였다. 이러한 실험 결과를 참고하여 볼 때 어린 영아들도 손위 형제의 행동을 모방할 수 있다는 사실을 알 수 있다. 또한 자기 또래보다는 자기보

그림 3-3 손위 형제에게 관심을 가지고 바라보는 유아

다 나이 많은 사람에게서 배우고자 한다.

　형제는 유아의 사회인지 발달에 매우 중요한 역할을 한다. 구체적으로 유아는 형제로부터 조망수용 기술, 정서 이해, 타협과 화해하는 능력 및 도덕 추론 기술을 배운다(Bedford, Volling, & Avioli, 2000; Dunn, Brown, & Maguire, 1995). 부모와 달리 비교적 수평적 관계를 맺게 되는 형제는 서로의 첫 놀이 상대가 된다. 제한된 물적·인적 자원을 놓고 형제는 서로 경쟁하여 차지하고자 하며 갈등을 겪는다. 갈등을 해결하는 과정에서 형제는 언어적·비언어적 공격을 하며 파괴적인 갈등해결 방법을 사용할 수도 있지만 때로는 협상하여 사이좋게 노는 방법을 터득하기도 한다. 첫 놀이 상대이면서 타협과 협상의 상대인 형제는 반복되는 갈등과 해결을 경험하면서 사회적 기술이 향상된다. 손위 형제는 어린 동생에게 역할 모델이 되는 것에서 더 나아가 학업능력 향상에까지 영향을 줄 수 있다. 그레고리(Gregory, 2001)는 아동의 읽기능력 발달에서 형제간에 상호 교수하는 방법이 매우 효과적이라고 하였으며 형제간에 교수·학습하는 형태는 또래 간 협력학습과 같은 효과를 가진다고 하였다. 이는 비고츠키(Vygotsky, 1978)가 주장하는 바와 같이 유아가 약간의 도움을 받아서 수행할 수 있는 영역인 근접발달영역에 가까이 이끌어 줄 수 있는 상대로서 손위 형제가 적절하다는 것을 보여 준다.

그림 3-4 ｜ 사이좋게 나누어 먹는 자매

2 교육환경

1) 교육의 정의 및 특성

　교육이란 지식과 기술을 가르치며 인격을 길러 주는 것이다. 유아교육이란 초등학교
에 들어가기 전의 아이들을 대상으로 하는 교육이며 「유아교육법」에 의하면 만 3세부터
초등학교 취학 전까지의 어린이를 대상으로 한 교육을 의미한다. 반면에, 보육은 어린이
를 돌보고 기르는 것을 의미하며 「영유아보육법」에 의하면 영유아를 건강하고 안전하게
보호 · 양육하고 영유아의 발달 특성에 맞는 교육을 제공하는 어린이집 및 가정 양육 지
원에 관한 사회복지서비스를 말한다. 따라서 사전적 · 법적 의미상 보육은 취학 전 아동
전체를 대상으로 한 교육과 돌봄의 행위를 의미하고 교육은 만 3세에서 취학 전까지의
아동을 대상으로 한 학업 준비의 개념이라고도 할 수 있다. 보육의 개념이 교육보다 연
령, 교사의 수행에 있어 포괄적이며, 최근에는 보육을 단순한 돌봄(care)에 교육(education)
을 첨가해 'Educare' 라는 신조어를 사용하여 설명하기도 한다(이순형 외, 2014).
　유아교육의 중요성은 최근 유치원 취원율과 대상 유아 연령의 변화를 통해서 알 수 있

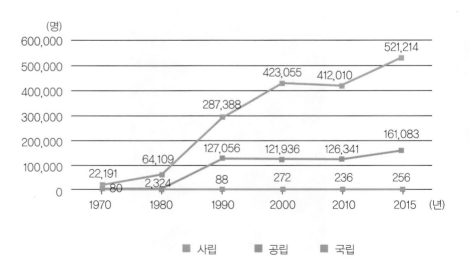

그림 3-5 　유치원 취원 아동 수

출처: 교육부(2015).

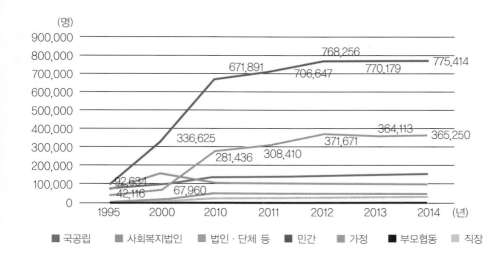

그림 3-6 연도별 어린이집 보육아동 현황

출처: 보건복지부(2015).

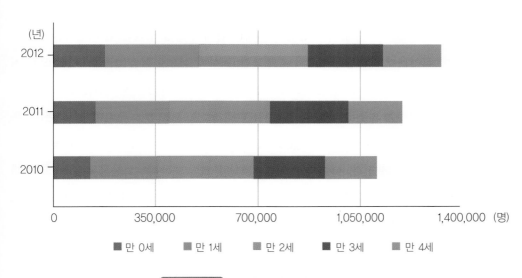

그림 3-7 연령별 보육아동 현황

출처: 통계청(2012).

다. 먼저, 유치원 취원율은 1980년부터 2012년까지 지속적으로 증가하여서 2012년에는 우리나라 취원 대상 유아 가운데 약 45%가 유치원에 다니고 있다. 여기에 보육아동의 증가 현황을 함께 살펴보면 대다수의 유아가 학교에 입학하기 이전부터 유아교육기관에 다니며 만 1~2세 영아의 어린이집 이용률이 증가하고 있다. 이는 가족환경이 영유아의 사회성 발달에 중요한 영향을 미치는 만큼이나 유아교육 환경이 영유아의 사회성 발달에 영향을 미칠 수 있다는 것을 의미한다.

2) 유아교육과정과 유아사회성 발달

유아교육과정은 대부분의 경우 유아의 흥미, 관심, 상황에 따라 교사와 유아가 함께 구성하는 발현적 교육과정(emergent curriculum)이며 흔히 유아교육 프로그램이라고도 한다 (이기숙, 2013). 예를 들면, 몬테소리 프로그램, 레지오 에밀리아 프로그램, 발도르프 프로그램 등이 있는데 이러한 유아교육 프로그램은 유아의 사회성 발달뿐 아니라 인지 및 언어 발달에 영향을 미친다. 유아교육 프로그램이 유아사회성 발달에 어떠한 영향을 미치는지 장단기 연구 결과를 바탕으로 살펴보면 다음과 같다.

유아교육 프로그램이 유아의 발달에 미치는 단기적 영향에 관한 연구 결과를 살펴보면, 피아제 이론에 기초한 유아교육 프로그램, 교사 중심으로 학습내용을 주입식으로 지도하는 프로그램, 유아를 중심으로 단원중심교육을 실시하는 프로그램은 유아의 지능이나 사회성 발달에 있어서 차이가 없었다(Weikart, Epstein, & Bond, 1978). 물론 각 프로그램 유형 간의 효과의 차이는 없었지만 유아교육을 받은 유아들이 유아교육을 받지 않은 집단보다는 지능검사 점수가 높았다. 또한 부모 참여 여부, 교사의 전문성, 교사 대 아동 비율, 교실의 물리적 환경 등에 따라 유아의 발달에 차이가 있었다. 몬테소리 프로그램은 유아의 창의성과 호기심 향상에 효과적이었으며 남아의 학업성취 수준을 높이는 데 효과적이었다(Miller, Dyer, Stevenson, & White, 1975).

연구 결과들을 요약하면, 학령전기에 유아교육을 받으면 단기적으로 지능검사 점수가 높게 나타났다. 학문 지향적인 프로그램일 경우 읽기나 수 영역에서의 점수가 높게 나타났고, 아동 중심적이며 비구조적인 프로그램일수록 아동의 독립성과 친사회적 행동이 높게 나타났다(이기숙, 2013). 이러한 경향은 유아교육 프로그램의 장기적 영향에 대한 연구 결과에서도 동일하였다. 유아교육을 받은 유아들이 고등학생이 되어서 지도력, 생산성, 사회적 적응, 학교활동의 참여도가 높았다(Gray, Ramsey, & Klaus, 1982). 또한 교사 중심의 학업 지향적 유아교육을 받은 유아보다 비교수적 프로그램에 참여한 유아들이 장기적으로 학업성취도가 높게 나타났다(Miller & Bizzell, 1983). 결과적으로, 유아교육을 받은 유아들이 이후 학업성취도가 높았고 자신을 높이 평가하였으며 이들의 어머니들은 자녀에게 보다 높은 기대감을 가지고 있었다. 따라서 교사 중심의 구조적인 프로그램은 학교 준비도, 학업성취, 지능 향상에 효과적이고, 아동과 교사의 상호작용을 강조하고 비구조화된 프로그램은 사회정서 발달에 효과가 있다고 보인다(이기숙, 2013).

그림 3-8 | 교사 중심의 교육활동 모습

그림 3-9 | 아동 중심의 교육활동 모습

3) 교사와 유아사회성 발달

교사는 유아의 사회성 발달에 영향을 주는 중요한 인적 환경이다. 유아의 사회성 발달에 영향을 미치는 유아교육 관련 지표로 교사 대 유아 비율, 집단 크기, 프로그램 유형, 유아 1인당 공간, 교직원 유형, 교사훈련 유무 등이 있다(Phillips, McCartney, & Scarr, 1987). 이러한 물리적 환경요인 외에도 교사와 유아가 어떠한 방식으로 상호작용을 하는지, 유아와 교사 간의 애착관계가 어떻게 형성되어 있는지는 유아의 사회성 발달에 영향을 미치는 질적인 요인이라고 할 수 있다. 교사와 유아의 관계를 근접성, 의존성, 갈등의 세 차원으로 구분하여 각 요인이 만 5세 유아의 학교 적응에 어떠한 영향을 미치는지 살펴본 결과, 교사와 유아의 관계가 의존적인 경우 유아의 학업 성적이 저조하고 학업태도가 부정적이었다(Birch & Ladd, 1997). 교사와 유아 간의 관계가 친밀한 경우 유아의 학업수행 능력이 높았으며 교사 평정 결과 유아의 학교 선호도나 자기주도성이 높게 나타났다. 이러한 연구 결과는 교사가 유아와 가까운 거리를 유지하면서도 유아가 교사에게 지나치게 의존하지 않도록 하는 것이 유아의 적응에 도움이 된다는 것을 의미한다.

하우즈와 해밀턴(Howes & Hamilton, 1992)은 유아교육기관에서 유아와 교사의 관계 유형을 파악하기 위해 관찰법을 이용한 종단연구를 실시하였다. 연구자들은 낯선 상황 실험을 응용하여 유아의 새로운 교사에 대한 반응을 안정, 회피, 양가적 반응으로 분류하였다. 18개월에서 42개월까지 6개월 간격으로 유아를 관찰한 결과, 어머니, 아버지, 교사에 대한 안정 애착 점수는 차이가 없었다. 단, 18~24개월 사이에 교사가 바뀌었을 경우 30개월, 36개월 유아의 안정 애착 점수가 떨어졌다. 이것은 영아가 교사에게도 대체로 안정적인 애착을 형성하지만 이른 시기에 교사가 자주 바뀌는 것은 유아와 교사의 애착관계에 부정적인 영향을 미칠 수 있음을 보여 준다. 교사와 유아의 안정적인 애착 형성은 유아의 사회적 행동과도 관련이 있다. 나종혜(1993)의 연구에 의하면 불안정한 애착을 형성한 유아들이 안정된 애착을 형성한 유아들보다 신체적인 도움을 요청하거나 안아주기 등의 기본적인 행동을 더 많이 요청하고, 부정적 사회정서 반응이 높게 나타났다. 따라서 어린이집 이용을 시작하는 영아기에 교사와 영아의 애착관계를 형성하는 것은 향후 사회성 발달의 기본 토대가 되므로 매우 중요하다.

그렇다면 어떠한 방법으로 교사는 유아의 긍정적인 사회성 발달을 촉진할 수 있을까?

첫째, 아동이 가진 사회정서적 능력의 장점을 파악한다. 아동 발달에는 보편적인 연령 규준이 주어져 있지만 아동 간의 발달의 개인차 또한 크다. 그만큼 아동 간의 사회정서 발달이 다르며 다시 말해 각 아동이 가진 장점이 다르다는 것이다. 따라서 교사는 개별 아동이 가지고 있는 친사회성, 도덕성, 공격성, 사회적 기술, 정서 이해 능력 등 사회정 서 발달 정도를 연령집단 규준에 비추어 파악하되 아동이 가진 장점이 무엇인지 파악하 고 이를 지원해 줄 수 있어야 한다. 둘째, 아동에 대한 파악을 위해 아동의 가족과 긴밀 한 협력관계를 유지해야 한다. 특히 영아의 경우는 아동의 특성을 교육기관에서의 관찰 만으로 파악하기 어렵다. 따라서 부모에게서 영유아가 어떠한 기질을 가지고 있는지, 어 떠한 행동 발달 특성을 보이는지에 대한 정보를 얻어야 한다. 이러한 정보 파악은 대상 영유아의 현재 발달 상황에 대한 진단과 평가의 의미를 가지며, 파악한 정보는 유아교육 을 위한 참조 자료로 유용하게 활용될 수 있다. 셋째, 교사는 유아가 또래와 어떻게 상호 작용하는지 관찰하고 필요시 긍정적인 개입을 해야 한다. 처음 유아교육기관에 발을 내 딛은 유아들은 교사에게 의존하여 교사와 상호작용하길 원할 수도 있지만, 유아의 사회 성 발달과 사회적 관계 확장을 위해서는 궁극적으로 유아가 또래와 긍정적인 상호작용 을 하는 방법을 파악해야 하기 때문이다. 넷째, 교사는 일과 운영을 일관성 있게 실천하 고 학급 규칙을 공평하게 적용해야 한다. 유아는 영아기에 주 양육자의 일관성 있는 따 뜻한 반응을 통해 안정된 애착관계를 형성하고 이를 기반으로 주변을 탐색하여 인지 발

그림 3-10 교사와 아동이 상호작용하는 모습

달을 이루게 된다. 마찬가지로 유아교육기관의 교사가 유아들에게 학급의 운영을 위한 규칙을 실행할 때 일관성 있게 적용하고 규칙에 대한 설명을 부드럽게 말로 해 줄 때 유아들은 교사에 대한 신뢰감을 형성하게 된다. 이러한 신뢰관계를 바탕으로 유아들은 교실환경을 탐색하고자 하는 욕구를 가지게 된다.

4) 또래와 유아사회성 발달

또래란 사회적으로 같은 사람들 혹은 행동 복잡성 수준이 비슷하게 행동하는 사람들이라고 할 수 있다(Rosenbaum, 1980). 또래는 부모, 교사와 마찬가지로 유아사회성 발달에 기여하는 사회화 대리인이라고 볼 수 있다. 부모와 유아의 관계는 대부분의 경우 수직적인 관계로 이루어진다. 부모의 양육태도에 따라 권위적, 독재적, 방임적, 허용적 유형으로 나뉘는데 이러한 부모자녀 관계 유형은 부모가 아동을 어떠한 방식으로 양육하는지, 즉 부모의 측면에서 관계를 조망한 것이다. 반면에, 또래는 많은 경우 연령이 동일하고, 성별이 같거나 거의 같은 지위와 힘을 가지기 때문에 동등한 위치에 있다. 그리하여 수평적인 관계인 또래관계에서는 공동의 목표를 달성하기 위해 서로의 관점을 이해하고, 협상하고 타협하며, 서로 협력하는 상호작용이 쉽게 일어날 수 있다(Shaffer, 2008). 따라서 유아의 또래관계는 부모자녀 관계, 교사유아 관계와 다른 측면에서 유아의 사회성 발달에 기여할 수 있다.

엘리스, 로고프와 크로머(Ellis, Rogoff, & Cromer, 1981)는 1~12세의 아동 436명을 관찰하였는데, 아동이 7~8세가 될 때까지 같은 연령의 또래와의 접촉 빈도가 증가하였고 그 이후로 또래 접촉 빈도가 점차 감소하는 경향을 보였다. 반면에, 성인과의 상호작용은 계속해서 감소하는 경향을 보였다. 즉, 아동의 사회화에 부모의 양육태도, 교사와의 관계가 중요한 요인이지만 성인과의 접촉 빈도가 감소하는 경향을 볼 때 아동의 사회화에서 성인의 영향력도 점차 감소한다고 추측해 볼 수 있다. 반면에, 또래와의 접촉 빈도가 증가함에 따라 또래에 의한 아동의 사회화가 이루어질 수밖에 없으며 그 결과 또래 동조 행동과 같은 사회적 행동이 증가하게 되는 것이다.

아동의 또래와의 관계는 아동의 발달 시기마다 다른 양상을 보인다. 과거에는 영아기에는 또래 간의 상호작용이 일어나지 않는다고 보았으나 약 6개월 정도가 되면 영아도 옹알이를 하고 서로에게 소리를 내고 몸짓을 하는 등 상호작용 시도를 한다(Hay, 1985). 12개월경이 되면 또래의 행동을 모방하기도 하며 18개월 정도가 되면 서로의 행동에 더 적절하게 반응하기 시작한다. 이 시기가 되면 영아가 소리를 내거나 어떤 행동을 했을 때 다른 영아가 그에 대해서 유사한 행동을 하거나 또 다른 행동을 반응적으로 보여 주면서 서로 행동을 주고받는 협응된 상호작용을 시작한다. 이후 20~24개월 정도가 되면, 언어적으로 발달함에 따라 유아와 또래 간에는 행동뿐 아니라 언어적 상호작용의 빈도가 증가한다. 만 3세 전후로 유아들은 성인보다는 또래와의 상호작용을 더 많이 하게 되는데, 유아기 유아와 또래의 놀이 유형은 혼자놀이, 병행놀이, 연합놀이, 협동놀이로

그림 3-11 또래의 머리를 묶어 주는 모습

그림 3-12 혼자놀이를 하고 있는 유아

구분된다(Parten, 1932). 혼자놀이란 유아가 놀이에 참여하지 않고 다른 아이들의 놀이를 관망하거나 또래집단에서 떨어져서 혼자서만 놀고 있는 경우를 말한다. 병행놀이(parallel play)는 다른 아이와 같은 공간, 근접한 거리에서 놀고 있으나 말이나 행동의 상호작용은 없는 경우를 말한다. 연합놀이(associative play)는 유아가 또래와 장난감이나 재료를 공유하면서 활동하는 경우를 말한다. 협동놀이(cooperative play)는 유아와 또래가 공동의 놀이 목표를 만들어 각자 역할을 맡아 그 목표를 달성하기 위해 협동하는 경우를 말한다. 연령이 증가함에 따라 혼자놀이와 병행놀이는 점차 감소하고 연합놀이와 협동놀이는 점차 증가한다(Parten, 1932).

③ 매체환경

1) 매체의 정의 및 특성

매체란 다양하고 복잡한 정보를 전달하는 도구라고 할 수 있다. 매체에는 신문, 책, 포스터, 우편물 등의 종이 매체와 TV, 컴퓨터, 스마트폰 등의 전자 매체가 있다. 다양한 매체는 유아가 사회의 현상과 관련된 정보를 알 수 있는 적절한 도구로, 부모, 형제, 교사, 또래에 이어서 유아의 사회화에 기여한다. 하지만 매체는 인적 자원에 의한 사회화보다 부정적인 영향이 많은 것으로 알려져 있어 TV, 컴퓨터, 스마트폰이 유아의 사회성 발달에 어떠한 영향을 미치는지, 부정적인 영향을 줄이기 위해서는 매체를 어떻게 이용해야 하는지에 초점을 두어 살펴볼 필요가 있다.

영유아의 매체 이용 실태는 최근 육아정책연구소에서 연구한 바가 있다. 이정림, 도남희, 오유정(2013)이 영유아의 미디어 매체(TV, 컴퓨터, 스마트폰 등)에 대한 노출 및 이용 실태를 파악한 결과, 거의 대부분의 경우 TV, 컴퓨터, 스마트폰을 보유하고 있었다. 또한 대부분의 영유아가 TV 시청을 하고 있었으며, 절반 이상의 영유아가 스마트폰을 이용하고 있었다. 영유아의 미디어 매체 이용 연령은 하향화되었고, 최근 스마트폰 사용의 증대로 영아의 스마트폰 이용도 증가하고 있었다. 미디어 매체의 최초 이용 시기에 대한 질문에서 TV의 경우 47.3%가 0세에 TV를 처음 접했으며, 1세가 35.7%로 조사 대상 영유아 전

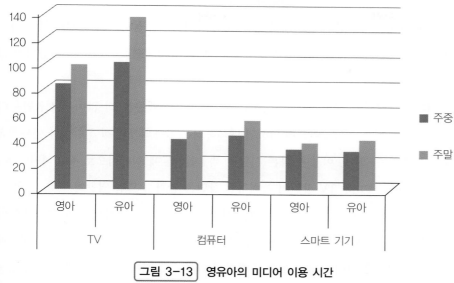

그림 3-13 영유아의 미디어 이용 시간

출처: 이정림, 도남희, 오유정(2013).

체의 83%가 0~1세에 TV 시청을 시작하는 것으로 나타났다. 컴퓨터 노출 시기도 유아의 경우 41.4%가 3세에 시작하였다고 하였으나 영아는 75.4%가 1세에 시작했다고 응답하여 컴퓨터 사용 연령이 낮아지고 있으며 스마트폰 이용 연령도 마찬가지로 낮아지고 있었다. TV를 많이 시청하는 영유아가 컴퓨터 및 스마트폰 사용도 많이 하는 것으로 나타났으며 영유아들이 TV, 컴퓨터 및 스마트폰을 이용하는 시간은 일일 3시간으로 나타났다.

2) TV와 유아사회성 발달

부모들은 유아가 TV에 나오는 공격적인 장면을 모방할 것에 대한 염려를 많이 한다. 이와 관련하여 1972년경 TV 폭력이 공격성을 부추기는지와 관련된 실험이 18개 실시되었는데 그중 16개 실험에서 폭력적인 내용의 TV를 시청한 아동이 실제로 또래와 놀이를 할 때 더 공격적으로 행동하였고 특히 남아에게서 이러한 현상이 더 강하게 나타났다 (Liebert & Baron, 1972). 즉, 연구마다 TV의 폭력적인 장면이 유아의 공격성을 부추기는지에 대한 결과가 다르지만 대체적으로 폭력적인 장면은 폭력성을 증가시킨다는 결과가 많이 보고된다. 특히 남아들이 TV에 나온 폭력적인 장면을 더 쉽게 받아들이는 것으로 보인다. 파워레인저와 같이 편집되지 않은 매우 폭력적인 아동용 프로그램을 본 남아들은 자연스러운 환경에서 또래들과 상호작용할 때 더 공격적으로 행동하는 경향이 있었다(Shaffer, 2008).

그렇다면 공격적인 장면을 본 유아들은 왜 공격적인 행동을 더 많이 할까? 반두라(Bandura, 1973)의 사회학습이론에 의하면 매체폭력은 아동의 공격적 성향이나 반사회적 성향을 부추길 수 있다. 아동은 다른 사람의 싸움을 볼 때 정서적으로 각성되며(Cline, Croft, & Courrier, 1973), TV 장면의 폭력적인 장면은 공격적 모델 역할이 된다. 또한 둔감화 가설에 의하면 TV의 폭력적인 장면을 시청하면 폭력성에 대해서 각성 수준이 높아지기 때문에 현실에서도 폭력이나 공격적 행동에 대해 무감각해진다고 한다. 즉, 대중매체에서 폭력 장면을 많이 본 사람들은 공격성에 의해서 덜 각성되며 폭력과 공격적 행동을 더 묵인하게 된다는 것이다(Drabman & Thomas, 1974). 학습이론과 둔감화 가설이 TV의 폭력성이 실제 유아의 공격성을 증가시킨다고 주장하는 반면에, 카타르시스 가설은 TV를 통해 폭력적인 내용을 시청하면 오히려 인간에 내재된 공격적 충동을 해소함으로써 공격성을 떨어뜨릴 수 있다고 한다(Feshbach, 1972). 하지만 앞서 언급한 실험연구 결과를 토대로 보았을 때에도 학습이론과 둔감화 가설을 지지하는 연구 결과들이 더 많다.

공격적 성향을 부추기는 것 외에도, TV 시청은 사회적 고정관념을 형성하고 신체적 건강을 해치는 요인이 되고, 인지 발달을 저해하는 요소로 지목받고 있다. 물론 친사회적인 행동을 포함한 내용을 시청하였을 경우 친사회적 행동을 증진시킬 수 있다는 TV에 대한 긍정적인 보고도 있다. 한 예로, 미국 공공 TV에서 방영되는 〈참깨거리〉나 〈로저스 씨네 이웃〉과 같은 프로그램들을 시청하는 것은 친사회적 행동 향상에 도움이 되었다고 한다(Shaffer, 2008). 하지만 TV 광고에서는 남성은 힘이 세고 지배적인 모습으로, 여성은 연약하고 예쁘고 순종적인 모습으로 비춰지는 경우가 많아 이러한 TV 광고를 많이 보는 아동들은 TV를 거의 안 보는 급우들보다 남자와 여자에 대해 더 전통적인 관점을 가질 수 있다(Huston, 1992). 즉, 성역할 고정관념이 포함된 TV 광고를 많이 시청한 아동은 성역할 고정관념이 강화될 수 있다는 것이다. TV 시청은 아동의 건강과도 유의한 관계가 있다. 하루 5시간 이상을 소파에 앉아서 TV만 보는 아동은 2시간 미만 시청하는 아동에 비해 비만에 걸릴 가능성이 약 4.6배 더 높다(Gortmaker, Must, Sobol, Peterson, Colditz, &

Dietz, 1996). 따라서 건강한 신체를 유지하기 위해서는 TV 시청을 하루 1시간 미만으로 제한할 필요가 있다(Tucker, 1986).

> ## TV 애니메이션 〈뽀롱뽀롱 뽀로로〉의 교육적 효과에 관한 연구
>
> 최근 정희영과 방승미(2012)는 어린이들의 인기 애니메이션인 〈뽀롱뽀롱 뽀로로〉에 나타난 유아 인성교육의 덕목과 특성, 순위 분석을 실시한 연구를 발표하였다. 이 연구에서는 총 52편의 시리즈에 대하여 유아 인성교육 덕목을 기준으로 분석을 실시하였다. 분석 결과, 유아의 생활과 또래관계 가운데서 일어날 수 있는 비슷한 사례가 추출되었고 141개의 유아 인성교육 덕목들이 나타났다. 연구자들은 〈뽀롱뽀롱 뽀로로〉에서 사회 · 정서 덕목이 가장 높은 비율을 차지하였고, 다음으로 기본 생활습관, 윤리 · 도덕 덕목 순이라고 하였다. 또한 12개의 유아 인성교육 덕목들의 순위를 분석한 결과 타인 이해 및 존중 덕목이 19.2%로 가장 많았고, 다음으로 협동(16.3%), 예절(15.3%)로 나타났다.

3) 컴퓨터와 유아사회성 발달

TV와 마찬가지로 컴퓨터도 현대사회의 가족생활과 유아의 발달에 많은 영향을 주고 있다. 컴퓨터는 TV에 비해 쌍방향 커뮤니케이션이 가능하고, 사용자가 직접 조작할 수 있어서 TV 시청에 비해 보다 능동적인 활동이라고 볼 수 있다. 유아교육기관에서도 동영상, PPT 등을 통해 현실적으로 쉽게 접할 수 없는 것들을 컴퓨터를 활용하여 보여 주고 있고, 교육용 게임을 하면서 컴퓨터 보조학습(computer assisted instruction)을 실시하고 있다.

만 3~5세 유아의 컴퓨터 게임 이용 실태를 분석한 결과, 만 3세 부모들이 만 4, 5세 부모들보다 유아에게 컴퓨터를 더 많이 가르치고 있는 경향이 발견되었다(노운서, 2009). 유아들은 컴퓨터를 이용한 게임을 가장 선호하였으며, 여아보다 남아가 다른 놀잇감보다 컴퓨터 게임을 선호하였으며, 맞벌이 부부의 유아가 전업주부의 유아보다 컴퓨터 게임을 하는 횟수가 더 많았다.

컴퓨터 게임이 유아의 발달과 어떠한 관련을 가지는지에 대한 연구에서는 게임에 과몰입된 유아들이 일상생활 영역, 교육기관 영역, 또래관계 영역, 병리현상 영역 등의 전체 행동 특성 영역에서 게임 비몰입 유아보다 부정적인 행동 특성의 발현 빈도가 더 높

출처: 교육부(2012).

그림 3-14 게임, 스마트폰, 인터넷 중독 예방 교육 자료

은 것으로 나타났다(강병재, 2008). 즉, 게임에 지나치게 몰입한 유아들은 타인을 무시하거나 회피하는 경향, 공격하는 경향이 자주 발생하고, 아동 간 부적응, 기관 부적응의 발생 경향이 높고 게임에 대한 집착이 매우 높고 수면장애가 있으며, 조급하고 우울한 경향을 보이는 것으로 나타났다. 유아의 게임 중독 경향성은 연령, 출생 순위, 가족 간의 친밀감과 관련이 있었다(강정원, 장수진, 김수옥, 2011).

그림 3-15 컴퓨터 게임을 하는 유아

4) 스마트기기와 유아사회성 발달

스마트기기는 스마트폰, 스마트패드 등을 포함하는 기기로 휴대가 편리하여 TV나 컴퓨터보다 접근성이 높다는 점이 다르다. 접근성이 높다는 의미는 언제 어디서나 스마트기기를 통해 게임, 검색, 메신저 등 사이버 공간에 접속할 수 있다는 의미다. 이러한 스마트기기만의 속성은 성인뿐 아니라 청소년, 아동, 유아를 끌어들여 쉽게 중독에 빠지게 한다.

스마트기기 실태조사 결과, 2012년 한국의 스마트폰 보급률은 67.6%로 전 세계 국가 중 가장 높았고, 인구 대비 스마트폰 보급률에서 세계 1위를 차지하였다(이정림 외, 2013). 방송통신위원회 실태조사 결과, 2011년에는 조사 대상 가구원의 스마트기기 보유율이 31.3%이었는데 2012년에는 63.7%로 1년간 2배 이상 증가하였다. 특히 6~19세 아동 및 청소년의 스마트기기 보유율은 21.5%에서 64.5%로 급증하였다. 유아 스마트폰 이용 연구 결과, 스마트폰을 매일 또는 3~6회 사용하는 경우가 38.5%로 나타났으며 스마트폰에 노출되는 시간은 6세 이하의 유아도 매일 평균 2시간 24분으로 나타났다(이원석, 성영화, 2012).

스마트기기의 이용과 유아의 사회성 발달 관련 연구는 부족한 실정이나 일부 연구 결과들을 살펴보면, 스마트기기 중독 정도가 높은 유아들은 자기조절력이 떨어지고, 친사회적 행동 빈도가 낮게 나타났다(황태경, 손원경, 2014). 이는 자기통제력이 낮은 유아들이 스마트기기에 중독되는 경향이 높다(유옥순, 2007)는 연구 결과와 일치한다. 즉, 유아가 스마트기기를 과도하게 사용하면 사회정서 및 행동 발달에 문제가 발생할 수 있다는 것이다. 유아가 직접적으로 스마트폰 이용을 과도하게 하는 것도 문제가 되지만 부모의 스마트폰 이용도 유아의 발달에 영향을 미친다. 스마트폰 사용 시간이 많고 멀티태스킹

표 3-2 가구원의 스마트기기 보유율 변화

연도	전체	6~19세	20대	30대	40대	50대	60세 이상
2011	31.3	21.5	63.0	54.8	30.8	9.5	4.6
2012	63.7	64.5	91.0	87.5	72.3	46.8	23.4

출처: 방송통신위원회, 한국인터넷진흥원(2013).

을 하는 어머니의 우울 점수가 높게 나타났고, 스마트폰 중독 수준이 잠재적 위험 사용자군인 어머니의 자녀에게서 주의집중 문제가 높게 나타났다(현은자, 박은미, 조메리명희, 김태영, 2013). 어머니의 우울 점수가 높을수록 자녀의 외현화 문제 행동이 높게 나타났다. 이러한 연구 결과로 볼 때 어머니가 스마트폰에 중독이 될 정도로 과도하게 사용할 경우 어머니의 정서 상태에 문제가 생기고 이것이 자녀의 사회정서 및 행동 발달에 부정적인 영향을 미친다고 볼 수 있다. 따라서 사회정서적으로 건강한 아동의 발달을 위해서는 어머니가 먼저 스마트기기를 절제하며 사용할 필요가 있으며, 아동도 과도하게 몰입하지 않도록 지도할 필요가 있다.

참고문헌

강병재(2008). 게임과몰입 유아의 행동 특성에 관한 분석. 열린유아교육연구, 13(3), 1-21.

강정원, 장수진, 김수옥(2011). 유아의 인터넷 게임중독 경향성에 미치는 유아와 가족변인의 영향. 어린이미디어연구, 10(3), 205-224.

김주수, 김희배(1986). 가족관계학. 서울: 학연사.

교육부(2015). 교육통계연보.

나종혜(1993). 어머니와 탁아교사에 대한 유아 애착 비교. 연세대학교 대학원 석사학위논문.

노운서(2009). 만 3-5세 유아의 컴퓨터게임 이용 실태 분석. 어린이미디어연구, 8(2), 43-63.

방송통신위원회, 한국인터넷진흥원(2013). 2012년 인터넷 이용 실태조사.

보건복지부(2015). 보육통계.

유옥순(2007). 자기통제력과 스트레스 대처유형이 청소년의 인터넷 중독에 미치는 영향. 건양대학교 대학원 석사학위논문.

이기숙(2013). 유아교육과정. 서울: 교문사.

이순형, 이혜승, 이성옥, 황혜신, 이완정, 이소은, 권혜진, 이영미, 정윤주, 한유진, 성미영(2014). 보육학개론. 서울: 학지사.

이원석, 성영화(2012). 유아의 스마트폰 이용과 관련한 어머니의 인식. 육아정책연구, 6(1), 20-38.

이정림, 도남희, 오유정(2013). 영유아의 미디어 매체 노출실태 및 보호대책. 육아정책연구소.

정희영, 방승미(2012). TV애니메이션 "뽀롱뽀롱 뽀로로"에 나타난 유아 인성교육 경향 분석. 유아교육연구, 32(1), 159-180.

최규련(2007). 가족관계론. 경기: 공동체.

현은자, 박은미, 조메리명희, 김태영(2013). 어머니의 스마트폰중독 수준 및 우울 점수와 유아의 문제행동과의 관계. 유아교육연구, 33(5), 181-205.

황태경, 손원경(2014). 유아의 스마트기기 사용실태와 중독경향성, 자기조절력, 친사회적 행동 간의 관계. 생애학회지, 4(1), 69-83.

Bandura, A (1973). *Aggression: A social learning analysis*. Prentice-Hall.

Baumrind, D. (1977). Socialization and instrumental competence in young children. *Young Children, 26*(2), 104-119.

Baumrind, D. (1991). The influence of parenting style on adolescent competence and substance use. *The Journal of Early Adolescence, 11*(1), 56-95.

Bedford, V. H., Volling, B. L., & Avioli, P. S. (2000). Positive consequences of sibling conflict in childhood and adulthood. *The International Journal of Aging and Human Development, 51*(1), 53-69.

Birch, S. H., & Ladd, G. W. (1997). The teacher-child relationship and children's early school adjustment. *Journal of School Psychology, 35*(1), 61-79.

Cline, V. B., Croft, R. G., & Courrier, S. (1973). Desensitization of children to television violence. *Journal of Personality and Social Psychology, 27*(3), 360.

Drabman, R. S., & Thomas, M. H. (1974). *Exposure to filmed violence and children's tolerance of real life aggression.* New Orleans, LA: American Psychological Association.

Dunn, J., Brown, J. R., & Maguire, M. (1995). The development of children's moral sensibility: Individual differences and emotion understanding. *Developmental Psychology, 31*(4), 649.

Ellis, S., Rogoff, B., & Cromer, C. C. (1981). Age segregation in children's social interactions. *Developmental Psychology, 17*(4), 399.

Feshbach, S. (1972). Reality and fantasy in filmed violence. *Television and Social Behavior, 2,* 318-345.

Gortmaker, S. L., Must, A., Sobol, A. M., Peterson, K., Colditz, G. A., & Dietz, W. H. (1996). Television viewing as a cause of increasing obesity among children in the United States, 1986-1990. *Archives of Pediatrics & Adolescent Medicine, 150*(4), 356-362.

Gray, S. W., Ramsey, B. K., & Klaus, R. A. (1982). *From 3 to 20: The early training project.* University Park Press.

Gregory, E. (2001). Sisters and brothers as language and literacy teachers: Synergy between siblings playing and working together. *Journal of Early Childhood Literacy, 1*(3), 301-322.

Hay, D. F. (1985). Learning to form relationships in infancy: Parallel attainments with parents and peers. *Developmental Review, 5*(2), 122-161.

Howes, C., & Hamilton, C. E. (1992). Children's relationships with child care teachers: Stability and concordance with parental attachments. *Child Development,* 867-878.

Huston, A. C. (1992). *Big world, small screen: The role of television in American society.* Lincoln: University of Nebraska Press.

Liebert, R. M., & Baron, R. A. (1972). Some immediate effects of televised violence on children's behavior. *Developmental Psychology, 6*(3), 469.

Miller, L. B., Dyer, J. L., Stevenson, H., & White, S. H. (1975). Four preschool programs: Their dimensions and effects. *Monographs of the Society for Research in Child Development,* 1-170.

Miller, L. B., & Bizzell, R. P. (1983). Long-term effects of four preschool programs: Sixth, seventh, and eighth grades. *Child Development,* 727-741.

Parten, M. B. (1932). Social participation among pre-school children. *The Journal of Abnormal and Social Psychology, 27*(3), 243.

Phillips, D., McCartney, K., & Scarr, S. (1987). Child-care quality and children's social development. *Developmental Psychology, 23*(4), 537.

Rosenbaum, J. E. (1980). Social implications of educational grouping. *Review of Research in Education*, 361–401.

Shaffer, D. (2008). *Social and personality development*. Boston: Cengage Learning.

Steinberg, L., Fletcher, A., & Darling, N. (1994). Parental monitoring and peer influences on adolescent substance use. *Pediatrics*, *93*(6), 1060–1064.

Steinberg, L., Lamborn, S. D., Darling, N., Mounts, N. S., & Dornbusch, S. M. (1994). Over-time changes in adjustment and competence among adolescents from authoritative, authoritarian, indulgent, and neglectful families. *Child Development*, *65*(3), 754–770.

Stewart, R. B., & Marvin, R. S. (1984). Sibling relations: The role of conceptual perspective-taking in the ontogeny of sibling caregiving. *Child Development*, 1322–1332.

Tucker, L. A. (1986). The relationship of television viewing to physical fitness and obesity. *Adolescence*, *21*(84), 797–806.

Vygotsky, S. I. (1978). *Mind in society*. Cambridge, MA: Harvard University.

Weikart, D. P., Epstein, A. S., & Bond, J. T. (1978). *The ypsilanti preschool curriculum demonstration project*. Ypsilanti, MI: High/Scope Educational Research Foundation.

Zmyj, N., Daum, M. M., Prinz, W., Nielsen, M., & Aschersleben, G. (2012). Fourteen-Month-Olds' Imitation of Differently Aged Models. *Infant and Child Development*, *21*(3), 250–266.

https://my.vanderbilt.edu

Early Childhood Social Education

제4장

누리과정의 유아사회교육

① 누리과정 사회관계 영역의 성격 및 목표

'누리과정' 은 유치원과 어린이집으로 이원화되어 있던 교육·보육과정을 통합하여 유아교육의 질을 높이고, 생애 초기의 공정한 출발점을 보장하기 위해 2013년부터 실시 되고 있다. 3~5세 연령별 누리과정의 주요 구성 방향은 여섯 가지다(교육과학기술부, 보 건복지부, 2013a). ① 질서, 배려, 협력 등 기본 생활습관과 바른 인성을 기르는 데 중점을 두어 구성한다. ② 자율성과 창의성을 기르는 데 중점을 두고, 전인 발달을 이루도록 구 성한다. ③ 사람과 자연을 존중하고, 우리 문화를 이해하는 데 중점을 두어 구성한다. ④ 만 3~5세 유아의 발달 특성을 고려하여 연령별로 구성한다. ⑤ 신체운동·건강, 의 사소통, 사회관계, 예술경험, 자연탐구의 5개 영역을 중심으로 구성한다. ⑥ 초등학교 교육과정과 0~2세 표준보육과정과의 연계성을 고려하여 구성한다.

이 장에서는 3~5세 누리과정의 사회관계 영역에 대해 살펴보고자 한다.

1) 사회관계 영역의 성격

사회관계 영역은 자신을 소중히 여기고, 다른 사람들과 함께 생활하는 방법을 익히며 사회에 적응할 수 있는 기본적인 능력을 기르기 위한 영역이라고 할 수 있다. 사회관계 영역은 유아가 스스로를 존중하는 것과 관련된 '나를 알고 존중하기', 유아 자신 및 타 인의 정서에 대한 이해를 바탕으로 상황에 맞는 감정 조절을 하기 위한 '나와 다른 사람 의 감정 알고 조절하기', 그리고 주변 사람들과의 신뢰를 바탕으로 유아가 편견 없이 사 회를 보도록 하는 내용을 다룬 '가족을 소중히 여기기' '다른 사람과 더불어 생활하기' '사회에 관심 갖기' 의 다섯 가지 내용 범주로 구성되어 있다.

2) 사회관계 영역의 목표

사회관계 영역의 목표는 자신을 존중하고, 다른 사람과 더불어 생활하는 능력과 태도를 기르는 데 있다. 즉, 자신과 타인에 대한 존중과 배려, 협력과 질서를 통해 유아가 원만한 대인관계 안에서 건강한 자아를 가진 유아로 성장할 수 있도록 하는 데 중점을 둔다. 이를 위한 세부 목표는 다음과 같다.

(1) 자신을 소중히 여기며 자율성을 기른다

유아기는 긍정적 자아 인식을 발달시켜 자신을 소중히 여기고, 스스로 판단하고 실천하는 자율성을 발달시키는 시기다. 유아가 자신에 대한 관심에서 출발하여 타인과의 차이를 인정하며 존중하는 것이 중요하다. 또한 유아가 스스로 할 수 있고 원하는 일을 경험해 보면서 자율성과 주도성을 기를 수 있도록 한다.

(2) 자신과 타인의 감정을 알고, 자신의 감정을 적절하게 표현하고 조절한다

유아기는 다양한 감정을 느끼고 표현하는 능력이 발달하는 시기다. 자신과 타인 모두 다양한 감정을 가질 수 있다는 사실을 인식하며, 감정에 대한 조망수용 능력과 공감능력을 발달시켜야 하는 시기이기도 하다. 유아가 원만한 대인관계에 필요한 사회적 기술을 기르기 위해서는 자신과 타인의 다양한 감정에 주의를 기울이는 것과, 사회적으로 인정될 수 있는 적절한 정서 표현과 조절이 필요하다는 사실을 아는 것이 중요하다.

(3) 가족과 화목하게 지내며 서로 협력한다

가족과 밀접한 관계를 가지는 유아기는 가족에 대한 이해와 소중함을 알 수 있도록 하는 데 적절한 시기다. 유아가 가족에 대한 이해를 바탕으로 가족과 화목하게 지내며 서로 위로하고 협력할 수 있음을 알 수 있게 한다. 더불어 다양한 가족에 대한 이해를 돕고, 가족의 소중함과 가족이 있어 느끼는 행복감을 인식하도록 하는 것이 중요하다.

(4) 친구, 공동체 구성원들과 서로 돕고, 예의 · 규칙 등 사회적 가치를 알고 지킨다

유아의 사회적 관계가 가족 이외의 사람에게로 확장되는 유아기는 사회적 능력과 기술을 습득하기에 알맞은 시기다. 따라서 유아가 질서, 배려, 협력 등 사회적 관계 형성에 필요한 인성을 발달시키고 갈등을 긍정적으로 해결하는 방법을 습득할 수 있도록 한다.

(5) 우리 동네, 우리나라, 다른 나라에 관심을 가진다

유아기는 편견 없이 다양한 문화를 경험하기 좋은 시기다. 유아가 다양성을 수용할 수 있도록 자신이 사는 동네, 지역사회, 우리나라에 대해 알아보고 세계의 다양한 문화와 나라에 대해서도 관심을 갖고 존중할 수 있도록 한다.

② 누리과정 사회관계 영역의 내용

누리과정 사회관계 영역은 다섯 가지 범주에 따른 내용체계로 이루어지며, 연령별로는 3세 20개, 4세 28개, 5세 29개의 세부내용으로 구성되어 있다. 사회관계 영역의 내용 범주와 연령별 세부내용을 살펴보면 다음과 같다.

1) 사회관계 영역의 내용 범주

사회관계 영역은 자신을 알고 소중하게 생각하는 것과 자신과 타인의 감정을 인식하고 조절하는 능력을 길러 타인과 공동체에서 더불어 살아갈 수 있도록 하며, 우리가 살고 있는 사회에 관심을 갖도록 하고 있다.

사회관계 영역의 내용 범주 중 '나를 알고 존중하기'는 건강한 자아존중감을 바탕으로 자기주도성을 형성하는 것에 중점을 둔다. '나와 다른 사람의 감정 알고 조절하기'는 유아가 자신과 타인의 감정을 인식하고 자신의 감정을 긍정적으로 조절하여 표현하는 능력을 길러 타인과의 원만한 관계 형성을 위한 기초를 쌓도록 한다. '가족을 소중히 여기기'는 가족의 의미를 이해하고 가족을 아끼고 신뢰하는 태도를 위한 내용을 다룬다. 또한 행복한 가족을 위한 노력과, 가족 간 도움이 될 수 있는 방법에 대해서도 알아보도록 한다. '다른 사람과 더불어 생활하기'는 우리가 살아가는 사회가 다른 사람들과 더불어 살아가는 공동체라는 것을 이해하고, 갈등의 긍정적 해결 방법과 협력을 통해 화목하게 지내는 내용을 다룬다. 또한 타인에 대한 존중과 배려를 하도록 하는 내용을 다루며 대인관계에서 중요한 기본 예절과 기초 질서 및 공공 규칙을 익히도록 한다. '사회에 관심 갖기'는 우리나라에 대한 자긍심을 가질 수 있도록 하기 위해 지역사회와 우리의 전

| 표 4-1 | 사회관계 영역의 내용 범주 |

내용 범주	내용
나를 알고 존중하기	나를 알고, 소중히 여기기
	나의 일 스스로 하기
나와 다른 사람의 감정 알고 조절하기	나와 다른 사람의 감정 알고 표현하기
	나의 감정 조절하기
가족을 소중히 여기기	가족과 화목하게 지내기
	가족과 협력하기
다른 사람과 더불어 생활하기	친구와 사이좋게 지내기
	공동체에서 화목하게 지내기
	사회적 가치를 알고 지키기
사회에 관심 갖기	지역사회에 관심 갖고 이해하기
	우리나라에 관심 갖고 이해하기

통 문화에 대해 알아보는 내용으로 구성된다. 더불어 세계의 다양한 사람에 관심을 가지고 더불어 살아가는 방법을 알아보는 내용으로 이루어진다.

2) 사회관계 영역의 내용 및 세부내용

사회관계 영역의 다섯 개의 내용 범주에 포함되는 내용을 살펴보면 다음과 같다.

'나를 알고 존중하기'의 내용 범주에는 '나를 알고, 소중히 여기기'와 '나의 일 스스로 하기'가 포함된다. '나를 알고, 소중히 여기기'는 자신에 대해 관심 갖기와 다른 사람과의 차이에 관심을 가지고 신체적·사회적·문화적 차이를 존중하며 긍정적으로 생각하도록 하는 것을 말한다. '나의 일 스스로 하기'는 유아가 할 수 있는 일을 알아보고 직접 경험하며 자신이 할 수 있는 일은 스스로 할 수 있도록 한다. 유아가 할 수 있는 일 중 하고 싶은 일을 골라 계획하고 직접 실행해 보도록 하는 내용을 담고 있다.

'나와 다른 사람의 감정 알고 조절하기'의 내용 범주에는 '나와 다른 사람의 감정 알고 표현하기'와 '나의 감정 조절하기'가 있다. '나와 다른 사람의 감정 알고 표현하기'는 유아 자신에게 다양한 감정이 있음을 아는 것과 감정을 표현해 보는 것을 말한다. 나아가 타인의 감정에도 관심을 가지고 이를 알아보고 타인의 감정에 공감하는 내용을 담고 있다. '나의 감정 조절하기'는 유아가 자신의 감정과 타인의 감정에 대한 이해를 바탕으로 자신의 감정을 조절하여 상황에 맞게 표현하는 조절능력을 발달시켜 가는 내용으로 이루어진다.

'가족을 소중히 여기기' 범주의 내용은 '가족과 화목하게 지내기'와 '가족과 협력하기'다. '가족과 화목하게 지내기'는 유아가 가족의 의미와 소중함을 알고 화목하게 지내는 내용으로 이루어져 있다. '가족과 협력하기'는 가족구성원과 그 역할에 대해 알아보고, 다양한 가족 구조에 대해서도 알아보는 내용으로 가족을 위해 유아가 할 수 있는 일을 찾아 해 보고 가족구성원 간 서로 도움을 주는 방법에 대해 알아보는 것으로 구성된다.

'다른 사람과 더불어 생활하기'는 '친구와 사이좋게 지내기'와 '공동체에서 화목하게 지내기' 그리고 '사회적 가치를 알고 지키기'의 세 가지 내용을 포함한다. '친구와 사이좋게 지내기'는 유아가 친구와 함께 놀고 협동하는 내용을 다루며, 의견 차이가 있을 수 있다는 것과 긍정적으로 갈등을 해결하는 방법에 대해 알아보는 내용이다. '공동체에서 화목하게 지내기'는 상호 협력에 관한 내용으로 다른 사람과 도움을 주고받을 수 있다는 것에 대해 알아보는 내용이다. 유아가 교사를 비롯한 주변 사람들과 화목하게 지내는 것이 중요하다는 것을 알도록 한다. '사회적 가치를 알고 지키기'는 정직, 존중, 배려에 대해 알게 하는 내용으로 구성된다. 말과 행동을 정직하게 하고 다른 사람의 소유물과 행동 및 생각에 대해서도 존중하며, 타인을 배려하는 것이 중요함을 알려 준다. 예의 바른 행동뿐 아니라 약속과 공공 규칙을 지키고, 자연과 자원을 아끼는 습관을 기르는 것에 중점을 두고 있다.

마지막으로, '사회에 관심 갖기' 범주에는 '지역사회에 관심 갖고 이해하기'와 '우리나라에 관심 갖고 이해하기'가 포함된다. '지역사회에 관심 갖고 이해하기'는 유아가 자신이 속한 지역사회에 관심을 갖도록 우리 동네 이름, 다양한 특성, 동네 사람들과 다양한 직업 등 구체적인 특성들을 알아보는 내용으로 이루어져 있다. 그 밖에, 일상생활에서 돈의 쓰임과 그 필요성에 대해서도 알아보는 내용이 포함된다. '우리나라에 관심 갖고 이해하기'는 우리나라를 상징하는 것들에 관심을 가지고 알아볼 수 있도록 하는 내용이다. 전통놀이와 풍습, 그리고 전통, 역사, 문화 등에 관심을 갖도록 하여 우리나라에 대한 자부심을 느낄 수 있도록 하는 내용을 다룬다.

　사회관계 영역의 내용과 연계된 연령별 세부내용은 〈표 4-2〉〈표 4-3〉〈표 4-4〉에
정리되어 있다.

표 4-2　3세 사회관계 영역의 세부내용

내용 범주	내용	세부내용
나를 알고 존중하기	나를 알고, 소중히 여기기	나에 대해 관심을 갖는다.
		나와 다른 사람의 차이에 관심을 갖는다.
		나를 소중하게 여긴다.
	나의 일 스스로 하기	내가 할 수 있는 일을 알아본다.
		내가 하고 싶은 일을 선택해 본다.
나와 다른 사람의 감정 알고 조절하기	나와 다른 사람의 감정 알고 표현하기	자신에게 여러 가지 감정이 있음을 안다.
		다른 사람의 감정에 관심을 갖는다.
	나의 감정 조절하기	자신의 감정을 조절해 본다.
가족을 소중히 여기기	가족과 화목하게 지내기	가족의 소중함을 안다.
	가족과 협력하기	가족구성원을 알아본다.
		가족을 위하여 내가 할 수 있는 일을 알아본다.
다른 사람과 더불어 생활하기	친구와 사이좋게 지내기	친구와 함께 놀이한다.
		나와 친구의 의견에 차이가 있음을 안다.
	공동체에서 화목하게 지내기	교사 및 주변 사람과 화목하게 지낸다.
	사회적 가치를 알고 지키기	다른 사람의 소유물을 존중한다.
		약속과 규칙을 지켜야 함을 안다.
사회에 관심 갖기	지역사회에 관심 갖고 이해하기	우리 동네의 이름을 안다.
		우리 동네 사람들에 관심을 갖는다.
	우리나라에 관심 갖고 이해하기	우리나라를 상징하는 것에 관심을 가진다.
		우리나라의 전통놀이와 풍습에 관심을 갖는다.

표 4-3 4세 사회관계 영역의 세부내용

내용 범주	내용	세부내용
나를 알고 존중하기	나를 알고, 소중히 여기기	나에 대해 알아본다.
		나와 다른 사람의 차이점을 알아본다.
		나에 대해 긍정적으로 생각하고 나를 소중하게 여긴다.
	나의 일 스스로 하기	내가 할 수 있는 일을 해 본다.
		하고 싶은 일을 계획하고 해 본다.
나와 다른 사람의 감정 알고 조절하기	나와 다른 사람의 감정 알고 표현하기	자신의 감정을 알고 표현한다.
		다른 사람의 감정을 안다.
	나의 감정 조절하기	자신의 감정을 조절해 본다.
가족을 소중히 여기기	가족과 화목하게 지내기	가족의 소중함을 안다.
	가족과 협력하기	가족구성원의 역할에 대해 알아본다.
		가족을 위하여 내가 할 수 있는 일을 알아보고 실천한다.
다른 사람과 더불어 생활하기	친구와 사이좋게 지내기	친구와 협동하며 놀이한다.
		친구와의 갈등을 긍정적인 방법으로 해결한다.
	공동체에서 화목하게 지내기	도움이 필요할 때 다른 사람과 도움을 주고받는다.
		교사 및 주변 사람과 화목하게 지낸다.
	사회적 가치를 알고 지키기	정직하게 말하고 행동한다.
		다른 사람의 생각, 행동을 존중한다.
		친구와 어른께 예의 바르게 행동한다.
		다른 사람과 한 약속이나 공공 규칙을 지킨다.
		자연과 자원을 아끼는 습관을 기른다.
사회에 관심 갖기	지역사회에 관심 갖고 이해하기	우리 동네에 대해 알아본다.
		우리 동네 사람들이 하는 일에 관심을 갖는다.
		물건을 살 때 돈이 필요함을 안다.
	우리나라에 관심 갖고 이해하기	우리나라를 상징하는 것을 안다.
		우리나라의 전통놀이와 풍습에 관심을 갖는다.
		우리나라에 대해 자부심을 갖는다.
	세계와 여러 문화에 관심 가지기	세계 여러 나라에 대해 관심을 갖는다.
		다양한 인종과 문화에 관심을 갖는다.

표 4-4   5세 사회관계 영역의 세부내용

내용 범주	내용	세부내용
나를 알고 존중하기	나를 알고 소중히 여기기	나에 대해 알아본다.
		나와 다른 사람의 신체적 · 사회적 · 문화적 차이를 존중한다.
		나에 대해 긍정적으로 생각하고 나를 소중하게 여긴다.
	나의 일 스스로 하기	내가 할 수 있는 일을 스스로 한다.
		하고 싶은 일을 계획하고 해 본다.
나와 다른 사람의 감정 알고 조절하기	나와 다른 사람의 감정 알고 표현하기	자신의 감정을 알고 표현한다.
		다른 사람의 감정을 알고 공감한다.
	나의 감정 조절하기	자신의 감정을 상황에 맞게 조절한다.
가족을 소중히 여기기	가족과 화목하게 지내기	가족의 의미와 소중함을 안다.
		가족과 화목하게 지낸다.
	가족과 협력하기	다양한 가족 구조에 대해 알아본다.
		가족은 서로 도와야 함을 알고 실천한다.
다른 사람과 더불어 생활하기	친구와 사이좋게 지내기	친구와 협동하며 놀이한다.
		친구와의 갈등을 긍정적인 방법으로 해결한다.
	공동체에서 화목하게 지내기	다른 사람과 도움을 주고받고, 서로 협력한다.
		교사 및 주변 사람과 화목하게 지낸다.
	사회적 가치를 알고 지키기	정직하게 말하고 행동한다.
		다른 사람을 배려하여 행동한다.
		친구와 어른께 예의 바르게 행동한다.
		다른 사람과 한 약속이나 공공 규칙을 지킨다.
		자연과 자원을 아끼는 습관을 기른다.
사회에 관심 갖기	지역사회에 관심 갖고 이해하기	우리 동네에 대해 알아본다.
		다양한 직업에 관심을 갖는다.
		일상생활에서 돈의 쓰임에 대해 안다.
	우리나라에 관심 갖고 이해하기	우리나라를 상징하는 것을 알고 예절을 지킨다.
		우리나라의 전통, 역사, 문화에 관심을 갖는다.
		우리나라에 대해 자부심을 갖는다.
	세계와 여러 문화에 관심 가지기	세계 여러 나라에 대해 관심을 갖고, 서로 협력해야 함을 안다.
		다양한 인종과 문화를 알아보고 존중한다.

③ 누리과정 사회관계 영역의 지도 지침

3~5세 누리과정 교사용 지침서(교육과학기술부, 보건복지부, 2013b)의 사회관계 영역의 교사 지도 지침 및 유의점을 간략하게 살펴보면 〈표 4-5〉와 같다. 교사는 이를 활용하여 유아가 자신을 존중하고 다른 사람과 더불어 생활하는 능력과 태도를 기르는 데 적합한 다양한 활동을 계획할 수 있다.

표 4-5 사회관계 영역의 교사 지도 지침 및 유의점

내용 범주	내용	지도 지침 및 유의점
나를 알고 존중하기	나를 알고, 소중히 여기기	다양한 활동을 통해서 유아 자신에 대해 알아볼 수 있도록 지도하고 구체적 활동경험을 제공한다.
		유아가 자신의 신체를 인식하고, 자신이 어떻게 변화하고 성장해 가는지 경험할 수 있는 활동을 제공한다.
		유아가 자신의 모습 그대로 인정받고 스스로 소중히 여길 수 있도록 하여 긍정적 자아개념 형성을 돕는다.
		유아가 다른 사람과의 공통점과 차이점에 대해 관심을 갖도록 한다.
		다양한 활동을 통해 다른 사람과의 차이를 인정하고 존중할 수 있는 태도 형성을 돕는다.
		교사가 먼저 유아를 존중하고 소중히 여기는 모범을 보인다.
		교사는 유아의 긍정적 자아개념 형성과 의사소통에 걸림돌이 되는 언어를 사용하지 않는다.
	나의 일 스스로 하기	유아가 정리정돈 등 올바른 기본생활습관 형성을 기르도록 지도한다.
		유아의 자율성을 기를 수 있도록 다양한 활동을 통해 스스로 할 수 있는 일에 대해 알아보고 실천하도록 한다.
		유아의 흥미와 능력을 기초로 여러 흥미 영역에서의 활동을 스스로 계획하고 선택할 수 있는 기회를 제공한다.
		민주적이고 개방적인 학급 분위기를 조성한다.
		부모와의 지속적 소통을 통해 기관과 가정의 연계가 이루어지도록 한다.
나와 다른 사람의 감정 알고 조절하기	나와 다른 사람의 감정 알고 표현하기	유아가 자신의 감정을 알고 이를 말로 표현할 수 있도록 돕는다.
		유아가 다양한 종류의 감정에 관심을 갖도록 한다.
		학급 내 갈등해결 상황 등을 통해 유아가 다른 사람의 감정을 공감할 수 있는 기회로 활용한다.

나와 다른 사람의 감정 알고 조절하기	나와 다른 사람의 감정 알고 표현하기	부정적 감정은 수용 가능한 방법으로 표현해야 한다는 것을 유아가 알도록 한다.
		복합적 감정을 이해하고 유아가 죄책감 없이 이를 수용할 수 있도록 한다.
	나의 감정 조절하기	유아가 감정 표현 방식의 차이를 알고, 부정적 감정을 긍정적으로 조절하도록 한다.
		유아의 감정을 상황에 따라 적절하게 표현할 수 있는 기회를 제공한다.
		교사가 감정을 조절하고 표현하는 방식에 유의하여 유아에게 본보기가 될 수 있도록 한다.
가족을 소중히 여기기	가족과 화목하게 지내기	다양한 활동을 통해 가족의 의미와 소중함을 느끼도록 한다.
		가족 간에도 예의와 존중이 필요함을 알게 한다.
		유아가 자신의 가족을 있는 그대로 표현할 수 있도록 허용적인 분위기를 만들도록 한다.
		반편견 교육내용을 포함한다.
	가족과 협력하기	유아가 다양한 가족 유형과 가족의 다양한 특성에 관심을 갖고 존중하도록 한다.
		가족구성원의 역할에 대해 선입견 없이 양성평등 의식을 가질 수 있도록 기회를 제공한다.
		유아가 다양한 가족의 차이를 이해하고 다양성을 존중하도록 한다.
다른 사람과 더불어 생활하기	친구와 사이좋게 지내기	다양한 활동을 통해 유아가 친구와 협동할 수 있는 기회를 제공한다.
		유아가 갈등을 긍정적인 방법으로 해결할 수 있도록 지도한다.
		유아들 간의 실제 갈등상황에서는 교사는 어느 한쪽에게만 일방적인 양보나 배려를 요구하지 않도록 주의한다.
	공동체에서 화목하게 지내기	유아가 서로 협력하고, 사회적 기술을 익힐 수 있는 기회를 제공하며, 서로 돕고 배려하는 분위기를 조성한다.
		교사가 모범적인 모습을 보여 유아에게 모델링될 수 있도록 한다.
	사회적 가치를 알고 지키기	다양한 방법으로 유아가 정직한 말과 행동의 중요성을 이해하고 실천하도록 지도한다.
		상대방을 존중하고 배려하는 것이 중요하다는 것을 인식시키고, 이를 실천할 수 있도록 한다.
		예의 바른 행동을 생활 속에서 꾸준히 실천할 수 있도록 지도한다.
		약속과 공공 규칙 지키기의 필요성을 알고 이를 실천할 수 있게 한다.
		자연과 자원이 우리 생활에 왜 중요한지 알고 자원을 아끼는 습관을 기를 수 있도록 한다.

		유아가 자신의 동네에 대해 알아볼 수 있는 기회를 제공한다.
사회에 관심 갖기	지역사회에 관심 갖고 이해하기	유아가 동네 사람들의 모습과 다양한 직업 및 역할에 관심을 가지고 그 중요성에 대해 알고 생각할 기회를 제공한다.
		일상생활에서 돈을 사용하는 놀이 등을 통해 유아가 돈의 쓰임새에 대해 이해할 수 있도록 한다.
	우리나라에 관심 갖고 이해하기	유아가 우리나라를 상징하는 것들에 관심을 가지고 접할 기회를 제공하여 우리나라 국민으로서의 정체성을 형성하도록 돕는다.
		유아가 우리나라 전통놀이와 문화에 관심을 갖고 즐길 수 있도록 풍부한 경험을 제공한다.
		다양한 활동을 통해 우리나라 역사와 문화에 대해 자부심을 갖게 하고, 우리 문화의 우수성을 알 수 있도록 한다.
	세계와 여러 문화에 관심 가지기	세계 여러 나라에 대해 관심을 갖도록 하고, 서로 협력하며 살아가야 한다는 사실을 이해하도록 한다.
		유아가 세계 여러 나라의 다양한 인종과 문화에 대한 이해와 존중하는 마음을 가질 수 있는 기회를 제공한다.

④ 누리과정 유아사회교육 내용 분석

유아사회교육은 개인이 속한 사회 안에서 다양한 관계를 잘 유지하는 능력을 기르고, 사회생활, 지식, 기술의 조화를 이루는 과정이며, 사회과학적 개념의 기초가 되는 분야를 통합하여 유아의 올바른 자아 발달, 가치관, 태도 등을 형성한다(Seefeldt, Castle, & Falconer, 2009). 또한 유아사회교육은 유아 자신을 포함한 사회와 환경을 이해하고 대처할 수 있는 능력을 길러 주며 가족, 또래, 지역사회와 세계 시민으로 참여함으로써 필수적인 지식, 기술, 태도를 습득하는 데 적합한 영역(Seefeldt, 2005)으로 유아의 전인적 발달에 매우 중요하다.

유아사회교육은 사회 · 정서적인 발달과 사회과학 지식의 개념을 포함해야 한다(장영희, 엄정애, 박수진, 2007). 유아사회교육에서 사회 · 정서적 발달이 자신과 타인에 대한 이해, 정서 조절, 감정이입 능력 등을 발달시키는 것이라면, 사회과학적 지식은 역사, 경제, 다문화, 환경, 시민의식 등 다양한 사회의 시민으로서 필요한 지식, 사고, 합리적인 의사결정 등의 능력을 함양하기 위한 학습을 말한다(National Council for the Social

Studies, 2010; Seefeldt, 2005).

우리나라와 미국, 영국, 캐나다 등 다른 나라의 유아사회교육 내용을 비교한 연구(조운주, 2014)에 따르면 사회 · 정서 발달 영역과 사회과학 지식 영역은 공통적으로 구성되어 있다. 그러나 미국의 유아사회교육은 사회 · 정서 발달 영역과 사회과학 지식 영역을 분리하여 구성하고, 캐나다도 두 영역을 분리하여 사회과학 지식을 수학, 과학과 함께 인지 영역 안에 두고 있으며, 영국은 사회과학 지식을 개인, 사회, 정서 발달과 구분하여 '세상 이해'라는 영역에서 과학과 함께 배우도록 구성한 것에 비해, 우리나라의 누리과정은 사회관계 영역 안에 사회 · 정서 발달과 사회과학 지식이 구분되지 않고 하나의 영역으로 구성되어 있다(조운주, 2014).

사회 · 정서 발달 영역에서의 공통적 내용은 자기인식, 자아 존중, 정서 이해, 정서 및 행동 조절, 성인 및 또래와의 상호작용, 타인 이해 및 존중, 친사회적 행동, 그리고 문제해결력 등이다. 그리고 사회과학 지식 영역은 가족문화, 지역사회문화, 규칙, 권리와 책임, 리더십, 지역사회문화의 물리적 특성, 사람과 환경의 관계, 생산과 소비 등의 내용을 포함한다. 그러나 우리나라의 누리과정은 사회과학 지식 관련 내용을 '지역사회에 관심 갖고 이해하기' '우리나라에 관심 갖고 이해하기' '세계와 여러 나라 문화에 관심 갖고 이해하기' 등으로 구성하여 다루고자 하는 사회과학 지식 개념이 명확하지 못하다. 교사들 스스로가 사회과학 내용 지식이 부족하다고 느끼며, 어떤 사회과학 내용과 개념이 어떤 활동과 연계되는지에 대해서도 정확히 인식하지 못한다(문혜련, 하경용, 2009; 장영희 외, 2007)는 점에 비추어 볼 때, 유아 사회관계 영역에 대한 효과적인 교육이 이루어지기 위해서는 영역 안에서 사회 · 정서 발달과 사회과학 지식으로 구분하여 구성하는 방안에 대한 논의가 필요하다.

연령별 내용 구성과 관련하여, 사회 · 정서 발달의 내용과 사회과학 지식의 내용 모두 유아사회교육에서 중요하지만 유아의 연령에 따른 이해 수준과 관심을 고려하면 현재 3세 누리과정 사회관계 영역에서 지리, 경제, 역사 내용을 포함하는 '지역사회에 관심 갖고 이해하기' '우리나라에 관심 갖고 이해하기'의 일부 내용의 적절성에 대해 검토가 필요하다. 3세에는 사회 · 정서 발달 내용으로 시작하고 4, 5세에 확장하고 심화하며, 사회과학 지식은 4세에 시작하고 5세에 확장, 심화하는 내용으로 구성하는 방향(조운주, 2014)이 유아의 발달을 고려한 적절한 구성이 될 수 있을 것이다.

참고문헌

교육과학기술부, 보건복지부(2013a). 3-5세 연령별 누리과정 해설서.

교육과학기술부, 보건복지부(2013b). 3-5세 연령별 누리과정: 교사용 지침서.

문혜련, 하경용(2009). 유아사회교육에 대한 유치원 교사의 인식. 한국교사교육연구, 26(3), 439-
460.

장영희, 엄정애, 박수진(2007). 우리나라 유치원-초등학교 사회과 관련 교육과정 내용 연계성 분
석. 교육과학연구, 11(1), 277-293.

조운주(2014). 3~5세 유아사회교육 내용의 비교 · 분석 및 유아사회교육 내용에 대한 교사들의
인식. 유아교육학논집, 18(5), 5-27.

National Council for the Social Studies. (2010). National curriculum standards for social studies:
A framework for teaching, learning, and assessment.

Seefeldt, C. (2005). *Social studies for the preschool/primary child* (7th ed.). New Jersey:
Prentice Hall.

Seefeldt, C., Castle, S., & Falconer, R. C. (2009). *Social studies for the preschool/primary child*
(8th ed.). Upper Saddle River, NJ: Pearson Education, Inc.

제2부

유아사회교육의
내용

제5장

정서 인식 및 조절

1. 정서 인식 및 조절의 이해
2. 정서 인식 및 조절 교육

이 장에서는 원만한 사회관계 형성 및 유지에 필수적인 정서와 관련하여, 정서를 표현하고 인식하며 이해하고 조절하는 모든 과정이 원만하게 이루어지도록 하기 위해 어떻게 지도할 것인지에 대해 알아볼 것이다.

이를 위해 정서 개념과 정서 발달에 대한 이해를 통해 영아기에 시작되는 정서의 표현부터 유아가 자신의 정서를 인식하고 이해하며, 이를 적절히 표현하는 것과 타인의 정서를 이해하여 적절한 반응을 보이는 것 그리고 더 나아가 상황 및 타인의 정서를 고려하여 자신의 정서를 조절하는 것이 유아의 삶 속에서 어떻게 이루어지는지를 살펴볼 것이다. 이와 함께 정서 인식 및 조절 지도를 위해 어떠한 내용을 가르치며 어떻게 가르쳐야 할 것인지에 관한 구체적인 내용을 살펴볼 것이다.

① 정서 인식 및 조절의 이해

1) 정서 인식 및 조절의 개념

(1) 정서 인식

정서란 지각, 사고, 행동을 유발하고 구성하고 안내하는 느낌을 통칭하는 개념이다. 그러므로 개인이 느끼는 정서는 개인의 생각과 그로 인한 개인의 행동을 결정한다. 예를 들어, 타인과의 상호작용에서 상대방의 말이나 표정 등이 동일한 경우에도 개인이 기쁠 때, 슬플 때, 분노하고 있을 때, 두렵거나 부끄러울 때 등 정서 상태에 따라 상대방의 말이나 표정, 행동에 대한 인지 및 해석이 달라지고 그로 인해 상대방에 대한 행동이 달라지게 된다. 타인과의 상호작용뿐만 아니라 사물을 대하는 태도나 행동의 동기를 부여하는 등 정서는 전반적인 인간의 행동에 지대한 영향을 미치는 선행요인이다.

이러한 정서에 대한 인식은 실생활 속에서 느껴지는 반복된 정서 관련 경험을 통해 이루어진다. 자신이 느끼는 정서적인 변화를 통해 정서라는 추상적인 개념을 실제적으로 느끼고, 각각의 느낌이나 반응이 어떠한 정서인지를 명명하며, 그 정서가 가지고 있는 의미가 무엇인지를 인식하는 것이 정서 인식의 첫걸음이다.

자신의 정서를 올바로 인식하고 그에 따른 사고 및 행동에 대해 이해하는 것은 이를 역으로 유추하여 타인의 정서를 인식하는 데 기본이 된다. 정서 인식에는 자신의 정서를 인식하는 자기 정서의 이해뿐만 아니라 타인의 정서를 인식하는 것까지 포함된다. 자신의 정서 경험을 바탕으로 타인도 정서를 느낀다는 사실을 인식하고, 타인이 어떠한 정서를 느끼는지를 타인의 정서표현을 통해 알아차리며, 그것이 어떠한 의미를 전달하고 있는지를 파악하는 것이 가능해진다.

정서의 종류는 유아가 발달함에 따라 점차 다양해진다. 생애 초기에는 1차 정서라 불리는 가장 기본적인 정서(basic emotions)로서의 쾌(快), 불쾌(不快)를 구별하는 것에서부터 시작하여 기쁨, 슬픔, 두려움, 분노, 놀람, 혐오스러움 등의 정서를 느낀다. 그리고 웃음이나 울음, 회피 등의 방식으로 정서를 표현한다. 생후 6개월 이후에 친숙한 얼굴과 낯선 얼굴을 구별하면서 보이는 낯가림 현상도 공포의 표현이다.

유아는 정서 인식과 표현이 발달하면서 점차 더 분화된 2차 정서를 인식하게 된다. 2차 정서에는 수줍음, 당황, 죄책감, 자긍심, 질투 등의 감정이 있다. 2차 정서는 주로 자기인식의 사고과정과 함께 일어나는 정서 상태로서 인지적인 자아인식의 발달이 선행되어야 하기 때문에 자기의식적 정서(self-conscious emotions)라고 하기도 한다.

(2) 정서표현

정서표현이란 자신의 느낌을 신체적으로나 언어적으로 나타내는 양식을 의미한다. 정서를 표현하는 능력은 출생 시에 이미 가지고 태어나는데, 정서표현은 자신의 정서를 표현함으로써 정서가 해소되는 측면 외에 다른 사람에게 자신의 정서 상태를 알리는 기능이 있다. 그렇기 때문에 다른 사람이 이해할 수 있고 사회적으로 용인되는 방식으로 정서를 표현할 수 있도록 적절한 정서표현 방식을 습득할 필요가 있다.

정서표현과 타인의 정서표현에 대한 반응은 다른 사람과의 원활한 의사소통을 도와줄 뿐만 아니라 사회적 친밀감을 형성하고 개인의 정서적 안정감을 유지하는 데 매우 중요한 역할을 한다(Denham, 2007). 즉, 적절한 정서표현은 자신의 정서를 상대방에게 정확히 알림으로써 원활한 의사소통을 가능하게 하여 대인관계에 긍정적인 영향을 미친다.

그림 5-1 다양한 정서표현의 예

(3) 정서조절

　정서조절은 자신이 느끼는 정서를 있는 그대로 느끼거나 표현하지 않고 상황 및 상대
방의 정서, 사회적으로 용인되는 표현 방식 등을 동시에 고려하여 적절한 방식으로 표현
하거나 혹은 표현하지 않고 감추는 등 자신의 정서표현을 조절하는 것과 인지적인 사고
과정을 조절하여 자신의 정서 상태 자체를 조절하는 것을 모두 포함하는 개념이다. 즉,
정서조절은 목적과 관련하여 정서를 평가하고 이에 따라 내적 감정 상태 및 정서와 관련
된 생리학적 반응의 발생, 강도, 지속 시간을 조절하는 과정을 의미한다. 또한 이는 정서
경험에 대해 주어진 상황에서 사회적으로 용인된 방식으로 반응하는 능력이다(이영 외,
2009).

　이와 같이 정서를 그대로 표현하지 않고 조절하는 것은 행동의 동기나 기준에 있어 사
회적 관계를 기반으로 한다. 정서를 조절하고자 하는 동기는 상호작용하는 상대방과의
관계를 원만하게 유지하면서 사회적으로 통용되는 기준에 적합한 방식으로 행동하며 상
호작용하기를 원하기 때문이다. 또한 정서조절에 있어서 어떠한 정서를 어느 수준으로
조절하며 어떠한 방식으로 조절하여 표현할 것이냐 하는 정서조절의 구체적인 양상은
개인이 속한 사회와 문화, 상호작용하는 상대에 따라 다르다. 문화권에 따라 부정적인
정서뿐만 아니라 긍정적인 정서에 대한 표현도 제한적일 수 있으며, 부정적인 정서의 조
절 양식도 사회와 문화에 따라 적합하게 여기는 방식이 상이하다. 따라서 정서조절은 사

그림 5-2 정서조절의 예

회의 기준에 맞추어 친사회적으로 행동하고자 하는 동기 및 그에 적합한 기준을 익혀야 가능한 정서적 능력으로서 사회성 발달과 밀접한 관련이 있다.

2) 정서 인식 및 조절의 발달

(1) 정서 인식의 발달

자신의 정서를 인식하고 표현하는 능력은 생애 초기부터 발달한다. 기본 정서인 쾌와 불쾌를 표현하는 능력은 인종이나 국가에 상관없이 동일하게 나타나므로 선천적인 능력으로 간주한다. 이후 영아는 타인과의 상호작용을 통해 그 사회의 적절한 정서표현 방식을 배우며, 이와 함께 자신이 느끼는 정서에 대한 이해능력 또한 발달시켜 나간다. 만 2세경에 자아개념이 발달함에 따라 자신과 타인의 존재를 구별하게 되고, 유아기 이후 타인과의 외적인 차이뿐만 아니라 내적인 차이에 주목하게 되면서 점차 타인의 정서를 인식할 수 있게 된다. 유아는 점차 타인이 자신과 다른 정서를 느낄 수 있음을 알고 이해하는 정서조망 능력을 발달시켜 나간다.

이처럼 타인의 정서를 이해하고 자신의 정서와 다를 수 있다는 것을 받아들이는 능력은 유아기에 접어들면서 발달하지만, 타인의 다양한 정서표현을 구별하여 인식하고 이에 따라 다른 반응을 보이는 것은 영아기부터의 발달을 기반으로 이루어진다. 출생 후 영아는 반사적인 반응을 보이나 생후 3개월이 되면 상대방에 대한 반응으로 '사회적 미소'를 보이기 시작한다. 사회적 미소는 기본적인 정서를 느끼는 것이 표현되는 것이다.

생후 4개월에 영아는 응시하고 미소 짓고 소리 내면서 상대가 자신과 같은 반응을 보일 것을 기대하고, 7~10개월경에는 상대방의 얼굴 표정을 인식하여 자신의 정서 상태와 연결한다. 이처럼 새로운 상황이나 불확실한 상황에서 그 상황에 대한 정보를 얻기 위해 부모와 같은 성인을 바라보는 것을 사회적 참조(social referencing)라고 한다. 사회적 참조는 이를 통해 단순히 타인의 정서적 단서에 반응하는 것에서 한 걸음 더 나아가 타인의 의도, 선호, 욕구를 파악하고 그에 따라 자신의 행동을 결정하는 것이므로 정서 발달에 필수적인 기제가 된다(보육진흥원, 2013). 만 2세 이후 인지와 언어 발달 그리고 사회적 경험이 늘어 감에 따라 정서에 대한 이해가 보다 정교화된다. 이후 유아기에 들어서면 언어 발달에 힘입어 정서를 표현하는 다양한 어휘를 구사할 수 있으며, 이와 함께 정서에 관해 더 많이 학습하게 된다. 만 3세경에는 기쁨, 슬픔, 분노와 같은 기본 정서와 그 정서를 야기하는 원인에 대해 이해하기 시작하며, 그리하여 만 4~5세경에 이르면 보다 다양한 정서를 유발하는 원인에 대해 이해하게 된다. 그러나 아직 유아의 정서에 대한 해석은 내적 상태보다는 외적인 요소를 강조하는 수준에 머문다. 따라서 정서표현에 왜곡이 있거나 정서를 표현하는 방식이 다른 경우에는 유아가 상대방의 정서를 정확히 파악하기 어려운데, 다행히 정서에 따른 얼굴 표정은 문화권을 넘어 보편적으로 나타나며 이러한 정서표현 방식이나 그에 대한 이해는 생물학적으로 프로그램화되어 있다는 견해가 지배적이다.

유아의 정서 이해 발달에 영향을 미치는 환경적 요인으로는 부모와의 정서적 경험과 유아의 사회적 경험을 들 수 있다. 부모나 또래와의 정서적 경험이 많을수록 유아의 정서이해 능력이 높다. 자녀의 정서적 반응을 이해하고 다양한 정서를 가르치는 부모의 자녀는 다른 사람의 정서를 더 잘 판단할 수 있다. 따라서 자녀와의 상호작용을 통해 자녀의 정서를 이해하려 애쓰며, 제대로 이해한 자녀의 정서에 대해 언급해 주고 그에 적합한 반응을 보여 주는 부모가 유아의 정서 이해 발달을 도울 수 있다. 부모의 정서반응 양식은 모델링을 통해 자녀에게 학습되기도 한다. 예를 들어, 특정 동물에 대한 공포를 가지고 있는 부모가 그 동물을 볼 때마다 공포스러운 얼굴 표정을 짓거나 회피하려고 하거나 소리를 지르거나 언어적으로 공포를 표현하는 등 공포의 정서를 보이면, 자녀는 본래 그 동물에 대한 공포의 감정이 없었더라도 부모의 정서반응 양식을 모델링하여 쉽게 그 동물에 대한 공포반응을 학습할 수 있다. 이러한 영향력을 줄이기 위해서는 부모가 자신의 정서반응 양식과 그 원인 등에 대해 자녀와 충분히 소통할 필요가 있다.

부모뿐만 아니라, 유아가 또래와 상호작용하며 감정을 자주 언급할수록 또래 간에 인기가 높은 것으로 나타났다(보육진흥원, 2013). 이는 유아의 정서에 대한 이해와 발달 정도가 사회성과 관련됨을 보여 주는 것이다.

(2) 정서조절의 발달

정서조절이란 자신의 정서 상태를 그대로 표출하지 않고 스스로 적절히 규제하는 것으로서 원하는 목표를 달성하기 위해 자신의 정서 상태를 편안한 수준으로 조절하거나 사회적 맥락에 적합한 방식으로 정서를 표출하는 전략을 의미한다. 따라서 사회에서 공통적으로 사용되는 방식으로 정서를 적절히 표현하는 능력과 마찬가지로 정서를 조절하는 능력 또한 매우 중요하다. 생후 2년 동안 정서적 자기규제를 제대로 습득하는 것은 영아의 자율성 획득과 인지적 · 사회적 기술 습득에 도움이 된다.

생애 초기에 영아의 정서적 자기규제 능력은 매우 제한적이다. 뇌와 중추신경계의 미숙으로 인해 영아는 내적인 상태를 얼굴 표정이나 목소리, 몸짓으로 즉각적으로 표현한다. 이후 뇌와 신경계가 발달하면서 영아의 부정적 정서 유발을 감소시키는 능력은 점차 증가하여, 생후 4개월경이면 영아는 고개를 돌려 불쾌한 사건을 외면해서 부정적 상황을 견디게 되고, 8개월경이면 자신이 선호하는 '위로 전략(comfort strategy)'을 의도적으로 사용하게 된다(Fogel & Thelen, 1987). 만족을 지연하는 과제에서 더 큰 보상을 기대하며 만족을 지연시키는 능력은 연령이 증가함에 따라 발달하는데, 이는 원하는 바를 얻지 못하는 데서 발생하는 부정적 감정을 스스로 조절하는 위로 전략의 발달과 연관된다. 만 1세 말경에는 신체적으로 이동능력을 획득함에 따라 여러 상황에 접근하거나 물러남으로써 효과적으로 정서를 규제할 수 있게 되어 행복과 분노와 슬픔을 가장할 수 있다(Kuczynski, Zahn-Waxler, & Radke-Yarrow, 1987).

유아의 정서조절은 급격한 언어 발달과 관련되는데, 생후 2년경에는 언어를 통해 자신의 내적 상태를 표현함으로써 스스로 자신의 정서를 조절할 뿐만 아니라, 양육자로 하여금 정서조절을 도울 수 있는 정보를 제공한다. 언어를 통한 정서적 자기조절은 유아기에 더욱 정교화된다. 만 3~4세 유아는 정서적 안정을 찾기 위해 언어적 표현 등을 통해 자신의 정서를 순화하려는 다양한 전략을 사용할 수 있고, 이로 인해 정서를 폭발적으로 표출하는 경우가 감소한다(보육진흥원, 2013). 또한 부정적인 정서를 느꼈을 때 상황을 고려하여 긍정적인 정서표현으로 이를 숨길 수 있다. 하지만 아직 완벽하게 숨기거나 표현이 정교하지 못하기 때문에 입술을 깨무는 등의 표현 양식으로 나타난다.

유아의 정서조절 발달은 점진적으로 일어나며 개별적인 차이가 크다. 기질에 따라 정서조절 수준이나 양식도 다르게 나타나는데, 기질의 개념 자체가 외부 자극에 대한 유아의 지속적인 정서적 반응 형태이기 때문에, 생물학적으로 타고난 이러한 정서반응 양식이 사회에서 요구하는 정서조절 양식과 일치하는 경우, 정서조절 발달이 보다 순조롭게 일어날 수 있다.

유아의 정서조절 발달에는 양육자의 역할이 중요하다. 일반적으로 유아는 정서 표현과 조절에 있어 부모의 정서표현 규칙 및 조절 전략을 관찰함으로써 자신의 정서조절 전략을 학습한다. 따라서 부모가 자녀와의 상호작용을 통해 자신의 감정을 조절하지 못하는 것을 보여 주거나 잘못된 정서표현 방식을 보여 주면, 유아의 정서조절 발달이 지연된다. 반대로, 부모가 사회에서 장려하는 방식의 정서조절 양식을 보여 주고 자녀에게도 적절한 정서조절 양식을 요구하는 방식으로 자녀를 양육하면 자녀의 정서조절 발달이 촉진될 수 있다.

주 양육자와 유아의 애착관계도 정서조절 능력과 관련된다. 양육자와의 관계에서 이루어지는 이원적 정서조절은 애착의 핵심적 측면이다(권연희, 박경자, 2003). 양육자와의 지속적인 상호작용을 통해 유아 자신의 정서가 민감하게 수용되고 효율적으로 조율되는 경험이 반복될 때, 아동은 안정적으로 정서조절 능력을 발달시킬 수 있다(Sroufe, 1983).

3) 감정이입 능력의 발달

감정이입 능력은 다른 사람의 정서를 이해하고 이를 자신의 정서로 느낄 수 있는 능력으로서 공감과 동감이 포함된다. 감정이입을 할 수 있기 위해서는 기본적인 정서에 대한 이해와 정서표현에 대한 이해가 필요하며 더 나아가 타인의 숨겨진 정서를 이해하기 위해서는 정서조절 및 사회적으로 용인되는 정서표현 방식 등에 대한 인지가 선행되어야 한다. 피아제(Piaget)의 인지발달이론에서는 전조작기에 속하는 유아기는 타인의 정서를 추론하고 이를 이해하여 감정이입을 하는 능력을 서서히 발달시켜 가는 시기로서 감정이입 능력을 완전히 획득하는 것은 어렵다고 여긴다. 그러나 감정이입 능력은 상대방에 대한 이해를 통해 사회적 관계를 원만하게 이끌어 가는 데 필수적인 능력이며 나아가 이타적 행동, 친사회적 행동을 이끄는 동기가 되는 중요한 능력이기 때문에 유아기 전반에 걸쳐 지속적으로 관련 경험을 제공하여 그것을 획득할 수 있도록 도와야 한다.

공감(empathy)은 다른 사람의 정서를 함께 경험하고 느끼는 것이다. 친사회적 행동 및 이타적 행동의 주요 동기가 되며, 공감능력이 부족하면 반사회적 행동이 발생할 수 있다. 신생아들은 다른 사람이 울면 따라 울곤 한다. 이는 영아기까지 지속되어 영아는 다른 사람의 감정을 따라가는 경우가 많다. 하지만 이는 아직 자아가 타인과 분화되지 못했기 때문에 자기 자신과 타인을 분리해 내지 못하는 데서 오는 것으로 진정한 의미의 공감이라고 보기 어렵다. 만 2세경에 자아가 발달하면서 유아는 비로소 자신과 타인을 분리하여 자신이 타인과 독립적인 존재임을 깨닫고 자신의 정서를 이해하기 시작하며 이를 바탕으로 점차 자신과 타인의 감정이 일치하지 않는다는 사실을 인지한다. 자신의 정서와는 별도의 타인의 정서를 이해하는 정서조망 수용능력은 유아기 전체에 걸쳐 서서히 발달하게 되는데, 정서조망 수용능력을 획득하면 타인의 정서를 인지적으로 이해할 뿐만 아니라 정서적으로도 상대방의 정서를 함께 느낄 수 있는 공감능력을 획득하게 된다.

동감(동정, sympathy)은 다른 사람의 어려운 감정에 대해 관심을 가지고 이를 인지하는 것은 공감과 유사하나 더 나아가 그 정서에 대한 위로의 감정을 느끼는 것까지 포함하는 개념이다. 영유아의 정서 관련 경험이 유아의 공감 및 동감의 발달에 주요한 영향을 미치므로 주 양육자 및 교사가 타인의 정서에 민감하게 반응하며 공감하고 이를 언어로 표현할 때 영유아의 공감 및 동감 발달이 촉진된다.

4) 정서 인식 및 조절 발달의 영향요인

(1) 주 양육자와의 상호작용

유아의 정서 인식 및 조절 발달에 가장 강력한 영향을 미치는 요인은 주 양육자와의 상호작용을 통한 정서 관련 경험이다. 정서는 실체 및 구체적인 형태가 없는 추상적인 개념이기 때문에 유아가 정서를 이해하고 명명하며 인지하기 위해서는 그것을 구체적으로 경험할 수 있도록 도와야 한다. 이를 위해서는 주 양육자가 유아와의 상호작용을 통해 반복적으로 정서 상태에 대한 관련 정보를 알려 줄 필요가 있다. 따라서 유아의 정서 상태에 민감하게 반응해 주는 양육자는 유아의 긍정적·부정적 정서의 인식 및 표현 방법, 그리고 타인의 정서에 적절히 반응하는 양식을 배우는 토대를 마련하는 데에 긍정적인 영향을 미칠 수 있다. 기본적인 정서에 대한 이해능력을 습득한 이후에는 양육자가 유아와의 상호작용을 통해 상황에 따라 적절한 정서 표현 양식 및 그에 대한 적절한 반응 양식 등을 보여 주고 유아 스스로도 경험을 통해 반복적으로 연습하는 과정을 거쳐 점차 그 사회에서 용인되는 적절한 정서 표현 및 조절 양식을 획득하도록 도와야 한다. 타인과의 관계에서나 문제해결 과정에서도 양육자가 정서에 대한 이해와 설명을 바탕으로 한 문제해결 방식을 사용할 때 유아의 정서이해 및 문제해결 전략의 사용에 긍정적인 영향을 미친다.

　가족의 구조적 요인이나 가족 문화도 유아의 정서 표현 및 조절의 발달에 직간접적 영향을 미친다. 즉, 조부모나 형제 등 가족 내 구성원의 차이, 가족구성원 간의 의사소통 구조 등 구조적 요인과 가족 안에서 공유되는 가치와 태도, 규범, 종교적 신념 등 가족 문화도 가족구성원 모두의 정서 표현 및 이해, 조절 양식에 광범위하게 영향을 미치며 유아의 정서 관련 표현 및 반응 양식 등을 형성해 나간다.

(2) 유아의 성별

　유아의 정서 표현 및 조절 양식은 유아의 성별 및 기질의 영향을 받는다. 영아의 성별에 따라 남아는 남성 호르몬인 안드로겐의 영향으로 신체적 활동성이 높고 타인을 이해하는 데 있어 내적인 정서 상태보다 외적으로 드러나는 단서에 주목하는 경향을 보인다. 반면, 여아는 타인의 정서표현 및 내적 정서 상태에 상대적으로 보다 민감하게 반응한다.

　유아의 성별에 따라 다르게 반응하는 양육자의 태도는 이러한 성차를 더욱 부각시키며 특히 정서표현에 있어서 큰 영향력을 미친다. 남아의 경우 정서표현에 있어 더 많은 제약을 부과하여 긍정적이거나 부정적인 정서의 적극적 표현을 장려하지 않는다. 이는 울음 등 부정적인 정서의 표현에 있어 더욱 그러하다. 반면, 여아의 경우 긍정적·부정적 정서의 표현에 대해 보다 허용적인 양육태도를 보임으로써 보다 적극적으로 정서를 표현하는 것을 장려한다. 그리하여 여아는 보다 표현적인 특성을 지니게 된다.

그림 5-3 　성별에 따른 정서표현에 대한 반응

(3) 사회문화적 영향

유아가 속한 사회의 문화 역시 정서의 표현과 조절 양식에 큰 영향을 미치는 요인이다. 문화권에 따라 정서에 대한 인식 및 표현 방식, 적절한 조절 양식이 다르다. 새소리가 들릴 때 우리 민족은 '새가 운다.'라고 표현하는 반면에 영어권에서는 'Bird sings.'라며 새가 노래한다고 표현하는데, 이는 각 문화권에서 정서를 이해하는 방식이 다름을 보여 주는 예가 된다. 정서에 대한 표현에 있어서 우리 문화는 서구 문화에 비해 정서적 표현을 억제하는 편이다. 특히 긍정적인 정서표현이 익숙하지 않은 문화로서 유아의 정

그림 5-4 　문화권에 따른 정서 인식의 차이

서표현에 있어 서구권에 비해 '행복하다' '즐겁다' 등의 긍정적 정서표현의 빈도가 상대적으로 낮다. 문화권에 따라 허용되는 정서표현의 범위가 다르고, 각 상황에 따른 정서 조절과 표현에 대한 긍정적 · 부정적 평가도 다르기 때문에 유아의 정서조절 양식도 문화권에 따라 다르게 발달해 나간다.

2 정서 인식 및 조절 교육

1) 교육내용

제3차 표준보육과정 및 누리과정에 제시되어 있는 영유아에게 지도해야 할 정서 관련 내용은 다음과 같이 정리해 볼 수 있다.

① 자신의 정서 이해: 자신의 정서를 알고 적절히 표현한다.
② 타인의 정서 이해: 다른 사람의 정서를 알고 공감한다.
③ 자신의 정서조절: 자신의 정서를 상황에 맞게 조절한다.

위의 세 가지 내용을 각 연령별로 발달에 적합하게 교육하는 것이 영유아를 대상으로 하는 정서 인식 및 조절의 지도내용이다. 영아는 자신의 정서를 인식하는 것에서 시작하여 이를 다른 사람이 이해할 수 있는 적절한 방식으로 표현하는 방식을 배우고, 정서표현 양식을 타인에게 적용하여 점차 타인의 정서를 인식할 수 있도록 지도해야 한다. 유아를 대상으로 하는 정서 교육에서는 자신의 정서를 이해하고 적절히 표현하는 능력을 바탕으로 다른 사람의 정서에 주의를 기울이고 다른 사람의 정서를 파악하여 적절한 반응을 보이고 나아가 공감하는 능력을 갖출 수 있도록 지도한다. 이와 함께 여러 가지 상황에 맞게 자신의 정서를 조절하여 스스로 위안을 얻고, 사회관계를 원만히 유지해 나갈 수 있는 기술을 습득할 수 있도록 돕는다.

이러한 정서 인식 및 조절 능력은 유아를 대상으로 계획된 대소집단 활동을 통해서도 이루어지지만, 일상생활 속에서 영유아가 경험하는 또래관계 및 교사와의 상호작용을 통해 정서 관련 경험이 축적되며 발달하므로 정서에 대한 이해를 돕는 상호작용을 통해 이러한 내용이 학습될 수 있도록 해야 한다.

2) 교사의 역할

인간은 끊임없이 자신과 타인의 정서를 경험하며 살아간다. 교사는 이러한 일상생활 속의 경험들이 유아의 정서 인식 및 표현과 조절의 발달을 촉진할 수 있는 기회가 되도록 해야 한다.

이를 위한 구체적인 교사의 역할은 다음과 같다.

(1) 정서적 반영

유아가 자신의 정서를 효과적으로 조절하기 위해서는 먼저 부모나 보육교사가 영유아의 정서를 수용해 주어야 한다. 이를 위해 교사는 유아의 정서표현을 주의 깊게 관찰하고 이해해야 하기 때문에 유아의 언어, 표정, 목소리 등의 단서에 주의를 기울여야 한다. 그리고 유아의 정서를 이해하면 이를 그대로 반영해 주는 것이 좋다. 정서적 반영은 표정, 몸짓, 언어적 표현 등 다양한 방식으로 가능하다. 교사가 유아와의 상호작용을 통해 현재 유아가 갖고 있는 느낌이 무엇인지를 언어로 표현해 주면 유아는 자신이 느끼는 정서 상태와 이를 표현하는 올바른 언어의 사용을 매칭할 수 있게 된다. 특히 정서조절 능력을 획득하기 이전의 유아들은 자신이 느끼는 정서를 꾸밈없이 나타내기 때문에 교사가 상호작용을 통해 비교적 쉽고 정확하게 유아의 정서 상태를 파악할 수 있어서 정서적 반영을 실행하기에 적합하다. 예를 들어, 유아가 오랜 시간 공들여 한 작업을 완성하고 미소를 짓고 있을 때 교사가 유아의 작품을 칭찬하며 유아의 미소를 보고 "○○가 멋진 작품을 만들어서 자랑스럽구나!"라고 말해 주며 유아가 느끼는 감정이 자신에 대한 자랑스러움이라는 것을 가르쳐 주는 상호작용을 하면, 유아는 자신이 느끼는 감정을 무엇이라고 표현하는지에 대해 직접적인 체험을 통해 쉽게 익힐 수 있게 된다.

특히 인지 발달과 관련되는 이차 정서는 유아가 잘못 이해할 수 있다. 예를 들어 한 친구가 자신과 놀지 않고 다른 친구랑 친하게 노는 것을 보고 속상한 경우, 유아는 자신의 정서를 이전에 경험하고 이해한 일차 정서인 '분노'로 판단하고 자기가 화가 났다고 이해할 수 있다. 하지만 이는 이차 정서인 '질투'로 보는 것이 더 적합한데, 이런 경우 교사가 "○○야, 친구가 다른 친구랑 노니까 질투가 났구나. 선생님도 선생님이 좋아하는 친구가 선생님보다 다른 친구랑 더 친한 것 같을 때 화도 나고 속상하기도 하는 질투가 생기더라."라는 식의 상호작용을 통해 이차 정서인 질투에 대해 설명해 줌으로써 유아의 정서 이해를 도울 수 있다.

유아의 정서에 반응할 때에는 민감하게, 무비판적으로 반응한다. 교사가 유아의 정서에 대해 판단을 배제하고 그대로 반영하고 설명해 줄 때, 유아는 더 쉽고 왜곡 없이 정서를 이해할 수 있다. 또한 정서를 그대로 반영해 주는 것만으로 유아는 자신이 이해받고 있고 수용되고 있다고 느끼기 때문에 정서적인 안정감을 느낄 수 있다.

교사는 유아가 보이는 부정적 정서에만 주의를 기울이지 않도록 주의해야 한다. 여러 명의 유아가 집단으로 생활하는 환경적 여건상 교사는 유아가 화를 내거나 우는 등 부정적인 정서를 나타낼 때 주의를 기울이게 되기 쉽다. 그러나 이것은 교사의 주의를 끌기 위해 유아가 부정적 정서를 자주 사용하는 부작용을 유발할 수 있다(보육진흥원, 2013). 따라서 교사는 유아의 긍정적 정서에도 반응을 보여야 하며, 이를 위해서는 의식적으로 긍정적 정서에 보다 초점을 맞출 필요가 있다. 유아가 미소나 즐거움, 흥미 등의 정서를 보일 때 이를 민감하게 파악하고 반영해 주며 유아를 격려하는 것은 유아의 긍정적인 정서 이해에 도움이 될 뿐만 아니라 긍정적 정서 반응 및 행동을 장려하는 좋은 교육 방법이다.

(2) 적절한 정서표현 양식의 모델링

정서는 표현 양식이 매우 중요하다. 앞에서도 살펴보았듯이 유아의 정서는 사회적 상호작용과 밀접한 관련이 있다. 정서는 상호작용에 있어서 마치 언어와 같이 의미를 전달하는 강력한 기제다. 따라서 정서를 얼마나 정확하고 효과적으로 전달하느냐 하는 것은 사회적 관계 형성 및 유지 · 발전에 매우 중요한 요인이다. 유아가 느끼는 긍정적 · 부정적 정서를 사회에서 용인하는 표현 양식으로 적절히 표현할 수 있도록 돕기 위해 교사가 사용하는 효과적인 교수 방법의 하나가 모델링 기법이다. 교사는 얼굴 표정과 몸짓, 언어적 표현 등을 사용하여, 자신의 정서표현 양식을 직접 보여 주어 유아가 이를 보고 모델링할 수 있도록 한다.

사회학습이론에서도 주장하는 바와 같이, 의미 있는 타인의 행동에 대한 모델링은 매우 중요한 학습 기제이며, 유아는 부모나 교사가 보이는 정서표현 양식을 관찰하고 모방하며 발달한다. 따라서 교사는 일상생활이나 보육활동 상황에서 자신의 정서 상태를 사회적으로 가장 적절한 방식으로 표현하는 모델이 되어야 한다. 유아들에게 교사는 절대적인 존재로서 교사의 모델링 효과는 매우 강력하다. 따라서 교사는 유아와 상호작용을 하면서 긍정적인 정서를 표현하는 양식은 물론, 상황에 따라 가장 적절한 방식으로 부정적인 정서를 표현하는 양식도 구체적으로 보여 줄 수 있어야 한다.

(3) 정서조망 수용 기회 제공

유아기 발달 특성상 자신이 아닌 타인의 정서를 이해하는 것은 매우 어려운 과업이다. 따라서 교사의 지속적인 도움이 필요하다. 교사는 유아가 상대방의 입장에서 생각해 보고 느낄 수 있도록 상대방의 입장과 정서를 함께 생각해 보는 기회를 마련해 주고, 그에 대해 표현해 볼 수 있도록 하며, 상대방의 정서가 어떠한 상태인지를 정확하게 언어로 표현해 주어야 한다.

유아기는 타인의 정서가 자신의 것과 다를 수 있음을 기초적으로 인지하고 점차 상대방의 정서를 파악하기 시작하는 시기로서, 타인의 정서를 왜곡하지 않고 정확히 인지하며 그에 따른 적절한 반응을 할 수 있는 능력을 획득하기까지 시간을 가지고 반복적으로 노력해야 한다. 이를 위해 교사는 일상생활에서 이루어지는 다양한 상호작용 속에서 상대방의 입장을 생각해 볼 수 있는 발문을 통해 유아가 상대방의 입장이나 유발된 정서를 유추할 수 있는 기회를 지속적·반복적으로 제공해야 한다. 그러한 발문의 예로는 "○○가 이렇게 이야기하면 친구는 기분이 어떨까?" "이때 친구의 기분이 어땠을까?" 등이 있다. 실제 상황뿐만 아니라 가상의 상황, 그림책의 내용에서 주인공의 정서 상태를 생각해 보는 것 등 다양한 상황에 맞추어 진행할 수 있다.

이러한 경험을 반복하며 유아는 점차 타인의 정서를 보다 정확하게 인지할 수 있게 되는데, 타인의 감정을 생각하는 것을 습관화하는 것은 타인과의 원만한 관계 형성 및 유지에도 큰 도움이 된다. 이와 함께, 타인의 정서에 대해 보이는 반응 양식에 대해서 함께 이야기 나누고 실행해 보는 경험도 중요하다. 타인의 정서에 대해 정확히 인지했다고 하더라도 그에 대해 적절한 방식으로 반응하지 않으면 타인의 정서에 대한 정확한 이해가

그림 5-5 타인의 정서에 대한 부적절한 반응 양식의 예

관계 증진에 도움이 될 수 없기 때문이다. 따라서 유아가 타인의 슬픔에 대해 위로의 반응을 보이고, 타인의 기쁨에 대해 함께 기쁨을 표현하며, 타인의 분노에 대해 적절한 사과를 하는 것과 같이 타인의 정서 상태에 대한 적절한 반응 양식을 알고 적절한 방식으로 표현할 수 있도록 지도하는 것이 필요하다.

(4) 또래와의 정서적 교류 및 정서조절 기회 제공

교사는 영유아가 또래집단과 정서적으로 풍부한 상호작용을 할 기회를 제공하는 역할을 담당한다. 영유아에게는 또래 간의 상호작용보다 성인과의 상호작용을 통해 관계를 형성하는 것이 더 쉽기 때문에 사회성 발달이 미진한 아동은 또래보다 교사와의 상호작용을 더 선호하게 된다. 교사는 개별 영유아의 사회성 발달 수준 및 성향을 파악하여야 한다. 관찰 결과를 바탕으로, 또래와의 상호작용을 꺼리거나 또래와의 상호작용이 부족한 영유아일수록 교사가 적절히 개입하여 유아가 또래관계에 진입하도록 돕고, 교사와의 상호작용보다는 또래와의 상호작용을 통해 정서표현 및 정서조절 경험을 할 수 있도록 기회를 제공해 주어야 한다.

또래와의 상호작용은 특히 정서조절을 배우고 연습할 수 있는 좋은 기회다. 성인과 유아의 상호작용에서는 주로 성인이 정서를 조절하며 유아와 상호작용하지만 서로 유사한 정서 발달 수준에 있는 유아들 간의 상호작용에서는 서로의 정서가 그대로 드러나는 상황이 자주 발생하여 유아가 정서를 조절해야 하는 상황이 연출된다. 또래와의 상호작용에서 영유아가 느끼는 다양한 정서를 적절히 조절하여 표현할 수 있도록 돕기 위해 교사는 정서조절이 필요한 상황이 발생했을 때 면밀히 관찰하고 영유아의 정서를 수용해 주되 왜 정서조절이 필요한지를 설명하고, 적절한 정서조절 양식을 가르쳐 주며 이를 실행에 옮길 수 있는 기회를 제공하여 영유아가 적절한 방식으로 정서를 표현해 볼 수 있도록 한다. 예를 들어, 또래 간 상호작용에서 서로 같은 장난감을 가지고 놀고 싶어 하는 욕구 때문에 충돌이 생긴 경우, 교사가 적절히 개입하여 문제 상황의 해결뿐만 아니라 유아의 정서적인 부분의 조절을 도와야 한다. 예를 들어, 이 경우 교사는 "○○야, ○○도 저 장난감이 가지고 싶었구나? 친구가 저 장난감을 가지고 놀고 있어서 속상하지? 그런데 친구는 저 장난감을 더 가지고 놀고 싶대. ○○가 조금만 더 기다려 줄 수 있을까? 기다리는 동안 심심하니까 우선 이것부터 가지고 놀자!"라고 말할 수 있다. 이는 교사가 유아의 정서를 읽고 수용해 주며 정서를 조절해야 함을 알려 주고, 정서조절을 할 수 있도록 유용한 방안을 알려 주는 형식이다. 이러한 교사의 적절한 개입이 함께할 때 또래 간 상호작용을 정서조절 능력 증진을 위한 훌륭한 교육의 장으로 활용할 수 있다.

(5) 정서를 표현할 수 있는 다양한 놀이활동 제공

영유아의 정서이해 능력은 인지능력과 병행하여 발달하므로 다양한 놀이 경험을 제공하여 인지 발달을 촉진하고 내적 저항 없이 자연스럽게 자신의 정서를 표현할 수 있는 기회를 제공해야 한다. 영유아에게 다양한 감각 경험을 촉진하고 자유롭게 표현할 수 있게 하는 놀이활동으로는 놀이 방법이 정해져 있지 않은 확산적 놀이들이 적합하다. 구체적으로는 물·모래놀이, 고무찰흙놀이, 핑거페인팅(finger painting) 등을 들 수 있다. 유아는 이러한 놀이에 자신의 방식대로 자유롭게 몰두하면서 기쁨과 성취감을 느끼고 자연스럽게 자신의 정서를 표출할 수 있다. 이와 함께 자신의 정서를 다양한 방식으로 표현할 수 있도록 그림 그리기나 노래 부르기, 악기 연주, 신체표현 등의 창작활동을 하는 것도 좋다.

이 외에도 또래 간 상호작용이 활발한 역할놀이 활동을 통해 또래 간 상호작용과 다양한 상황을 경험해 보는 것, 또는 등장인물의 다양한 정서를 볼 수 있거나 정서를 주된 내용으로 하는 도서를 제공하는 것도 유아의 정서 발달에 도움이 된다.

그림 5-6   모래와 물을 이용한 놀이의 예

(6) 정서 관련 대집단활동

교사는 대집단활동을 통해 정서와 관련된 특정 주제를 심화하여 교육할 수 있다. 정서 관련 대집단활동으로 주로 많이 사용되는 활동은 이야기 나누기 활동이다. 이야기 나누기 활동은 영유아에게 사진이나 그림, 동영상 등을 이용하여 주로 정서표현과 관련된 다양한 상황을 실제적으로 보여 주고, 발문 및 설명을 통해 유아가 그 상황에서 등장인물의 정서를 이해할 수 있도록 돕고 그에 따른 적절한 표현 양식이나 반응 양식 등을 함께 이야기 나누는 형식으로 진행된다. 그리고 이를 확장하여 상황극을 통해 직접 실행해 보는 활동을 할 수도 있다. 특히 정서의 표현이나 반응 양식과 관련해서 유아가 인지적으로 아는 것도 중요하지만 실제적으로 표현해 보는 것이 적절한 표현 및 반응 양식을 획득하는 데에 더욱 도움이 될 뿐만 아니라 실제로 상황 발생 시 적절하게 표현하고 반응하는 데에도 도움이 되기 때문에 상황극 등을 활용하면 교육 효과를 높일 수 있다. 유아에게 상황을 제시하는 도구로 예전에는 주로 일반적인 그림을 많이 사용했으나, 최근에는 실제 유아 자신들의 얼굴 표정이나 직접 경험했던 상황을 정서적으로 연결 지어 보여 주거나 다양한 상황에 놓인 실제 사람들의 사진 혹은 동영상을 이용하여 더 실제적으로 상황을 보여 주고 흥미도 높이는 방안이 추천된다.

이 밖에도 다양한 정서 상태를 주제로 하는 도서를 활용할 수 있다. 병원에 가기 전 느끼는 공포감을 주제로 하는 『왕벌주사』, 화가 나는 감정을 수용하고 그에 대한 적절한 표현 양식을 보여 주는 『화가 나는 건 당연해!』, 화났을 때의 변화를 색깔의 변화로 시각적으로 보여 주는 『소피가 화나면, 정말정말 화나면』 등 정서를 주제로 하는 동화를 적

그림 5-7 정서 관련 도서의 예

절히 선택하여 유아와 함께 읽고 해당 정서와 관련된 경험을 이야기 나누거나 주인공의
기분이 어땠을지에 대해 이야기 나누는 활동, 자신이 느꼈던 경험을 그림으로 표상하는
활동 등을 할 수 있다.

참고문헌

권연희, 박경자(2003). 아동의 정서성 및 어머니 행동과 또래 수용의 관계. 한국심리학회지: 발달, 16(4), 23-38.

보육진흥원(2013). 보육교사 승급교육 자료집.

이영, 이정희, 김은기, 이미란, 조성연, 이정림, 유영미, 이재선, 신혜원, 나종혜, 김수연, 정지나 (2009). 영유아발달. 서울: 학지사.

Denham, S. A. (2007). Dealing with feelings: How children negotiate the worlds of emotions and social relationships. *Cognition, Brain & Behavior, 11*(1), 1-48.

Fogel, A., & Thelen, E. (1987). Development of early expressive and communicative action: Reinterpreting the evidence from a dynamic systems perspective. *Developmental Psychology, 23*, 747-761.

Kuczynski, L., Zahn-Waxler, C., & Radke-Yarrow, M. (1987). Development and content of imitation in the second and third years of life: A socialization perspective. *Developmental Psychology, 23*, 276-282.

Sroufe, L. A. (1983). Infant-caregiver attachment and patterns of adaptation in preschool. In M. Perlmutter (Ed.), *Minnesota symposium on child psychology* (Vol. 16, pp. 41-81). Hillsdale, NJ: Erlbaum.

제6장

자기 및 타인 이해

1 자기 및 타인 이해의 정의

1) 자기 및 타인 이해의 개념

(1) 자기이해

① 자아개념

　영유아는 타인과의 상호작용에서 타인이 자기를 어떻게 인식하고 평가하는가를 반복해서 지각하는 과정을 거치면서 점차 자신에 대한 개념적 표상을 통합적으로 형성해 나간다(Shaffer, 1993). 피아제(Piaget)에 의하면 2~3개월 영아도 발을 차거나 팔을 끌어당겨서 모빌을 움직이고 소리 내는 것을 즐거워한다(Rovee-Collier, 1995). 이는 2개월 영아도 자신이 어떤 현상을 유발하는 원인이 될 수 있음을 인식하고 자신의 신체와 외부 대상을 변별하기 시작하면서 자아가 발달함을 반영한다. 영아는 자신의 내재적 특성에 대한 이해로 자신이 타인이나 외부 사물과 별개로 독립적인 존재라는 것을 알게 되면 자신이 누구인지에 대해 인식하게 되는데 이것이 자아인식이다. 생후 18개월 정도 영아는 자신의 얼굴을 인식하고 다른 사람에게 자신의 이름을 말할 때 자기 사진을 가리킨다(곽노의, 김경철, 김유미, 박대근, 2007). 이러한 자아인식은 자신의 얼굴에 대한 도식을 내재화함으로써 가능하므로 자아인식을 위해서는 인지 발달이 전제되어야 한다. 이처럼 2세 정도가 되면 자아인식이 형성되기 시작하며 영아에게 있어서 자아개념이란 곧 자아인식이라 볼 수 있다.

　영아는 자기(self), 마음(mind), 몸(body)을 구분하지 못하고 혼동하는 경향이 있으며, 자신이 누구인지를 이해하는 능력은 사회구성원으로서의 다양한 역할과 특성에 따라 범주화하면서 발달하게 된다(Santrock, 2003). 유아가 자신은 다른 사람과 분리되며 다르다는 것을 분명히 이해하면 자신을 정의하는 과정이 시작된다. 브룩스-건과 루이스(Brooks-Gunn & Lewis, 1981)는 이것을 '범주적 자기'라고 명명하였다. 유아는 자신을 정의할 때 자신을 전체 범주 안의 특정한 범주에 넣는다. 2세경부터 범주적 자아를 발달시키는데, 자신의 성별이나 연령 등을 구분하는 기본적 범주의 자아가 나타난다. 즉, 영유아는 자신과 타인을 성별, 나이 등의 범주에 따라 구분함으로써 자신을 이해하며, 신체, 외모와 같은 외현적 특성을 중심으로 자신을 설명하는 자아인식이 발달한다. 3~5세경 유아의 자아진술을 살펴보면 자신의 신체적 특징, 소유물, 기호, 인간관계 등 외현적 특성에 대해 주로 언급한다. 이는 유아가 자신을 정의할 때 연령, 성별, 신체적 특징 등 눈에 보이는 다양한 특성을 바탕으로 분류하기 때문이다. 이 시기에는 심리적인 자아인식보다는 외현적인 자아인식을 주로 반영한다.

자신을 범주적 측면에서 파악하는 이러한 능력이 발달함에 따라 유아의 자아개념은 보다 상세해지고 복잡해진다. 유아의 초기 자아개념은 자신에 대한 아주 제한된 인식이라고 볼 수 있으나 성장하면서 자아개념도 확장되어 좀 더 세분화되고 복잡해진다.

② 자아존중감

유아기에 나타나는 자기이해의 또 다른 측면은 자아존중감이다. 유아는 성장하면서 자신에 대하여 더욱 잘 이해할 뿐 아니라, 더 나아가 자신에 대한 평가를 하기 시작한다. 즉, 유아는 발달하면서 자신에 대한 이해를 넓히고, 복잡한 자기묘사를 구성하게 될 뿐 아니라 자신이 소유하고 있는 특징을 평가한다. 자아존중감이란 자아에 대한 평가적 차원에서 자신을 유능하고 중요하며 성공적이고 가치 있다고 생각하는 것으로 자신에게 주는 값어치라고 정의된다(곽노의 외, 2007).

유아는 여러 상황에서 자신의 유능함을 평가하는데, 이러한 평가를 총체적 자기평가로 통합한다. 즉, 자아존중감은 다양한 다른 영역에서 보이는 장점과 약점에 근거한 자아에 대한 총체적 평가이며 자신의 가치에 대한 개인적 판단이다. 상대적 기준에 비교하여 자신에 대한 평가 결과가 긍정적일 때, 유아는 긍정적인 자아개념을 형성함과 더불어 긍정적인 자아존중감을 발달시키게 된다. 반면, 자신에 대한 평가가 부정적일 때에는 부정적인 자아개념을 형성함과 더불어 낮은 자아존중감과 열등감을 발달시키게 된다.

자신의 역량 또는 유능함에 대한 평가적 신념인 자아존중감은 바람직한 환경 적응 및 건전한 인성 발달, 자아실현에 중요한 요소다. 또한 자신의 능력에 대한 평가는 정서적 경험, 앞으로의 행동, 장기적인 심리적 적응에 영향을 미치기 때문에 자아존중감은 자아 발달에 있어서 중요한 측면이라고 할 수 있다. 자아존중감도 자아개념과 같이 자신을 평가하는 능력으로 시간의 흐름에 따라 점차적으로 발달한다. 유아의 자아존중감 발달은 만 2세경부터 나타나는 자조 기술의 발달과 더불어 시작된다. 밥 먹기, 옷 입기, 세수하기, 대소변 가리기 등의 과업을 성공적으로 수행하면서 유아는 자신의 기본적인 능력에 대한 신뢰감을 형성하며, 이러한 신뢰감은 자아존중감의 초석이 된다. 자아존중감이 높은 유아는 자아존중감이 낮은 유아에 비해 훨씬 적절하고도 효과적인 방법으로 당면하는 일에 대처할 수 있다. 또한 자아존중감이 높은 유아는 자신을 중요하고 가치 있는 사람으로 생각하여 자신이 하고 있는 일에 자신감을 가지고 적극적이며 능동적으로 참여하고, 친구들과 잘 어울려 놀며, 유치원 생활에도 잘 적응한다.

4세경, 취학 전 유아는 몇 가지 자기판단력을 지니고 있으나(Marsh, Ellis, & Craven, 2002), 좀 더 나이 든 아동과 비교할 때 유아의 이해력은 제한적이다. 자아존중감의 구조는 유아가 이용할 수 있는 평가적 정보와 정보처리 능력에 의존한다. 7~8세경 아동은 학문적 능력, 사회적 능력, 신체적·운동적 능력, 신체적 외모의 최소한 네 가지 포괄적 자기평가를 형성할 수 있다. 아동의 연령이 증가하면 이 영역 내에서 점차 명확하고 보다 세밀한 범주가 존재하게 된다(Marsh et al., 2002; Van den Bergh & De Rycke, 2003).

안정된 성향으로 자신을 바라보는 학령기 아동은 개별적 자기평가를 자신의 일반적인 이미지와 결합한다(김진경, 이순형, 2014; Harter, 2003). 결과적으로, 자아존중감은 [그

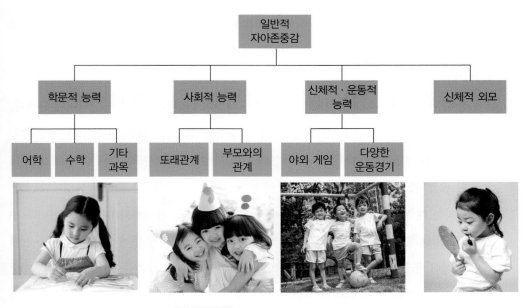

그림 6-1   자아존중감의 위계적 구조

림 6-1과 같이 위계적 구조를 가지고 있다. 그렇지만 개별적 자기평가는 일반적 자아존중감에 동일하게 기여하지 않는다. 대신에 아동이 어떤 자기평가를 보다 중요하게 간주하느냐에 따라서 전체 자아존중감에서 차지하는 비중이 달라진다. 비록 개인적인 차이가 존재할지라도, 아동기 및 청소년기 동안 지각된 신체적 외모는 자아존중감의 다른 요소보다 전반적 자아존중감과 더 강하게 관련되어 있다(이종숙, 이옥, 신은수, 안선희, 이경옥 역, 2014; Hymel, LeMare, Ditner, & Woody, 1999). 따라서 사회와 매체에서 외모를 강조하는 것은 청소년의 자신에 대한 전반적인 만족도에 중요한 영향을 끼친다.

(2) 타인이해-타인정신 이해

피아제의 인지발달이론에 따르면 아동이 자신과 타인에 대해 생각하는 방식은 인지발달 수준에 의존한다. 유아는 전조작기의 사고 특징인 자아중심성으로 인해 외부 세계에 대한 관점과 자신에 대한 관점을 분리시킬 수 없다. 유아는 자신이 좋아하는 것과 타인이 좋아하는 것이 다르다는 것을 인식하지 못한다. 엄마가 울고 있을 때 유아는 자신이 가장 아끼는 인형을 건네며 위로하려 한다. 구체적 조작기에 이르면 자아중심성에서 벗어나 탈중심화되며, 가역적 사고가 가능해지면서 보존개념을 획득하게 된다. 이러한 능력은 이 시기 아동이 능동적으로 자신과 또래의 행동을 비교하면서 점차적으로 타인의 감정, 생각, 의도, 행동 등을 어떻게 이해하게 되는가를 설명해 준다. 논리적으로 체계적이며 추상적인 사고가 가능한 형식적 조작기에 이르면 자신과 타인의 심리적 비교가 가능해진다.

특히 유아기에는 자기를 이해하는 능력과 더불어 타인을 이해하는 능력이 발달한다. 자신과 타인에 대해 더 많이 사고함에 따라, 유아는 초보적 사회인지 능력을 형성한다. 사회인지란 사람과 관련되는 모든 대상의 제반 특성에 관한 사고와 판단을 의미하는 대단히 광범위한 개념이다. 사회적 행동이 대인관계에서 나타나는 표면적 특성이라면 사회인지는 대인관계나 사회적 조직 내에서 사회적 행동을 결정하는 내재적 과정이다(송명자, 2008). 출생 후 첫 1년간 자신의 행동을 의도, 욕구, 감정 등에 의해 조절하는 신생아는 살아 움직이는 존재로서 사람에 대한 내재적 평가를 구성한다. 이는 유아기에 발달하는 언어화된 정신적 이해를 위한 단계를 형성한다. 만 1세가 끝날 때쯤, 아기는 서로의 정신 상태를 나누고 이에 영향을 미칠 수 있는 의도적인 존재로 사람을 본다. 이는 의

사소통의 새로운 형식으로 가는 문을 열어 주는 이정표다. 이러한 상호작용 기술은 다시 걸음마기 영아의 이해를 향상시킨다(Tomasello & Rakoczy, 2003). 만 2세가 되면, 걸음마기 영아는 타인의 정서와 욕구에 대해 명확하게 파악한다는 것을 보여 주며, 이는 싹트기 시작한 영아의 공감능력과 타인의 관점이 자신과 다를 수 있다는 깨달음을 의미한다. 2세 반 이후에 유아는 일상 언어에서 자주 적절한 정신 상태를 언급한다. 비록 유아가 어떤 정신적 표현을 혼동한다 할지라도, 어린 취학 전 유아는 개인적 사고와 상상에 대한 내적 자아를 명확하게 인식한다.

3세경에는 마음에 대해 이야기하는 언어가 확장되면서 유아는 지각하는 것, 느끼는 것, 원하는 것 간의 관계를 인식한다. 예를 들면, 상자 안을 엿보는 사람이 행복해하는 것을 보면, 2세 반 유아는 상자에 원하지 않는 과자보다 원하는 과자가 담겨 있다고 추측한다. 게다가 그들은 사고와 욕구 그리고 감정과 욕구 간의 관계에 대해 자주 이야기하며, 이 세 가지를 모두 연결하기도 한다. 그러나 만 2세의 유아는 정신 상태를 통합하기 시작했음에도 불구하고, 이해력이 극단적으로 단순한 욕구 추론에 제한된다. 그들은 사람들이 항상 자신의 욕구와 일치된 방식으로 행동한다고 생각하며 믿음과 같이 덜 명확하고 더 설명적인 정신 상태도 행동에 영향을 미친다는 것을 이해하는 데 한계를 보인다(Bartsch & Wellman, 1995).

마음이론이란 자신 및 타인의 정신작용을 이해하는 인지능력을 말한다. 유아는 타인의 생각과 의도 및 정서를 이해 및 추론해 보는 것을 기초로 점차 타인의 행동을 예측한다. 취학 전 유아의 믿음-욕구 추론에 대한 증거는 틀린 믿음(현실을 정확하게 표상하지 않는 것)이 사람의 행동을 안내할 수 있다는 사실을 이해하는지를 검사하는 실험으로부터 알 수 있다. 예를 들면, 유아에게 두 개의 밀폐된 작은 상자를 보여 준다. 하나는 친숙한 일회용 밴드 상자이고 다른 하나는 표시가 없는 평범한 상자다. 그 후, 반창고가 들어 있다고 생각되는 상자를 선택하게 한다. 이때 대부분의 유아는 표시된 상자를 고른다. 다음에 상자들을 열어 유아의 믿음과는 반대로, 표시가 있는 상자는 비어 있고 표시가 없는 상자에는 반창고가 들어 있음을 보여 준다. 마지막으로 유아에게 손인형을 보여 주고, "여기 영희가 있어. 영희는 상처가 났는데, 어디에서 반창고를 찾을 수 있을까? 왜 영희는 그곳에서 찾았을까? 안을 들여다보기 전에 너는 표시가 없는 상자에 반창고가 있다고 생각했니? 왜?" 등의 질문을 통해 유아의 추론능력을 파악한다(권민균 외, 2012; Bartsch

이 아이는 안토니입니다. 안토니는 책을 읽고 있습니다.

책을 다 읽고 난 후 안토니는 책을 상 위에 올려놓았습니다.

안토니는 무언가를 먹으려고 부엌으로 갔습니다.

보세요. 소녀가 와서 상 위에 있던 책을 서랍 안으로 옮겼습니다.

소녀가 다시 밖으로 나갑니다.

보세요. 안토니가 다시 와서 책을 더 읽으려고 합니다.

안토니가 책을 어디에 두었을까요? 지금은 책이 어디에 있을까요? 안토니가 책을 찾기 위해 가장 먼저 어디를 살펴볼까요?

이 아이는 샐리입니다.　　　　　　　　　　　　이 아이는 앤입니다.

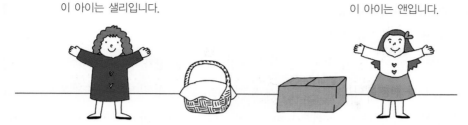

샐리에게 바구니가 있습니다.　　　　　　　　앤에게 상자가 있습니다.

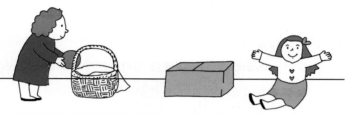

샐리에게 구슬이 있습니다. 샐리는 구슬을 바구니에 넣었습니다.

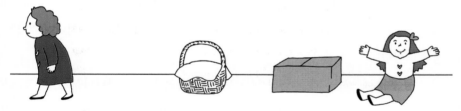

샐리가 산책을 하러 나갔습니다.

앤이 바구니에서 구슬을 꺼내어 상자에 넣었습니다.

샐리가 돌아왔습니다. 샐리는 구슬을 가지고 놀고 싶습니다. 샐리는 구슬을 찾기 위해 어디를 살펴볼까요?

그림 6-2 │ 이차적 틀린 믿음 과제 사례

& Wellman, 1995; Gopnik & Wellman, 1994). 이 실험에서 소수의 3세 유아와 다수의 4세 유아는 영희와 자신의 틀린 믿음을 이해하고 설명하는 것으로 나타났다.

이렇듯 틀린 믿음에 대한 발달은 취학 전 유아기 동안 점차적으로 이루어져서 6세 정도 되면 더욱 안정된다(Wellman, Cross, & Watson, 2001). 틀린 믿음의 숙달은 마음의 표상적 특성을 이해하는 것을 전제로 하므로 표상에 있어서 변화를 의미한다. 마음의 추론을 구성함으로써 자기지식을 증가시켜 나갈 수 있는 학령기에는 틀린 믿음의 이해가 보다 확장되고 견고해진다. 여러 연구에서, 연구자들은 아동에게 두 번째 인물의 믿음에 대한 첫 번째 인물의 믿음을 포함한 복잡한 이야기를 들려준다. 그런 다음, 아동은 첫 번째 인물에게 두 번째 인물이 무엇을 할 것이라고 생각하는지에 대해 답하도록 요구하였다. 7세가 되면 아동은 사람들이 타인의 믿음에 대해 믿음을 형성한다는 것과 이러한 이차적 믿음이 틀릴 수도 있다는 것을 깨닫게 된다. 일단 아동이 이차적 틀린 믿음을 인식하게 되면, 그들은 다른 사람이 어떤 믿음을 갖게 되는 이유를 더 잘 지적할 수 있다(Astington, Pellertier, & Homer, 2002). 이는 아동이 타인의 관점을 얼마나 이해하는지에 대해 많은 시사점을 제공한다.

타인의 행동을 예측하는 믿음과 욕구를 모두 이용하는 능력이 나타나는데, 이러한 능력은 유아가 타인과 보다 우호적으로 상호작용하는 데 기여한다. 3~6세 유아가 틀린 믿음 과제를 잘 수행할수록, 교사가 평가한 그들의 사회적 능력은 더욱 높아진다. 틀린 믿음 이해는 3~4세 아동의 사회극 놀이의 증가를 예측한다(Jenkins & Astington, 2000). 일단 유아가 믿음과 행동 사이의 관계를 파악하면, 보다 다양한 상황에 이를 적용하여 자신의 이해를 세련되게 만든다. 예를 들면, 틀린 믿음 과제를 통과한 유아는 보다 정확한 목격자 기억을 나타낸다(이종숙 외 역, 2014; Templeton & Wilcox, 2000). 그들은 한 사람이 다른 사람에 대한 잘못된 정보를 나타낼 수 있으며, 이는 다른 개인의 믿음에 영향을 미칠 수 있음을 깨닫게 된다. 결과적으로 관찰한 사건을 보고하는 데 있어, 그러한 아동은 자신을 잘못 인도하려는 시도에 더욱더 저항하게 될 것이다. 믿음-욕구 이론의 발달에서 믿음-현실 구별에 대한 인식이 더욱 안정되는 6세 이후에 아동의 목격자 기억이 보다 신뢰할 수 있게 되는 주요 이유가 된다.

2) 자기 및 타인 이해의 발달

(1) 자기이해의 발달

① 자아개념의 발달

자아개념은 연령이 증가함에 따라 뚜렷한 두 가지 변화가 나타난다. 첫째는 자신에 대해 알아 가면서 자아개념이 더욱 다양해진다는 것, 즉 양적 측면의 증가다. 둘째, 자기 자신에 대해 알고 있는 지식의 유형이 변화한다는 것으로 자아개념 속성의 질적 측면의 변화다. 유아기에는 자아개념이 구체적이고 현실적이며 현재와 관련된 내용으로 주로 설명되다가, 연령이 증가하면서 점차 추상적이면서 미래와 관련된 내용을 포함하게 된다.

특히 유아기 동안의 두드러진 변화 중 하나는 자신에 대한 인식이 발달하면서 자신을 평가하는 능력이 나타난다는 것이다. 유아가 자기 자신에 대한 인지적 표상을 하는 것을 '자기이해(self-understanding)'라고 말한다. 유아가 자신의 내적 정신 세계에 대한 이해를 발달시켜 나감에 따라, 유아기 동안 객관적 자아(자기에 대한 지식과 평가)가 발달한다(이종숙 외 역, 2014; Harter, 2003). 즉, 유아는 자신이 누구인지를 정의하는 특성, 능력, 태도, 가치의 총체인 '자아개념'을 형성하기 시작한다. 자아개념이란 자기 자신과 외부 환경 간의 상호작용을 통해서 형성된 자신의 능력, 태도, 흥미, 가치관 등에 대한 지각을 의미한다. 유아기에는 새로운 표상능력이 발달함에 따라 자아개념이 형성되기 시작한다. 유아는 자신과 다른 사람의 존재를 구별함에 따라 스스로를 독립된 개체로 인식하게 되며, 자신이 특별한 사람임을 알게 된다.

유아기 초기에 자신에 대해 설명해 보라고 하면 유아는 보통 다음과 같이 대답한다. "제 이름은 준호입니다. 네 살이에요. 저는 경동유치원에 다니고요. 오늘은 새로 산 파란 바지를 입고 왔어요. 저는 그림 그리고 노래 부르는 것을 좋아해요." 이 진술문에 나타나는 것처럼, 학령 전 유아의 초기 자아개념은 매우 구체적이다. 보통 이름, 외모, 연령, 일상적 행동 등 관찰이 가능한 외적 특성이 주로 언급된다. 이렇게 어린 유아의 자아개념이 특정 사물과 행동에 제한되는 것은 유아들이 사물을 획득하기 위해 많은 시간을 보내는 것과도 관련지어 생각해 볼 수 있다. 일반적으로 자기주장이 강한 유아일수록 사물을 소유하려는 경향을 강하게 보인다. 즉, 사물에 대한 초기 갈등은 이기주의를 의미

표 6-1   자아개념의 발달

출생~1세	2~4세	5~7세	8~11세
• 양육자와 분리된 존재로서 자아에 대해 일반적인 인식을 가짐 • 나를 인식하기 시작함	• 한 번에 한 가지씩 자기 자신을 구체적인 용어로 기술함(나는 남자야! 내 머리카락은 갈색이야)	• 자기 자신에 대해 정의 내리기 위해서 구체적인 사실들을 말함(나는 빨리 뛰고, 수영을 잘하고…… 난 운동을 잘해)	• 자신의 특성을 여러 군집으로 기술함. 나는 사교적이고(친구가 많음), 부끄러움이 많음(낯선 사람이 있을 때)
• 자아에 대한 인식이 시작됨	• 전반적으로 자신을 부정적으로 보지 않으며 긍정적인 관점을 가짐	• 자신에 대해 전반적으로 긍정적인 관점을 가지며, 그것을 유지하기 위해서 때로는 부정적인 측면을 무시하기도 함	• 자신의 긍정적·부정적인 측면을 모두 인식하고 인정함
• 비교하지 않음	• 공평성의 문제가 아니라면 타인과 비교하지 않음(그 애가 나보다 많이 가졌어)	• 일시적 비교를 함, 과거 수행한 일과 공평함에 관련한 비교를 함(나는 네 살 때 내 이름 중 한 글자만 쓸 줄 알았지만, 지금은 다 쓸 수 있어)	• 사회적 비교를 함, 자신과 타인이 할 수 있는 것을 비교하며, 자신을 잘 이해할 수 있도록 함(나는 철수만큼 수학을 못하지만 다른 아이들보다 더 빨리 퍼즐을 맞출 수 있어)
• 자기 자신에 대한 다른 사람의 반응에 주목함(자신이 울면 양육자가 안아 줌)	• 자신에 대한 다른 사람의 반응을 인식함(우유를 쏟았을 때 고개를 숙임)	• 자기 자신에 대한 다른 사람의 평가를 인식함 • 자기 자신을 조절하는 데 다른 사람의 평가를 사용함	• 자기 자신을 평가함 • 어떤 행동을 할지 결정하기 위해 다른 사람의 평가를 사용함

출처: 김진경, 이순형(2014).

하기보다는 자아가 발달한다는 신호이며 자신과 다른 사람을 확실히 구별하려는 노력이라고 해석할 수 있다.

만 3세 반경에 이르면 유아들은 "친구와 놀 때 행복해." "나는 아가가 되고 싶지 않아."와 같이 전형적인 정서와 태도로 자신을 설명하는데, 이는 자신의 독특한 심리적 특성에 대한 초기 이해를 반영한다(Eder & Mangelsdorf, 1997). 만 4세가 되면 유아는 '수줍어하는' '인색한'과 같은 심리적 특성으로 자신의 기분과 상태를 표현하는 시도를 한다. 그러나 유아는 심리적 특성을 바탕으로 자신을 설명하는 데에는 익숙하지 않은데, 구체적 행동 대신에 심리적 특성으로 자신을 기술하기 위해서는 인지적 성숙이 이루어져야 한다. 초등학교 시기 동안에 아동의 자아진술에는 "나는 노래를 못해요." "나는 동생이 없으면 심심해요." 등 자신의 능력, 정서와 같은 심리적 특성을 표현하게 된다.

이처럼 자아개념은 고정된 속성이 아니라 발달단계에 따라 지속적으로 변화하며 성장과정에서 어떤 사회적 경험을 하느냐는 자아개념 형성에 지속적인 영향을 준다. 아주 어린 시기부터 발달하게 되는 자아개념은 학업성취, 정신건강, 대인관계 등 각 개인의 행동 전반에 영향을 미치며 성격 발달에 중요한 요인이 된다. 자아개념이 확립된 유아는 게임을 하거나 분쟁이 생겼을 때에도 협력해서 해결한다(Brownell & Carriger, 1990). 또한 유아는 급속히 확장된 언어 발달로 자신의 내면세계를 표현하며, 주변 사람과의 접촉을 통해 자신의 감정과 타인의 감정에 대처하게 된다. 성인은 또래관계를 증진시키려고 할 때 이러한 특성을 잘 고려할 필요가 있다. 예를 들어, 교사와 부모는 단순히 공유하라고 주장하기보다는 유아의 소유욕을 자기주장의 신호로 인정하고, 적절한 타협점을 찾도록 격려해야 한다.

한편, 셀먼(Selman)은 아동의 자아인지(self-cognition)는 관찰 가능한 외적 행동으로부터 내재적·심리적 특성을 추론하는 인지과정을 통해 발달한다고 하였다. 그리고 일련의 실험을 통해 자아인지 발달 5단계를 설정하였다.

이야기

톰은 여덟 살이며, 톰의 친구인 마이크는 며칠 전에 강아지를 잃어버려서 마음이 몹시 상해 있다. 오늘은 마이크의 생일이라서 톰은 마이크의 생일선물로 강아지를 사러 가게에 가는 길에 우연히 마이크를 만났다. 그런데 마이크는 "나는 잃어버린 강아지가 너무 보고 싶어서 다른 강아지는 절대로 쳐다보지도 않을 거야."라고 말했다. 톰은 가게 앞까지 갔지만 강아지를 선물로 사야 할지 망설이고 있다. 강아지는 두 마리가 남았고, 지금 사지 않으면 곧 다 팔릴 것이다.

표 6-2	셀먼의 자아인지 발달단계

수준	특성
0수준 (영아기)	영아는 물리적 존재는 이해하나 별개의 심리적 존재는 이해하지 못함. 우는 것과 같은 물리적 행동과 이에 수반하는 슬픔 등의 감정을 구분하지 못함
1수준 (유아기)	내재적인 심리적 특성과 물리적 행동의 존재를 구분하나, 내재적 생각이나 감정이 외적 행동으로 직접 표출된다고 생각함. 말과 행동을 통해 자아를 관찰할 수 있다고 믿으며, 웃는 사람은 틀림없이 행복하다고 생각함
2수준 (아동 초기)	감정과 행동이 다를 수 있음을 이해함. 따라서 타인의 자아를 이해하는 것이 어렵다는 것을 인정함
3수준 (아동 후기)	자아를 안정적인 성격 특성으로 간주하며, 사람들은 자신의 내적 자아를 관찰하고 평가할 수 있다고 생각함
4수준 (청년기)	성격의 많은 부분이 무의식적 수준에 머물러 있으므로 자아는 완전히 이해할 수 없음을 인정함

출처: Selman(1980).

② 자아존중감 발달

유아기의 자아존중감은 나이 든 아동이나 성인의 것처럼 잘 규정되어 있지 않다. 취학 전 유아는 자신이 이상적으로 생각하고 희망하는 능력과 자신의 실제 능력을 구분하는 데 어려움이 있다. 따라서 유아기에는 어떤 일을 얼마나 잘할 수 있느냐고 질문을 하면 유아들은 보통 자신의 능력을 과대평가하는 경향이 있다. 높은 자아존중감으로 유아는 과제의 난이도를 과소평가하고 새로운 도전을 통해 기술을 학습하는 과정에서 주도성을 발달시킬 수 있다. 유아의 능력에 대한 신념은 부모의 인내심과 격려로 인해 지지되며, 따라서 부모는 유아가 가령 세발자전거를 타기 힘들어하거나 가위질을 잘 못하더라도 조금만 기다리면 잘할 것임을 믿고 지지하여야 한다. 그러나 만 4세경에 이르면, 어떤 유아는 어려운 퍼즐을 맞추거나 블록을 복잡하게 구성하는 것을 쉽게 포기하기도 한다. 이는 미리 그 과제를 할 수 없다고 생각했거나 이전에 실패하여 낙담한 경험이 있기 때문이다(Cain & Dweck, 1995). 이때 인내심이 없는 유아를 대상으로 과제를 실패할 경우 부모가 어떻게 반응하는지가 중요하다.

4~7세 유아의 자아존중감은 가변적이고 객관적인 판단보다는 자신에 대한 주관적인 기대가 평가에 작용하는 경향이 있다. 즉, 이 시기의 유아는 판단의 정확성이 낮고 대체로 자신을 긍정적으로 지각한다. 하터(Harter, 1988)에 의하면, 자아존중감이 비교적 안

정되게 긍정적으로 또는 부정적으로 표출되는 시기는 초등학교 3학년이 되는 약 8세 무렵이다. 아동기 중반에 접어들면서 아동의 자아존중감은 보다 안정되고 현실적으로 변해 간다(Berk, 2008).

초등학교의 초기 몇 년간, 자아존중감은 감소하는 경향을 보인다(Wigfield et al., 1997). 아동이 점차적으로 사회적인 비교를 하게 되면서, 객관적인 수행뿐만 아니라 타인의 의견에 일치하는 보다 실제적인 수준으로 자신의 자아존중감을 조정한다. 대부분의 아동은 사회적 비교를 위한 정보를 개인적 성취 목표에 맞춘다(Ruble & Flett, 1988). 아마도 이러한 이유 때문에 초기 학교생활에서 자아존중감의 하락은 반드시 나쁜 것만은 아니다. 그다음 4학년부터 자아존중감은 다시 상승하는데, 또래관계나 운동능력에 대해 특히 만족스러운 정서를 보고한 대다수의 아동은 자아존중감이 여전히 높게 나타났다(Twenge & Campbell, 2001). 한편, 중학교와 고등학교 진학 후, 몇몇 청소년은 자존감이 감소하는 것으로 나타난다. 새로운 학교에 입학하면, 새로운 교사와 또래 기대가 뒤따르게 되고, 행동과 성취에 대한 실제적인 평가에 일시적으로 자신감을 잃을 수 있다. 그 후에는 현실적인 수준을 찾아가게 된다.

표 6-3 자아존중감의 발달

연령	특성
1~2세	목표 달성에 대한 기쁨의 표현이 확연하게 나타남 성인의 평가에 대한 민감성이 나타남
3~5세	자아존중감이 특히 높음 몇 가지 분리된 자기평가(학문적 · 사회적 · 신체적 · 예술적 능력 등)를 구성함 성취와 관련된 귀인이 나타나지만, 분명하게 변별되지는 않음
6~10세	자아존중감이 위계적으로 조직화됨 분리적 자기평가가 총체적 자기상으로 통합됨 자아존중감은 사회적 비교로 인해 낮아졌다가 다시 상승하면서 현실적 수준을 찾아감
11세~성인기	성취 관련 귀인은 능력, 노력, 외적 요인으로 분화됨 자아존중감의 새로운 영역(우정, 애정적 매력, 직업능력 등)이 추가됨 성취 관련 귀인은 능력과 노력의 완전한 분화를 반영함

(2) 타인이해의 발달

① 마음이론 발달

2~3세 유아는 타인이 무엇을 원하는지, 타인의 감정이 어떠한지를 구별할 수 있다. 예를 들어, 유치원 교실에서 또래가 넘어졌을 때, "아프지?"라고 물어보는데, 이는 유아가 또래의 감정을 유추하여 언어적으로 질문한 것임을 알 수 있다. 3세 유아는 다른 사람들이 자신의 욕구나 바람에 따라 행동함을 이해할 수 있으나, 생각이나 신념, 믿음이 행동에 영향을 준다는 것을 확실히 이해하는 데 어려움을 느낀다. 3세의 경우, 특히 잘못된 믿음에 대한 이해가 어렵고 외양과 실제를 혼동하는 경향이 있다. 3~4세 사이의 유아는 자신과 타인의 사고와 믿음에 대해 언급할 때 '사고한다'와 '안다'와 같은 단어를 사용한다.

유아가 4~5세가 되면 잘못된 신념에 대한 사고능력이 나타난다. 즉, 사람이 생각한 내용이 실제로 보고 말하고 만지며 아는 것과 다를 수 있음을 이해한다(Wellman et al., 2001). 4세경부터 유아들은 믿음과 욕구가 행위를 결정한다는 보다 복잡 미묘한 관점인 믿음-욕구 마음이론을 표출하며, 이러한 내적 상태 간의 관련성을 이해한다(이영 외, 2012; Gopnik & Wellman, 1994; Ziv & Frye, 2003). 유아기에서 아동 중기에 이르기까지 타인의 믿음을 바꾸려는 노력이 증가하며 이는 아동이 행동에 영향을 미치는 믿음의 힘을 더욱 분명히 이해함을 반영한다. 이 시기의 유아는 사람의 마음속에 여러 가지 다른 생각이 존재하고 직접 보지 못하고도 생각할 수 있으며 사실과는 다른 잘못된 신념을 가지고 행동할 수 있음을 이해하게 된다. 즉, 보이는 것에 의존하는 것이 아니라, 믿음이 행위를 결정할 수 있음을 알고 믿음과 행위 간의 관련성을 이해한다(Berk, 2008).

한편, 최근 연구에서는 2~5세에 타인의 정신에 대한 지식이 폭발적으로 증가한다는 것이 보고되었다. 국내 연구(김영심, 이종희, 2003; 김진경, 2008)에서도 개인에 따라 2세 무렵에도 마음이론 과제를 잘 수행함이 나타났다. 즉, 마음이론 과제에 대한 수행능력은 2세경부터 나타나며 연령이 높아질수록 발달함을 알 수 있다. 따라서 부모나 교사는 유아기의 마음이론 발달을 인식하고 타인의 생각이나 감정을 추론해 볼 수 있는 기회를 적절히 제공함으로써 마음이론 발달을 지원할 수 있다.

② 조망수용 능력 발달

타인이해 발달 중 유아기에 발달이 시작되는 것은 조망수용 능력이다. 대표적인 이론은 셀먼(1980)의 역할수용이론으로, 그는 자기와 타인을 성숙하게 이해하는 데 기초가 되는 인지적 발달의 특정 영역이 있다고 생각했다. 셀먼은 아동에게 대인 간 딜레마에 대해 물어봄으로써 역할수용 발달을 연구했다. 다음의 연구는 딜레마를 사용한 예다. 셀먼은 딜레마에 대한 아동의 반응을 분석하여 사회적 역할수용 발달을 5단계로 나누어 제시하고 있다. 아동은 자신의 입장 이외에 다른 사람의 입장을 인지할 수 없는 존재(단계 0)에서 여러 입장을 마음속으로 생각하고 대개의 사람들이 채택하는 입장 각각을 비교해 볼 수 있는 복잡한 사회인지적 이론가로 발달해 간다. 전조작기 유아는 셀먼의 역할수용 1단계 또는 2단계 수준에 해당되는 반면에, 대부분의 구체적 조작기 아동은 3단계 또는 4단계 수준에, 그리고 형식적 조작기에는 4~5단계에 해당한다.

> ### 셀먼의 딜레마 및 전형적 반응 단계
>
> 홀리는 나무 오르기를 좋아하는 여덟 살 된 여자아이다. 홀리는 어느 날 큰 나무에 오르다가 떨어졌으나 다행히 다치지는 않았다. 홀리의 아빠는 그것을 보고 화가 나서 다시는 나무에 올라가지 말라고 엄하게 말씀하셨고 홀리는 다시는 나무에 오르지 않을 것을 약속했다. 그날 이후 홀리는 친구 숀을 만났는데, 숀은 자기 고양이가 나무에 올라가서 내려오지 않는다고 하였다. 즉시 숀을 쓰지 않으면 고양이는 떨어질 위험에 처한 상황이었다. 홀리는 나무에 올라가서 고양이를 내려 줄 수 있는 유일한 능력을 지닌 아동이지만, 아빠와 한 약속을 기억하고 주저하고 있었다.

출처: Shaffer(2008).

표 6-4　조망수용 능력 발달

단계	딜레마에 대한 전형적 반응
수준 0	홀리는 고양이가 다치는 것을 원하지 않기 때문에 고양이를 구해 줄 것이라 생각함. 홀리의 아버지도 홀리처럼 생각할 것이라고 말함
수준 1	홀리가 나무에 올라간 사실을 알았을 때 아버지의 반응에 대해, 고양이를 구하러 올라갔다는 것을 몰랐을 때는 화를 냈지만 그 사실을 알게 되면 마음을 바꿀 것이라고 대답함

수준 2	홀리는 자신이 왜 나무에 올라갔는지 아버지가 이해하실 것을 알기 때문에 야단맞지 않을 것이라고 대답함
수준 3	홀리는 고양이를 구하는 것이 중요하다고 생각했기 때문에 벌을 받아서는 안 된다고 대답함. 나무에 왜 올라갔는지 아버지를 이해시키면 벌을 받을 필요가 없다고 생각함
수준 4	동물 사랑에 대한 가치가 홀리의 행동을 정당화할 수 있음. 아버지가 이러한 가치를 중요하게 여긴다면 홀리를 벌하지 않을 것이라고 대답함

단계	연령	특징
수준 0: 미분화된 조망수용	3~6세	자신과 타인이 다른 생각, 감정을 가질 수 있다고 생각하나 이 둘을 자주 혼동함
수준 1: 사회정보적 조망수용	4~9세	사람들이 다른 정보에 접근할 수 있기 때문에 다른 관점을 가질 수 있음을 이해함
수준 2: 자기반영적 조망수용	7~12세	자신의 생각이나 감정, 행동을 타인의 입장에서 바라볼 수 있음
수준 3: 제3자적 조망수용	10~15세	자신과 상대방의 입장을 제3자의 공평한 입장에서 조망하고 어떻게 보이는지 사고할 수 있음
수준 4: 사회관습적 조망수용	14세~성인	제3자의 조망수용보다 큰 사회적 가치체계에 의해 영향을 받을 수 있음을 이해함

출처: Selman(1980).

❷ 자기 및 타인 이해 교육

1) 교육내용

(1) 자기이해 및 자기통제력 발달 도모

어린 유아는 자신의 행동 결과에 대한 고려 없이 자신의 요구나 충동에 따라 행동하는 경우가 많다. 상황적 요구에 맞게 자신의 행동을 스스로 조절하고 통제할 수 있는 능력은 사회화 과정에서 획득해야 할 중요한 발달 과업이다. 자기통제 능력이란 목표를 달성하기 위해 순간의 충동적인 욕구나 행동을 억제할 수 있는 능력을 말한다. 자기통제 능력은 유혹에 저항하는 능력, 만족을 지연하는 능력, 충동을 억제하는 능력으로 구성된다(권민균 외, 2012).

자기통제 능력의 하위능력 중 유혹에 저항하는 능력이란 유아가 바람직한 과업을 수행하기 위해 일시적인 즐거움을 주는 대상의 유혹을 뿌리칠 수 있는 능력을 의미한다. 이 능력은 3~4세경에 발달하기 시작하여 유아기와 아동기 동안 점차적으로 발달한다. 유혹에 저항하는 능력은 '장난감 금지 기법(forbidden toy technique)'으로 진단할 수 있는데, 유아에게 크레용으로 그림을 색칠하는 과제를 주면서, 그 옆에 장난감이 든 바구니를 함께 제공한다. 유아에게 '절대 만지지 말라'는 지시를 한 후 연구자는 나가고, 방에 설치되어 있는 일방 거울을 통해 유아의 행동을 관찰한다. 이 실험에서는 3세경부터 장난감을 갖고 놀고 싶은 유혹을 억제하는 능력이 나타나기 시작하였다(정옥분, 2013).

　둘째, 만족을 지연하는 능력은 보다 큰 보상을 얻기 위해 순간의 즐거움을 주는 욕구를 억제하거나 자신이 원하는 행동을 지연시키는 능력이다. 미셸(Mischel, 1974)의 전형적인 만족지연 실험에서 연구자는 우선 유아에게 마시멜로나 크래커 중 좋아하는 것을 하나만 선택하라고 하였다. 유아가 선택을 한 후, 연구자는 잠시 나갔다가 오겠다고 하면서 그때까지 기다리면 더 좋아하는 과자를 먹을 수 있다고 하였다. 그러나 참지 못하고 벨을 눌러 실험자를 부르면 덜 좋아하는 과자를 먹어야 한다고 알려 주었다. 이때 벨을 누르기까지 기다린 시간을 통해 유아의 만족지연 능력을 알아볼 수 있다. 실험 결과, 3~5세 유아는 보다 큰 만족을 위해 즉각적인 욕구를 억제하기 힘든 것으로 나타났다. 즉, 1~2분 후에 참지 못하고 벨을 눌러 신호를 보내 덜 좋아하는 과자를 받았다.

　셋째, 충동을 억제하는 능력은 성급한 감정이나 정서, 행동, 판단, 선택 등을 자제하고 통제하는 능력이다. 충동억제 능력은 다른 자기통제 능력과 마찬가지로 유아기부터 발달하기 시작하여 아동기 동안 크게 증가한다. 매코비(Maccoby, 1980)는 유아기 및 아동기에 발달하는 충동억제 능력을 행동억제, 정서억제, 결론억제, 선택억제의 네 가지 형태로 설명하고 있다. 행동억제 능력은 진행 중인 행동을 중단하는 것을 의미하는데, 어린 아동은 '사이먼 가라사대' 놀이에서 '코를 잡아라' 하는 지시에 따르는 것보다 '코를 잡지 말아라' 하는 지시에 따르는 것에서 더 많은 오류를 나타냈다. 정서억제 능력은 자신의 감정과 정서의 강도를 통제하는 능력으로 전 생애에 걸쳐 발달하는 중요한 자기통제 능력이다. 결론억제 능력은 충동적인 판단을 삼가고 신중하게 숙고하는 능력으로 만 6세까지는 높은 수준을 기대하기 어렵다. 결론억제 능력은 인지적인 사고나 판단을 요구하므로 다른 능력에 비해 늦게 발현된다. 선택억제 능력은 보상의 크기가 작은 단기보상을 포기하고, 시간을 기다려야 하지만 보다 큰 만족을 제공할 장기 보상을 선택하는 능력이다. 이는 만족지연 능력과 밀접한 관계가 있으며(송명자, 2008), 다소 늦게 발달한다. 예를 들어, 유아에게 지금 바로 작은 장난감을 사는 것과 내일 더 큰 장난감을 사는 것 중 하나를 택하게 하면 대부분 당장 작은 장난감을 사려고 하는 경향이 있다.

자기통제 능력의 신호는 일찍부터 나타나기 시작하는데, 1~2세 영아도 타인의 지시나 요구에 순종할 수 있다. 이는 영아의 내적 통제라기보다는 외적 통제에 대한 반응이다. 4세경에는 타인의 지시를 내면화하게 되는데, 외적 통제에서 내적 통제로 발달하게 된다. 이러한 자율적 통제능력은 아동기 후기까지 지속적으로 발달한다. 유아기에는 자기이해와 더불어, 자기통제 능력을 향상시킬 수 있는 놀이활동 및 교육내용이 제공되어야 한다.

(2) 마음이론 발달 도모

마음의 이해는 사고를 반영하는 능력을 요구하며, 이는 언어에 의해 가능하다. 틀린 믿음에 대한 이해는 적어도 평균 4세경에 해당하는 언어능력과 관련이 있다(Jenkins & Astington, 2000). 정신 상태에 대한 단어를 포함한 복잡한 문장을 무의식적으로 사용하거나 사용하도록 훈련된 유아는 틀린 믿음 과제를 보다 잘 통과하였다(de Villiers & de Villiers, 2000; Hale & Tager-Flusberg, 2003). 페루 산악 지방의 케추아 마을 사람들의 언어에는 정신 상태에 대한 용어가 부족하기 때문에 성인들이 '생각한다'와 '믿는다'와 같은 정신 상태를 간접적으로 언급한다. 케추아족 아동들은 산업화된 나라에서 이를 터득한 후에도 몇 년 동안 틀린 믿음 과제를 어려워한다.

또한 부적절한 반응을 억제하고 융통성 있게 사고하며 계획하는 능력은 유아기 동안에 서서히 향상될 뿐만 아니라 틀린 믿음 과제에 대한 수행능력을 예측한다(Carlon & Moses, & Claxton, 2004). 언어능력과 같이, 이러한 인지능력은 아동의 경험과 정신 상태를 반영하는 유아의 사회인지 능력을 향상시킨다. 인지적 억제의 획득은 틀린 믿음에 대한 이해에 특히 기여하는 것으로 나타났다. 이는 아마도 틀린 믿음 과제를 잘 수행하기 위해서 유아는 부적절한 반응을 억제해야만 하기 때문이다(김진경, 2008; Birch & Bloom, 2003; Carlson, Moses, & Claxton, 2004). 즉, 유아의 마음이론을 향상시키기 위해서는 정상적인 언어 및 인지 발달을 도모할 필요가 있다.

또한 마음이론이 유아의 사회극놀이를 촉진하는데, 가작화는 마음에 대한 사고에 풍부한 맥락을 제공해 준다. 유아는 역할을 수행할 때 종종 실제 세계에서 맞지 않는 상황임을 알면서도 그러한 상황을 만들어 내고 예상되는 결과를 추론한다(Harris & Leevers, 2000). 이러한 경험이 행동에 영향을 미치는 신념에 대한 유아의 인식을 증가시킨다. 이러한 견해와 마찬가지로, 대규모 환상극놀이에 빠진 취학 전 유아는 틀린 믿음과 마음의 다른 측면에 대한 이해에 있어서 또래들보다 더 많이 앞서 있다. 또한 3~4세 유아가 사건에 대한 현실 세계의 상태가 모순되는 상황을 더 잘 판단할수록, 이들은 틀린 믿음 과제를 잘 통과하는 것으로 나타났다(Riggs & Peterson, 2000). 즉, 다양한 유형의 가장놀이나 사회극놀이를 격려하는 것은 유아의 마음이론 발달을 도모할 수 있다.

2) 교사의 역할

교사는 유아의 자아존중감 발달에 중요한 영향을 미친다. 교사는 유아가 행동을 배우는 데 있어서 모델이 되며, 유아로 하여금 자신의 행동이 타인에게 어떤 영향을 미치는지 알게 하는 피드백 제공자다. 영아기에 부모 양육의 일관성과 민감성은 건강한 자아 형성에 결정적인 영향을 미치는 반면, 유아기에는 부모 못지않게 교사의 태도도 유아의 자아개념에 중요한 영향을 미친다. 유아기와 아동기에 부모가 온정적·지지적이고 민주적인 양육태도를 보이며, 일관되고 분명한 기준을 세우고 자녀의 의견을 존중하고 수용할수록 자녀의 자아존중감은 긍정적으로 형성된다. 교사 또한 애정적이며 일관성 있는 태도로 유아들을 지도하면, 유아 자신이 연속성과 동일성, 안정성을 경험하도록 기여한다. 교사가 지나치게 통제적이고 강압적으로 지도한다면, 유아는 자신이 부적절하다는 느낌을 받게 되고, 이러한 태도는 건강한 자아개념, 자아존중감, 자기통제 능력의 발달을 저해한다(Kernis, 2002; Pomerantz & Eaton, 2000).

또한 교사가 성숙한 행동에 대한 합리적 기대를 제공하는 경우, 유아는 자신에 대해 특히 좋은 감정을 갖는다(Feiring & Taska, 1996). 따뜻한 대화 가운데 확고하면서도 적절한 기대감을 제공하면, 유아는 스스로 자신의 일과를 선택하고 자신에 대한 현실적인 기준을 세워 가게 된다.

자아존중감 발달에 영향을 미치는 중요한 요인은 사회적 비교다. 자신의 능력에 대한 평가는 자아존중감을 형성하는 중요 요인인데, 유아는 5~6세부터 또래와 비교하여 자

| 표 6-5 | 자아존중감을 향상시키는 방안 |

제안	설명
긍정적 관계 형성하기	유아의 행동을 판단하지 말고 수용하며 유아 스스로 생각과 감정을 자유롭게 표현하도록 격려한다. 유아와 온전히 함께하는 시간을 만들고 싶다는 것을 알려 준다.
성공을 경험하게 하기	유아의 현재 능력을 파악하고 이에 대한 기대수준을 적절히 수정한다. 유아가 수행한 과업의 긍정적인 면을 강조하고 유아의 노력과 특정한 행동을 언급해서 구체적으로 칭찬한다.
선택하는 자유 제공하기	유아 스스로 선택할 수 있는 여러 가지의 기회를 제공함으로써 책임감과 통제감을 느끼게 한다. 유아가 혼자 결정할 수 없는 경우, 언제 또는 어떤 순서로 과제를 수행할 것인지 함께 선택하면서 도울 수 있다.
감정을 인정하기	유아의 강렬한 감정을 수용하고 이를 조절하며 건설적인 방법으로 표현하는 방법을 가르친다. 유아의 부정적 정서를 억제하기보다는, 수용하고 공감함으로써 지지받고 있다는 느낌이 들게 한다.

출처: Berk(2001).

신을 평가하기 시작한다. 유아는 여러 영역에서 또래보다 자신이 우월한지, 열등한지를 알기 위해서 사회적 비교를 하며 자신과 또래 간의 차이를 인식한다. 이 무렵부터 유아들은 능력뿐 아니라 옷차림, 소유물, 가정 배경, 또래로부터의 수용도 등 여러 측면에서 다른 유아와 자신을 끊임없이 비교한다. 이런 종류의 비교는 연령이 증가하면서 더욱 정교화되고 자아존중감 형성에 결정적인 영향을 미친다. 타인에 대해 우월감을 느끼는 아동은 자신의 오만한 자아상에 대한 도전에 강력하게 대항하는 경향이 있으며, 비열함과 공격성을 포함한 적응 문제를 지니고 있다(Hughes, Cavell, & Grossman, 1997).

귀인은 행동의 원인에 대한 일반적인 설명이다. 자신과 타인의 행동에 대한 원인은 두 가지 명백한 범주—외적이고 환경적 원인과 내적이고 심리적인 원인—로 구분된다. 성취 동기에서의 차이는 어떤 유아가 영리한 유아들보다 지능은 떨어지지만 인지적 성취가 더 좋은지를 설명해 준다. 다른 유아들은 쉽게 포기하는 반면 어떤 유아는 성공에 대한 장애물에 직면했을 때 주도력을 나타내며 능력 있는 학습자가 되는데, 이는 성취 관련 귀인과 관련지어 설명할 수 있다.

2세 말경, 유아는 자신의 성취에 대한 평가를 위해 성인에게 의지한다(Stipek, Recchia, & McClintic, 1992). 그리고 3세경, 자신의 성공과 실패에 대한 귀인을 형성하기 시작한다. 이러한 귀인은 미래에 기꺼이 열심히 노력할 자신의 의향을 좌우하는 성공 기대에 영향을 미친다. 취학 전 유아는 성인의 평가를 즉시 내면화하는데, '훌륭하다' '잘했다' 라는 피드백을 받았던 유아는 긍정적인 자아존중감을 형성한다. 반면, '무가치하다' '못했다' '실패했다' 라는 부정적인 피드백을 지속적으로 받은 유아는 낮은 자아존중감을 갖게 되고 도전적 과제에 쉽게 포기하거나 실패하였다. 이는 자아존중감이 내적 기준이 아닌 완전히 타인의 판단에 좌우됨을 보여 준다.

또한 유아기는 자신의 능력을 매우 높게 평가하고, 종종 과제 난이도를 과소평가하며 성공에 대한 긍정적 기대를 지니는 '낙관적 학습자(learning optimists)' 라고 할 수 있다. 유아는 두 사람 중 한 사람이 과제에 서투른 상황에 대해 반응하도록 요구받을 때, 만약 낮은 점수를 가진 사람이 노력한다면 성공할 수 있을 것이라고 응답한다(Schuster, Ruble, & Weinert, 1998). 유아기 초기에는 인지적으로 자신의 성공과 실패의 정확한 원인을 구별하기 어렵다. 그러나 빈번한 평가 피드백과 인지 발달로 인해, 유아기 후반에는 점차 자신의 성취를 설명하는 데 있어서 능력, 노력 및 외적인 요인을 구별할 수 있게 된다. 성취 동기가 높은 유아는 성공을 능력에 두는 숙달 지향적 귀인을 지니는데, 불충분한 노력이나 어려운 과제와 같이 변화되거나 통제할 수 있는 요인을 실패의 원인으로 간주하는 경향이 있다. 반면, 학습된 무기력을 발달시킨 유아는 실패의 원인을 자신의 능력에 둔다. 성공했을 경우에도 운과 같은 외적 사건에 원인이 있다고 보며 열심히 노력해서 능력이 향상될 것이라고 생각하지 않는다(Cain & Dweck, 1995). 만일 과제가 어려운 경우에 이러한 유아는 통제력 상실을 경험하고 불안해하며 실제로 노력하기도 전에 "나는 못해." "나는 못할 거야." 라고 말하며 포기해 버린다. 따라서 교사는 유아가 무기력을 학습하지 않고, 자신의 능력에 자신감을 가질 수 있도록 지도해야 한다.

참고문헌

곽노의, 김경철, 김유미, 박대근(2007). 영유아발달. 경기: 양서원.

권민균, 문혁준, 권희경, 성미영, 신유림, 안선희, 안효진, 이경옥, 천희영, 한유미, 한유진, 황혜
    진(2012). 아동발달. 서울: 창지사.

김영심, 이종희(2003). 영·유아의 마음 이론 발달에 관한 연구. 미래유아교육학회지, 10(3), 197-224.

김진경, 이순형(2014). 유아발달. 서울: 한국방송통신대학교출판부.

송명자(2008). 발달심리학. 서울: 학지사.

이영, 이정희, 김은기, 이미란, 조성연, 이정림, 유영미, 이재선, 신혜원, 나종혜, 김수연, 정지나
    (2012). 영유아발달. 서울: 학지사.

이종숙, 이옥, 신은수, 안선희, 이경옥 역(2014). 아동발달(제9판) [*Child development* (9th ed.)].
    Berk L. E. 저. 서울: 시그마프레스. (원저는 2005년에 출판).

정옥분(2013). 아동발달의 이해(개정판). 서울: 학지사.

Astington, J. W., Pelletier, J., & Homer, B. (2002). Theory of mind and epistemological
    development: The relation between children's second-order false belief understanding
    and their ability to reason about evidence. *New Ideas in Psychology, 20*, 131-144.

Bartsch, K., & Wellman, H. M. (1995). *Children talk about the mind.* New York: Oxford
    University Press.

Berk, L. E. (2001). *Development through the lifespan* (2nd ed.). Boston: Allyn & Bacon.

Berk, L. E. (2008). *Child development* (8th ed.). Boston: Pearson Education, Limited.

Brooks-Gunn, J., & Lewis, M. (1981). Assessing young handicapped children: Issues and
    solutions. *Journal of the Division for Early Childhood*, 89-95.

Brownell, C. A., & Carriger, M. S. (1990). Changes in cooperation and self-other differentiation
    during the second year. *Child Development, 61*, 1164-1174.

Burhans, K. K., & Dweck, C. S. (1995). Helplessness in early childhood: The role of contingent
    worth. *Child Development, 66*, 1719-1738.

Cain, K. M., & Dweck, C. S. (1995). The relation between motivational patterns and
    achievement cognitions through the elementary school years. *Merrill-Palmer
    Quarterly, 41*, 25-52.

Carlson, S. M., Moses, L. J., & Claxton, S. J. (2004). Individual differences in executive
    functioning and theory of mind: An investigation of inhibitory control and planning
    ability. *Journal of Experimental Child Psychology, 87*, 299-319.

de Villiers, J. G., & de Villiers, P. A. (2000). Linguistic determinism and the understanding of
    false beliefs. In P. Mitchell & K. J. Riggs (Eds.), *Children's reasoning and the mind*

(pp. 87–99). Hove, UK: Psychology Press.

Eder, R. A., & Mangelsdorf, S. C. (1997). The emotional basis of early personality development: Implications for the emergent self-concept. In R. Hogan, J. Johnson, & S. Briggs (Eds.), *Handbook of personality psychology* (pp. 209–240). San Diego, CA: Academic Press.

Feiring, C., & Taska, L. S. (1996). Family self-concept: Ideas on its meaning. In B. Bracken (Ed.), *Handbook of self-concept* (pp. 317–373). New York: Wiley.

Freedman-Doan, C., & Blumenfeld, P. C. (1997). Changes in children's competence beliefs and subjective task values across the elementary school years: A three-year study. *Journal of Educational Psychology, 89,* 451–469.

Gopnik, A., & Wellman, H. M. (1994). The 'theory' theory. In L. A. Hirschfeld & S. A. Gelman (Eds.), *Mapping the mind: Domain specificity in cognition and culture* (pp. 257–293). Cambridge, UK: Cambridge University Press.

Hale, C. M., & Tager-Flusberg, H. (2003). The influence of language on theory of mind: A training study. *Developmental Science, 6,* 346–359.

Harris, P. L., & Leevers, H. J. (2000). Reasoning from false premises. In P. Mitchell & K. J. Riggs (Eds.), *Children's reasoning and the mind* (pp. 67–99). Hove, UK: Psychology Press. Boston: Allyn and Bacon.

Harter, S. (2003). The development of self-representations during childhood and adolescence. In M. R. Leary & J. P. Tangney (Eds.), *Handbook of self and identity* (pp. 610–642). New York: Guilford.

Hughes, J. N., Cavell, T. A., & Grossman, P. B. (1997). A positive view of self: Risk or protection for aggressive children? *Development and Psychopathology, 9,* 75–94.

Hymel, S., LeMare, L., Ditner, E., & Woody, E. Z. (1999). Assessing self-concept in children: Variations across self-concept domains. *Merrill-Palmer Quarterly, 45,* 602–623.

Jenkins, J. M., & Astington, J. W. (2000). Theory of mind and social behavior: Causal models tested in a longitudinal study. *Merrill-Palmer Quarterly, 46,* 203–220.

Kernis, M. H. (2002). Self-esteem as a multifaceted construct. In T. M. Brinthaupt & R. P. Lipka (Eds.), *Understanding early adolescent self and identity* (pp. 57–88). Albany, NY: State University of New York Press.

Lewis, M., & Broods-Gunn, J. (1979). *Social cognition and the acquistion of self.* New York: Plenum.

Maccoby, E. E. (1980). *Social development.* San Diego, CA: Hearcourt Brace Jovan ovich.

Marsh, H. W., Ellis, L. A., & Craven, R. G. (2002). How do preschool children feel about themselves? Unraveling measurement and multidimensional self-concept structure. *Developmental Psychology, 38,* 376–393.

Mischel, W. (1974). Processes in the delay of gratification. In L. Berkowitz (Ed.), *Advances in experimental social psychology* (vol. 7). New York: Academic.

Pomerantz, E. M., & Eaton, M. M. (2000). Developmental differences in children's conceptions of parental control: "They love me, but they make me feel incompetent." *Merrill-Palmer Quarterly, 46,* 140-167.

Riggs, K. J., & Peterson, D. M. (2000). Counterfactual thinking in preschool children: Mental state and causal inferences. In P. Mitchell & K. J. Riggs (Eds.), *Children's reasoning and the mind* (pp. 87-99). Hove, UK: Psychology Press.

Rovee-Collier, C. K. (1995). Time windows in cognitive development. *Developmental Psychology, 31,* 147-169.

Rovee-Collier, C. K., & Bhatt, R. S. (1993). Evidence of long-term memory in infancy. *Annals of Child Development, 9,* 1-45.

Ruble, D. N., & Flett, G. L. (1988). Conflicting goals in self-evaluative information seeking: Developmental and ability level analyses. *Child Development, 59,* 97-106.

Santrock, J. W. (2003). *Children* (7th ed.). NJ: McGrow-Hill.

Schuster, B., Ruble, D. N., & Weinert, F. E. (1998). Causal inferences and the positivity bias in children: The role of the covariation principle. *Child Development, 69,* 1577-1596.

Selman, R. L. (1980). *The growth of interpersonal understanding.* New York: Academic Press.

Shaffer, D. R. (2008). *Social and personality development* (6th ed.). Cengage Learning.

Stipek, D. J., Recchia, S., & McClintic, S. (1992). Self-evaluation in young children. *Monographs of the Society for Research in Child Development, 57*(1, Serial No. 226).

Templeton, L. M., & Wilcox, S. A. (2000). A tale of two representations: The misinformation effect and children's developing theory of mind. *Child Development, 71,* 402-416.

Tomasello, M., & Rakoczy, H. (2003). What makes human cognition unique? From individual to shared to collective intentionality. *Mind and Language, 18,* 121-147.

Twenge, J. M., & Campbell, W. K. (2001). Age and birth cohort differences in self-esteem: A cross-temporal metaanalysis. *Personality and Social Psychology Review, 5,* 321-344.

Van den Bergh, B. R. H., & De Rycke, L. (2003). Measuring the multidimensional self-concept and global selfworth of 6-to 8-year-olds. *Journal of Genetic Psychology, 164,* 201-225.

Wellman, H. M., Cross, D., & Watson, J. (2001). Meta-analysis of theory-of mind development: The truth about false belief. *Child Development, 72,* 655-684.

Wigfield, A., Eccles, J. S., Yoon, K. S., Harold, R. D., Arbreton, A. J., Freedman-Doan, C., & Blumenfeld, P. C. (1997). Changes in children's competence beliefs and subjective task values across the elementary school years: A three-year study. *Journal of Educational Psychology, 89,* 451-469.

Ziv, M., & Frye, D. (2003). The relation between desire and false belief in children's theory of mind: No satisfaction? *Developmental Psychology, 39,* 859-876.

Early Childhood Social Education

제7장

이타성과 친사회적 행동

1. 이타성과 친사회적 행동의 이해

2. 이타성과 친사회성 교육

사람이 다른 사람과 원만한 관계를 유지하며 살아가기 위해서는 다른 사람을 도와주거나 다른 사람에게 이익을 주고자 하는 행동, 즉 이타성 또는 친사회적 행동이 필요하다. 도와주기, 나누기, 협동하기, 격려하기 등의 친사회적 행동은 사회적 유능성의 중요한 요소로 사회적·정서적·학업적인 면 등에서 아동의 발달에 긍정적인 영향을 미친다.

이 장에서는 아동의 사회성 발달의 중요 요소인 이타성 및 친사회적 행동의 발달과 아동의 친사회적 행동을 증진시킬 수 있는 교육적 방안에 대해 살펴볼 것이다. 이를 위해 이타성과 친사회적 행동의 개념과 발달에 대해 살펴봄으로써 이타성과 친사회적 행동의 발달에 대해 이해하고, 아동의 친사회적 행동을 증진시키기 위해 교사는 어떠한 교육내용을 바탕으로 아동을 지도해야 하는지 구체적으로 살펴볼 것이다.

1 이타성과 친사회적 행동의 이해

1) 이타성과 친사회적 행동의 개념

친사회적 행동은 타인을 이롭게 하기 위해 의도된 자발적인 행동을 의미한다(Eisenberg & Fabes, 1998). 즉, 친사회적 행동은 자신이 가진 것을 다른 사람과 공유하고, 어려움에 처한 사람을 위로하거나 구해 주고, 다른 사람과 협력하거나 목적을 달성하도록 돕고, 다른 사람의 외모나 성취에 대해 칭찬함으로써 기분 좋게 만드는 것 등과 같이 다른 사람들을 이롭게 하는 행동이다(Shaffer, 2005). 예를 들어, 유아들이 또래와의 관계 속에서 다른 유아와 놀잇감을 함께 나누어 가지고 놀고, 친구에게 관심을 가지고 친근하게 대하고, 친구가 부탁한 것을 들어주고 도와주는 행동들이 친사회적 행동에 해당된다.

친사회적 행동이 타인을 이롭게 하려는 자발적인 행동을 의미하는 포괄적인 개념이라면, 이타성은 동기와 의도가 보다 특정화된 개념이라고 볼 수 있다. 이타성에 대한 일반적인 정의에 따르면, 이타성은 타인을 이롭게 하기 위해 의도된 자발적 행동 중 내적으로 동기화된 행동을 의미한다. 즉, 구체적이거나 사회적 보상을 기대하거나 벌을 피하기 위해서가 아닌 타인에 대한 걱정과 같은 내적 동기들이나, 내재화된 가치, 목적, 자기 보상 등에 의해 동기화된 행동들을 의미하는 것이다(Eisenberg & Mussen, 1989). 같은 친사회적 행동이라 할지라도 그 동기가 자신의 친사회적 행동으로 인하여 자신에게 돌아올 어떤 보상도 기대하지 않고 오로지 다른 사람을 이롭게 할 경우에만 이타적 행동으로 간주한다(정옥분, 2006). 이타성은 내재화된 동기와 가치를 강조하기 때문에 특히 도덕성의 발달과 관련된다. 그러나 이타적으로 동기화된 행동들과 그렇지 않은 행동들을 구분하기 힘들기 때문에 보다 광범위한 영역의 친사회적 행동에 초점을 둘 필요가 있으며(Eisenberg & Fabes, 1998), 최근 대부분의 연구에서는 행동의 동기가 무엇이든지 간에 결과적으로 타인을 이롭게 하는 행동을 친사회적 행동이라고 정의하고 있다(윤혜경, 민하영, 2003).

종합해 보면, 친사회적 행동은 동기가 무엇이든 간에 타인을 이롭게 하기 위해 의도된 자발적인 행동에 대한 포괄적인 개념으로 볼 수 있으며, 이타성 또는 이타적 행동은 타인을 이롭게 하기 위해 의도된 자발적인 행동 중 가장 비이기적이며 도덕적인 동기와 목적을 지닌 행동으로 정의할 수 있다. 그러나 위에서 언급하였듯이, 타인을 이롭게 하기 위해 행한 행동의 동기가 진정 무엇인지는 실제로 파악하기 어렵기 때문에 이타성과 친사회적 행동은 비슷한 개념으로 사용될 수 있다. 따라서 이 장에서는 동기가 무엇이든 다른 사람을 이롭게 하는 행동으로서 친사회적 행동에 초점을 두고 살펴보고자 한다.

생각해 봅시다

다음의 행동들이 친사회적 행동의 예라는 것에는 동의할 것입니다. 그렇다면 이 행동들은 이타적이라고 생각하나요?

1. 백만장자인 S. 존은 에이즈 연구에 5만 달러를 기부했다.
2. W. 오델은 노상강도를 당하고 있는 젊은 여성을 돕다가 칼에 찔려 죽었다.
3. K. 후안은 헌혈을 하고, 헌혈의 대가로 15달러를 받았다.
4. P. 샘은 친구 짐이 창고에 페인트칠하는 것을 도움으로써 이전에 받은 호의를 되갚았다.

출처: Shaffer(2005).

2) 이타성과 친사회적 행동의 발달

(1) 이타성과 친사회적 행동 발달의 이론

친사회적 행동은 어떻게 발달하는가? 유전적으로 타고난 것인가 또는 학습되는 것인가? 진화 이론가들은 친사회적 행동이 유전적으로 타고난 것으로 보는 반면, 정신분석 이론가와 사회학습 이론가들은 친사회적 행동이 경험을 통해 습득된다고 본다. 그리고 인지발달 이론가들은 경험과 지적 발달 수준의 중요성을 강조한다. 친사회적 행동 발달에 대한 생물학적 이론, 정신분석이론, 사회학습이론, 인지발달이론의 입장을 구체적으로 살펴보면 다음과 같다.

① 생물학적 이론

생물학적 이론에서는 인간의 친사회적 관심이 종의 생존에 도움이 되는 선적응적이고 유전적으로 프로그램된 속성, 즉 인간 본성의 기본적 요소라고 믿는다. 1965년에 도널드 캠벨(Donald Campbell)은 이타성이 부분적으로 본능적이며, 인간 본성의 기본적 요소라고 주장했다. 그의 주장에 따르면 동물이든 인간이든 개체는 협력적인 사회적 단위로 함께 살 때 적들로부터 보호를 받고 자신의 기본적 욕구를 만족시킬 가능성이 높다고 가정할 수 있으며, 만약 그렇다면 협력적이고 이타적인 개인은 생존하고, 자손에게 '이타적 유전자'를 전달할 가능성이 가장 높을 것이다. 즉, 수천 년에 걸친 진화과정은 타고난 친사회적 동기의 발달을 선호할 것이다(Shaffer, 2005). 인간의 친사회적 성향의 진화에 대해 호프먼(Hoffman, 1981)은 감정이입 능력, 즉 타인의 정서에 의해 각성되거나 간접적으로 경험하는 경향성은 이타적 관심의 생물학적 기질(substrate)이라고 제안하였다. 실제 감정이입 능력은 유전적으로 영향을 받는 속성으로, 일란성 쌍생아의 경우 이란성 쌍생아에 비해 감정이입적 관심에 대해 더 많은 유사성을 보이는 것으로 나타났다(Zahn-Waxler, Robinson, & Emde, 1992).

이와 같이 생물학적 이론에서는 친사회적 행동이 타고난 인간 본성의 속성임을 강조하는데, 친사회적 행동에 영향을 미치는 경험과 환경적 요인의 영향력 역시 간과할 수는 없을 것이다.

② 정신분석이론

프로이트(Freud)의 정신분석이론에서는 아동이 자신의 만족을 위한 선천적이고 성적·공격적인 충동을 가지고 태어난다고 본다. 이후 아동들이 자신의 적대적이고 성적인 충동들과 부모의 적대감이나 사랑의 상실에 대한 두려움 사이에서 갈등을 해결하기 위해 4~6세 사이에 양심과 초자아가 발달한다. 초자아는 아동들이 부모의 행동이나 가치를 내면화하면서 동일시하는 과정에서 나타나는 결과물이다. 초자아가 발달하게 되면 아동들은 친사회적 행동과 관련된 가치를 따르지 않았을 때 느끼는 양심적인 죄책감 때문에 친사회적으로 행동하게 된다(Eisenberg & Fabes, 1998). 이타적 원리가 내면화되고 자아상의 일부가 되면 아동은 어려움에 처한 사람을 도우려는 노력을 하게 된다. 즉, 그렇게 하지 않았을 때 받게 될 양심의 가책 때문에 아동은 친사회적 행동을 하게 되는 것이다(정옥분, 2006).

③ 사회학습이론

사회학습이론에 따르면, 인간의 친사회적 행동은 보상이나 이득에 의해 자극된다(Shaffer, 2005). 어떤 행동을 한 후 부모나 타인으로부터 보상을 받게 되면 친사회적 행동을 하게 되고, 처벌을 받게 되면 하지 않는다는 것이다. 그러나 조건화와 외적 자극을 강조했던 초기 행동주의자와 달리, 사회학습 이론가들은 인간의 내적인 인지적 과정을 중요시했기 때문에 도덕적 기준과 같은 내적 반응도 친사회적 행동에서 중요한 역할을 한다고 보았다(정옥분, 2006; Eisenberg & Fabes, 1998). 즉, 아동은 외적인 보상이 아니더라도 자신의 내적 기준(죄책감, 자기만족 등)에 의해 친사회적 행동을 할 수 있다.

아동의 친사회적 행동은 몇 가지 방식에 의해 발달될 수 있는데, 감정이입적 반응 줄이기, 친사회적 행위 강화하기, 관찰학습의 세 가지 방식을 제시할 수 있다(Shaffer, 2005). 먼저, 고통받는 타인에게 감정이입을 하고 타인의 고통을 대리적으로 경험하는 사람은 타인을 돕거나 위로했을 때 그 사람의 고통을 덜어 줄 수 있을 뿐 아니라 자신의 스트레스도 줄일 수 있음을 학습할 수 있을 것이다. 따라서 다른 사람을 돕는 친사회적 행동을 통해 자신의 기분이 좋아지고 감정이입에 따른 자신의 고통을 줄이는 것으로 강화될 때 친사회적 행동이 증가할 수 있을 것이다. 또한 아동의 친사회적 행동은 부모나 교사의 강화를 통해 발달할 수 있다. 부모와 교사가 친사회적 행동의 중요성을 자주 이야기하고, 아동이 친사회적 행동을 했을 때 칭찬한다면 아동의 친사회적 행동은 강화될 수 있을 것이다. 마지막으로, 아동의 친사회적 행동은 타인의 행동에 대한 관찰을 통해 학습될 수 있다. 아동이 타인의 친사회적 행동을 관찰하고 이를 모방하여 행동하는 경우 아동의 친사회적 행동은 증진될 것이다.

④ 인지발달이론

인지발달 이론가들과 사회정보처리 이론가들은 협동, 공유, 위로, 돕기 등의 친사회적 반응들이 아동기를 거치는 동안 분명히 증가할 것이라고 가정한다(Chapman, Zahn-Waxler, Cooperman, & Iannotti, 1987; Eisenberg, Lennon, & Roth, 1983; Kohlberg, 1969). 아동은 지적으로 발달하면서, 친사회적 문제의 추론과 타인의 이익을 위해 행동하는 동기에 영향을 미칠 수 있는 중요한 인지적 기술들을 습득하게 된다(Shaffer, 2005).

인지발달 이론가들은 친사회적 발달이 네 단계를 거쳐 이루어진다고 보았다. 첫 번째 단계는 2세경에 시작되는데, 걸음마기 아동이 타인의 고통을 예측하여 반응하기 시작하고 또래에게 감정이입을 하여 기쁘게 해 주려고 노력하는 시기다. 두 번째 단계는 피아제(Piaget)의 전조작 단계(3~6세)와 일치한다. 이 시기의 유아에게는 자아중심적이고 친사회적 문제에 대한 생각과 행동이 자주 이기적이고 쾌락적으로 나타난다. 즉, 이 시기 유아들은 친사회적 행동의 보상을 기대할 수 있을 때 친사회적 행동을 한다는 것이다. 세 번째 단계는 피아제의 구체적 조작 단계로 아동 중기와 전청소년기의 시기다. 이 시기 아동은 이전보다 덜 자아중심적이 되고, 중요한 역할수용 기술을 습득하고, 타인의 합법적 요구에 맞추어 친사회적 행동을 정당화할 수 있게 된다. 이와 같은 인지적 발달을 바탕으로 아동은 다른 사람을 기쁘게 하기 위해 친사회적 행동을 할 수 있게 된다. 네 번째 형식적 조작 단계의 청소년들은 추상적인 친사회적 규준의 의미를 이해하고 이를 적절하게 평가하기 시작한다. 이러한 과정은 친사회적 행동을 촉진시킬 수 있다(Chapman et al., 1987; Eisenberg et al., 1983).

(2) 이타성과 친사회적 행동의 발달

이타성과 친사회적 행동은 아동기부터 발달하여 이후 학습과 연습을 통해 성인기까지 이어진다(Eisenberg, 2003). 나이가 많은 아동들이 보다 더 광범위한 친사회적 행동을 보이지만, 어린 유아들도 다양한 친사회적 반응을 보일 수 있다(Eisenberg, Fabes, & Spinard, 2006). 실제 12~18개월 영아도 때때로 또래에게 장난감을 주며(Hay, Caplan, Castle, & Stimson, 1991), 20~23개월의 걸음마기 아동은 고통을 경험하고 있는 사람들에게 관심을 보이고, 또래를 위로하기 위해 스스로 무언가를 하려는 행동을 보인다(Zahn-Waxler, Radke-Yarrow, Wagner, & Chapman, 1992). 이와 같이 2~3세의 어린 아동이 또래에게 동정심이나 연민을 보인다 할지라도, 이 시기의 아동들은 소중히 여기는 장난감을 공유하는 것과 같은 진정한 자기희생적 반응을 하는 것에는 크게 관심이 없다. 전반적으로 타인을 위한 자발적인 자기희생 행동들은 상대적으로 걸음마기 아동이나 어린 학령전기 아동들 사이에서 덜 일어난다(Eisenberg & Fabes, 1998). 즉, 어린 영아와 유아들도 타인에 대해 공감을 하고 타인을 위로하려는 행동을 하지만, 자발적인 자기희생은 걸음마기를 지나 유아기 초기에 나타나며, 만 4~6세가 되어야 아동은 진정한 돕기 행동을 보인다(권민균, 문혁전, 권희경, 성미영, 신유림, 2012). 공유하기, 돕기 및 여러 유형의 친사회적 행동의 대부분은 초등학교 초기부터 점점 더 보편적이 되는데, 아동의 인지, 사회인지 능력 및 다양한 영역의 발달과 함께 점차 발달해 나간다(Eisenberg & Fabes, 1998).

그림 7-1 │ 친구를 도와주는 유아의 모습

(3) 이타성과 친사회적 행동 발달에 영향을 미치는 요인

앞에서 살펴보았듯이, 유아의 이타성 및 친사회적 행동은 연령이 증가함에 따라 발달해 나가는데, 친사회적 행동의 발달에는 연령 외에 다른 생물학적 요인을 비롯하여 유아의 개인적인 특성, 경험과 환경의 요인 등 다양한 요인이 영향을 미칠 수 있다. 유아의 친사회적 행동 발달에 영향을 미치는 요인들에 대해 구체적으로 살펴보면 다음과 같다.

① 생물학적 요인

일반적으로 사람들은 여아가 남아보다 다른 사람에게 더 관심을 가지고 더 잘 도와줄 것이라고 생각하기 쉽다. 그렇다면 실제 성별에 따라 유아의 친사회적 행동에 차이가 있을까? 친사회적 행동에 관한 연구에 따르면, 여아가 남아보다 더 많이 돕고 위로하고 공유한다고 보고되었지만 이러한 성차는 크지 않았으며(Eisenberg & Fabes, 1998), 많은 연구에서 성별에 따라 친사회적 행동에 큰 차이가 없는 것으로 나타났다(서소정, 2006; 장영숙, 강경석, 김희정, 2003; Bar-Tal, Raviv, & Goldberg, 1982). 연구에 따라 결과에 차이는 있지만, 전반적으로 친사회적 행동의 성향에는 성별에 따른 차이가 크게 없는 것으로 보인다.

유아의 친사회적 행동 발달에 영향을 미치는 중요 요인으로 기질도 고려해 볼 수 있다. 기질은 유전적으로 타고난 특성으로 정서성이나 반응성, 활동성, 억제 등의 요소로 구성되는데, 이러한 특성들은 유아가 친사회적 방법으로 상황에 반응하는 능력과 관련된다. 예를 들어, 유쾌한 기질을 가진 아동은 다른 사람이 괴로워하는 것을 알았을 때 덜 당황하고 친사회적 방법으로 행동할 수 있으며, 자신의 정서를 잘 조절할 수 있고 강한 정서를 가진 아동은 다른 사람에 대해 동정심을 더 보일 수 있다(Eisenberg et al., 2006). 실제 연구에 따르면 기질은 친사회적 행동과 관련이 있는데, 유아의 위험회피 성향과 친사회적 행동 간에 관련이 있는 것으로 보고되었으며(홍혜란, 하지영, 서소정, 2008), 사회적 민감성이나 인내력 같은 성향이 높을수록 유아가 사회적 능력을 포함한 적응 행동을 잘하는 것으로 나타났다(이영숙, 서소정, 2006).

② 정서적 요인

감정이입(empathy)은 이타성 또는 친사회적 행동 발달의 중요한 정서적 기여요인으로, 친사회적 행동이나 이타적 행동에 대한 동기를 유발하는 중요한 요소다(Eisenberg & Fabes, 1998). 감정이입은 다른 사람이 느끼고 있는 감정을 그대로 느끼는 것으로, 즉 상대방이 슬퍼하면 자기도 슬퍼지고, 상대방이 행복해하면 자기도 행복해지는 것을 의미한다(정옥분, 2006). 어려움에 처한 사람의 고통을 자신이 그대로 느끼는 '감정이입'은 그 사람을 돕는 행동을 할 것인지 안 할 것인지를 결정하는 중요한 요인이 될 수 있다(Batson, 1991).

감정이입과 이타성의 관련성을 살펴본 연구에서는 그 결과가 감정이입의 측정 방법과 연구 참가자의 연령에 따라 차이가 있었다(Shaffer, 2005). 아동이 이야기 주인공의 불행에 대해 느끼는 자신의 감정을 보고하는 방식으로 감정이입을 평가한 연구들에서는 연구자가 감정이입과 이타성 간의 관련성을 거의 발견하지 못하였다. 반면, 교사의 평정과 아동의 얼굴 표정을 통해 측정한 경우 감정이입이 친사회적 행동을 더 잘 예측해 주었다(Chapman et al., 1987). 또한 전반적으로 학령전기와 초등학교 저학년 아동에게는 감정이입과 이타성 간의 관련성이 중간 정도로 나타났지만, 초등학교 고학년 아동 및 청소년과 성인에게는 관련성이 더 강하게 나타났다(Underwood & Moore, 1982). 감정이입과 친사회적 행동 간의 관련성을 살펴본 일부 국내 연구(김지신, 1985; 유승희, 1993)에서는 아동의 감정이입이 친사회적 행동과 관련이 있는 것으로 나타났다. 이와 같이 감정이입이 유아의 친사회적 행동의 발달에 중요한 영양을 미칠 수 있는 요인임은 분명하나, 조사 대상의 특성이나 조사 방법 등에 따라 두 요인 간의 관련성에 대한 결과가 달리 나타날 수 있음을 확인할 수 있다.

③ 사회인지적 요인

친사회적 행동의 발달에 기여하는 중요한 사회인지적 요인으로 조망수용 능력과 친사회적 도덕추론을 들 수 있다. 먼저, 조망수용 능력은 타인의 사고나 의도, 동기, 태도들을 추론하는 능력으로(Shaffer, 2005), 일반적으로 타인의 고통과 요구를 인식하고 이해하고 공감하는 경향을 증가시키는 것으로 간주된다. 예를 들어, Hoffman(1982)은 유아의 조망수용 능력의 향상이 유아가 자신과 타인의 고통을 구분하고, 타인의 정서적 반응의 특성을 정확히 이해하는 데 결정적이라고 주장하였다. 조망수용 기술들은 감정이입과 공감능력을 비롯하여 결과적으로 친사회적 행동을 향상시키는 것으로 볼 수 있다. 전반적으로 높은 조망수용 기술을 가진 아동들은 친사회적 행동을 더 많이 보이는데, 특히 아동이 지닌 조망수용 능력들이 친사회적 과제와 관련되거나, 아동이 관련되는 사회적 기술이나 정서적 동기를 가진 경우 더욱 그러하다. 조망수용 기술들은 타인의 요구를 알아차리고, 섬세한 도움을 제공하고, 친사회적 행동을 위한 정서적 동기를 불러일으키는 것과 밀접하게 관련된다(Eisenberg & Fabes, 1998).

조망수용 능력과 함께 친사회적 도덕추론 역시 친사회적 행동의 발달에 영향을 미치는 중요한 기여요인으로 볼 수 있다. 친사회적 도덕추론은 타인을 돕거나 공유하거나 위로하는 행동들 때문에 자신이 대가를 치러야 할 때와 이 행동들을 할 것인지를 결정할 때 표출하는 생각을 의미한다(Shaffer, 2005). 아이젠버그 등(Eisenberg et al., 1983)은 친사회적 도덕추론의 발달을 쾌락주의-욕구지향-전형적/승인 지향-감정이입 지향-내면화된 가치지향의 5단계로 구분하였는데, 친사회적 도덕추론 수준이 더 높은 학령전기 및 학령기 아동들이 도덕추론 수준이 낮은 아동들에 비해 또래를 돕고 물건을 공유할 가능성이 더 높았다(이옥경, 이순형, 1996; Eisenberg-Berg & Hand, 1979; Miller, Eisenberg, Fabes, & Shell, 1996). 친사회적 도덕추론과 친사회적 행동 간의 관계에 관한 종단연구에서도 4~5세에 자발적인 공유를 더 많이 하고 친사회적 도덕추론 수준이 상대적으로 높았던 아동이 이후 성인 초기에 이르기까지 타인에게 더 많은 도움을 주고 타인을 더 많이 배려하는 것으로 나타났다(Eisenberg et al., 1999).

④ 가족요인

가족은 아동이 가장 먼저 접하게 되는 1차적인 환경요인으로, 특히 부모는 아동의 발달에 중요한 영향을 미친다. 부모는 생애 초기 영아와의 애착 형성을 통해, 친사회적 행동의 모델로서의 역할을 통해, 그리고 양육자로서의 역할을 통해 아동의 친사회적 행동의 발달에 영향을 미친다. 부모는 다양한 방식으로 자녀의 친사회적 행동의 발달에 영향을 미치는데, 전반적으로 부모의 양육태도는 아동의 친사회적 행동과 관련되는 것으로 보고되고 있다. 부모의 애정적 · 자율적 양육태도는 유아 및 아동의 친사회적 행동과 정적인 상관관계가 있는 것으로 나타났으며(서영민, 김진경, 2009; 이영주, 1990; Hoffman,

그림 7-2　어머니와 유아가 상호작용하는 모습

1975), 어머니의 양육태도가 허용적인 경우 타인과의 관계 형성에서 유아가 어려움을 덜 겪는 것으로 나타났다(장영숙, 강경석, 김희정, 2003). 부모의 양육태도 외에 부모의 정서 표현성도 유아의 친사회적 행동 발달과 관련되는 것으로 나타났는데, 어머니의 긍정적 정서표현은 유아의 친사회적 능력과 정적으로 관련되고, 어머니의 부정적 정서표현은 유아의 친사회적 능력과 부적으로 관련되는 것으로 나타났다(이한애, 송하나, 2008). 이와 같이 부모가 가족 내에서 자녀를 어떠한 방식으로 양육하고 자신의 정서를 표현하는지는 유아의 친사회적 행동 발달에 중요한 영향을 미치는 것을 알 수 있다.

　지금까지 이타성과 친사회적 행동에 영향을 미치는 요인들을 생물학적 요인, 정서적 요인, 사회인지적 요인, 가족요인으로 나누어서 살펴보았다. 유아의 친사회적 행동의 발달은 연령, 성별, 기질과 같은 생물학적 요인에 의해 이루어질 수 있으며, 감정이입과 같은 정서적 요인과 조망수용 능력 및 친사회적 추론과 같은 사회인지적 요인이 친사회적 행동 발달에 중요한 역할을 하는 것을 확인할 수 있었다. 이와 같은 유아의 개인적인 특성 외에 부모의 양육태도와 역할 역시 유아의 친사회적 행동 발달에 영향을 미치는 중요한 요인임을 확인하였다. 위에서 제시한 주요 요인들 외에도 유아의 친사회적 행동 발달에는 유아의 성격적 특성, 상황적 특성, 사회문화적 요인 등 다양한 요인이 영향을 미칠 수 있다.

2 이타성과 친사회성 교육

1) 교육내용

　친사회적 행동에는 친구에게 관심 가지기, 도와주기, 나누기, 협동하기, 차례지키기 등의 행동이 포함되는데, 제3차 표준보육과정 사회관계 영역의 '더불어 생활하기(0~2세)' 및 '다른 사람과 더불어 생활하기(3~5세)' 내용 범주에서 영유아에게 지도해야 할 친사회적 행동 교육내용을 확인할 수 있다. 표준보육과정에서 제시하는 친사회적 행동의 교육내용은 크게 '또래관계' '공동체 생활' '사회 가치 준수'의 세 가지로 구분해 볼 수 있는데, 연령과 발달 수준에 따라 영역의 명칭과 구체적인 내용 범주 및 세부내용에 차이가 있다(〈표 7-1〉 참조). '또래관계'의 경우 영아가 또래에 관심을 보이고 함께 놀이를 할 수 있고, 유아가 친구와 긍정적인 관계를 형성하고 친구와 서로 의견에 차이가 있을 때 적절히 행동할 수 있도록 지도하고 돕는 교육내용으로 구성한다. '공동체 생활'의 경우 영아가 자신이 속한 반과 교사를 알고 반친구 및 교사와 함께 즐겁게 생활할 수 있고, 유아가 반친구 및 교사를 비롯하여 주변 사람들과 화목하게 지낼 수 있도록 지도하고 돕는 교육내용으로 구성한다. '사회 가치 준수'의 경우 영아가 순서를 지키고 바른 태도로 인사하고 간단한 약속을 지킬 수 있도록 하고, 유아가 다른 사람의 소유물을 존중하고 약속과 규칙을 지킬 수 있도록 지도하고 돕는 교육내용으로 구성한다.

　영유아가 또래와 원만한 관계를 유지하고 공동체에서 즐겁게 생활하고, 사회 가치와 규칙들을 준수함으로써 친사회적 행동을 발달시켜 나갈 수 있도록 교사는 적절한 물리

표 7-1 표준보육과정의 '사회관계 영역'에 근거한 친사회적 행동 교육내용

교육내용	0~2세 〈더불어 생활하기〉	3~5세 〈다른 사람과 더불어 생활하기〉
또래관계	또래에 관심 갖기 또래와 관계하기	친구와 사이좋게 지내기
공동체 생활	자신이 속한 집단 알기	공동체에서 화목하게 지내기
사회 가치 준수	사회적 가치를 알기	사회적 가치를 알고 지키기

적·사회적 환경을 제공해야 한다. 교사는 대소집단활동 등의 형식적 교육을 통해 영유아가 친사회적 행동에 대해 이해하고 이를 실천할 수 있는 경험의 기회를 제공함과 동시에, 일상적 상호작용 속에서 영유아를 존중하는 태도를 보이고 영유아가 친구와 함께 나누고 서로 도울 수 있도록 격려하고, 공동체 생활을 위한 규칙들을 지킬 수 있도록 영유아를 지도해야 한다.

한편, 제니스(Janice, 1999)는 유아의 친사회적 행동 지도를 위해 교사가 파악해야 하는 유아의 친사회적 행동 발달 체크리스트를 제시하였는데, 이에 근거하여 친사회적 행동의 교육내용 여덟 가지를 제시해 보면 다음과 같다.

첫 번째 친사회적 행동은 '자아존중감: 자신에 대한 긍정적인 정서' 다. 유아들이 다른 사람에 대하여 좋은 감정을 가지고 잘 어울려 놀이하도록 하기 위해서는 자기 자신에 대하여 긍정적인 느낌을 갖도록 해야 한다. 자아존중감은 자신을 가치롭게 여기는 것으로 주변 사람들 그리고 사물과의 상호작용을 통하여 지속적으로 발달된다. 또한 자신의 관점이나 행동, 능력에 대한 자신의 생각과 다른 사람들이 유아를 어떻게 대하느냐는 것에 대한 자신의 관점을 포함한다. 교사는 새로운 사람과 활동들이 소개될 때 유아가 즐거워하는지, 불안해하는지 관찰할 필요가 있으며, 유아가 다른 유아로부터 도전을 받을 때 자신의 입장을 어떻게 나타내는지 잘 살펴볼 필요가 있다. 그리고 유아들이 자기 자신에 대해 긍정적인 정서를 가지고 자신을 존중하는 마음을 가질 수 있도록 교육해야 한다.

두 번째 친사회적 행동은 '자기조절력: 자신의 행동을 조절하기' 다. 유아들이 또래와 원만한 관계를 유지하고 교실 내에서 즐겁게 생활하기 위해서는 여러 상황에서 자신의 감정이나 행동을 조절할 수 있어야 한다. 자신에 대하여 좋은 감정을 가진 유아는 정해진 규칙들을 준수하려는 성향을 가지며 지도하는 대로 따르려고 한다. 유아는 자신의 행동을 조절하는 힘이 발달하면서 안전 규칙과 같은 교실의 규칙들을 지켜 갈 수 있음을 알게 된다. 또한 유아는 또래와의 관계에서 자신이 화가 나거나 다툼이 있을 때 자신의 감정을 조절하고 말로 표현하는 방법을 배워 나간다. 교사는 유아가 어렵지 않고 이해하기 쉬운 수준에서 규칙들을 준수할 수 있도록 교실의 규칙과 환경을 제공하여야 하며, 또래와의 갈등 상황에서 어떻게 자신의 감정을 전달하고 행동하여야 하는지 표현법을 학습하도록 도와야 한다.

세 번째 친사회적 행동은 '타인 존중감: 다른 사람에 대한 긍정적인 정서' 다. 유아기는 자기중심적인 특성을 갖지만 많은 유아가 또래 친구들에 대해 긍정적인 느낌을 가지고 있다. 다른 또래에게 긍정적인 느낌을 가지고 감정이입을 하는 것은 유아들이 대체로 평화롭게 상호작용하고 어려움을 겪는 친구들에게 관심을 갖는 것을 통해 확인할 수 있다. 유아들은 약하거나 도움을 주고 싶은 유아의 입장을 이해하고, 교사에게 다른 유아의 어려움을 대신 전하기도 한다. 자신에 대한 긍정적인 정서를 바탕으로 타인에 대해 긍정적인 정서를 갖는 것은 유아가 또래와의 관계에서 다른 친사회적 행동들을 보이는 기본 요소가 될 수 있다. 교사는 또래와의 갈등 상황 등 다양한 상황에서 유아가 다른 친구의 정서를 인식할 수 있도록 도와야 한다. 예를 들어, 교사는 유아에게 다른 친구가 어떻게 느끼는지 물어보고, 다른 친구의 얼굴 표정을 바라보고 어떤 기분인지 알 수 있는지 물어봄으로써 친구의 정서를 인식하도록 도울 수 있다.

네 번째 친사회적 행동은 '우정: 친구 사귀기'다. 유아가 친구를 사귀려고 하는 것은 자연스러운 일이며, 대부분의 유아는 놀이할 친구들을 찾고, 일부 유아는 특별한 친구만을 선택하기도 한다. 취학 전 연령 유아들의 우정은 일시적이며, 배타적인 우정이 유지되기는 어려운 특성을 지닌다. 교사는 유아가 친구들과 잘 어울리는지, 유아가 다른 유아와의 활동에 어떻게 참여하는지 잘 살펴보아야 한다. 그리고 유아가 여러 친구들과 긍정적인 상호작용을 할 수 있도록 도움을 주어야 한다.

다섯 번째 친사회적 행동은 '배려하기: 놀잇감을 주거나 나누기'다. 유아 시기에 일어나는 갈등은 놀잇감이나 물건을 빼앗으려는 다툼이 대부분인데, 그러한 행동은 유아기에

그림 7-3 ｜ 긍정적 정서를 바탕으로 한 또래관계

나타날 수 있는 정상적인 행동이다. 놀잇감을 나누어 사용하기를 거부하고 차례를 어기고 다투는 것은 그 유아가 나쁜 아이이기 때문이 아니며, 유아가 지닌 자기중심적 특성 때문이다. 이러한 자아중심성은 인간의 내재적인 속성으로 생의 초기의 생존 전략의 하나이지만, 유아가 접하는 환경이 점차 확장되면서 유아는 더 이상 자신의 관점 안에서만 세상에서 일어나는 모든 것을 인식할 수 없으며, 주변 세계에 대한 인식의 범위를 확장시켜 나가야 한다. 즉, 유아는 더 이상 교실 안의 놀잇감과 자료들을 혼자서만 소유할 수는 없는 것이다. 유아가 놀잇감을 공유하고 나누어 주는 것과 같은 '배려하기'는 학습되는 친사회적 행동이다. 따라서 배려하는 행동의 학습은 교사에게 달려 있으며 교사는 유아가 어떻게 친구들과 나누고 차례 지키기를 학습하는지, 친사회적 행동의 학습을 위해 필요한 것이 무엇인지 관찰할 필요가 있다. 교사는 유아들이 교실의 놀잇감이나 물건이 모든 친구를 위한 것이고 차례를 지키며 함께 사용해야 하는 것임을 인식하도록 도와야 한다.

여섯 번째 친사회적 행동은 '협동하기: 다른 사람과 함께 일하기'다. 협동놀이는 파튼(Parten, 1932)이 범주화한 유아의 사회적 놀이 유형 중 가장 높은 단계의 놀이 형태다. 협동놀이는 유아들이 집단 속에서 어우러져 함께 놀이를 조직하고 각자 서로 다른 역할을 맡아 놀이에 참여하는 것으로 유아의 연령, 성숙도, 경험 등과 관련이 있다. 교사는 유아가 협동놀이에 참여하고 교실에서 또래 친구들이나 교사와 협동하는지 관찰할 필요가 있다. 그리고 유아가 다양한 협동놀이 상황에 참여할 수 있도록 격려하고, 놀이하는 과정에서 새로운 친구가 들어올 수 있도록 허용하여 다툼 없이 함께 놀이를 할 수 있도록 도와야

그림 7-4 놀잇감을 함께 가지고 협동놀이를 하는 유아들의 모습

한다. 또한 유아가 교사의 요구에 응하여 교사에게 협력할 수 있도록 지도해야 한다.

　일곱 번째 친사회적 행동은 '돕기: 공공의 선을 위해 일하기'다. 교실 안에서는 교실을 정리해야 하거나 다른 친구들을 도와야 하는 일들이 지속적으로 발생한다. 유아들은 자신이 놀이하던 영역을 정리하는 책임을 가지고 있으며, 함께 정리하고 있는 다른 친구를 돕거나 친구가 어려움을 겪는 일들을 도우려고 한다. 또한 유아들은 흥미를 가지거나 중요한 과제라고 생각되는 일이면 자신이 그 일을 맡아 책임을 지고 하는 것을 즐기기도 한다. 교사는 일상생활 속에서 유아가 자신이 가지고 놀던 놀잇감이나 물건들을 스스로 정리정돈하도록 요청해야 하며, 유아들이 어려운 일을 함께 도우며 해결하려고 할 때 자발적으로 그 일을 완수할 수 있도록 도움을 주어야 한다. 또한 유아들이 화분에 물 주기 등과 같은 꼭 필요한 일들을 책임을 맡아 완수할 수 있도록 하는 기회를 제공하여, 유아들이 다른 사람을 돕기 위해 일을 하는 경험을 할 수 있도록 해야 한다.

　여덟 번째 친사회적 행동은 '존중하기: 다른 사람이나 사물을 소중하게 대하기'다. 유아들은 교실 안에서 놀잇감이나 다른 사람의 권리와 소유물에 대해 관심을 가지고 소중하게 다루어야 함을 인식해야 한다. 그러나 어떤 유아들은 장난감을 던지고 밟고 두드리면서 자신의 공격적인 정서를 표현하기도 하고, 종종 다른 사람의 물건을 손상시켜서는

그림 7-5 ｜ 놀잇감을 정리하는 유아들의 모습

안 된다는 것을 잘 인식하지 못한다. 유아들은 아직까지 다른 사람도 자신과 똑같은 정서와 권리를 가지고 있음을 인식하게 하는 학습이 부족하다. 그림, 퍼즐, 적목 등 친구가 만들어 낸 결과물에 대하여 무관심하거나 소중하게 다루어야 함을 인식하지 못한다면 집단활동이 제대로 이루어질 수 없다. 따라서 다른 사람의 권리와 소유물, 만들어 낸 결과물을 존중하는 것은 이에 대한 인식이 부족한 유아들이라도 반드시 학습하여야 하는 친사회적 행동이다. 이와 함께 유아들이 남의 말에 귀를 기울여 경청하도록 하는 것도 중요하다. 교사는 유아들이 놀잇감이나 물건을 소중히 다루어 사용하고, 다른 친구들의 권리와 소유물을 존중해야 함을 인식하도록 지도해야 하며, 교사의 말에 주의를 기울여 반응하는 태도를 가질 수 있도록 도와야 한다.

이상에서 살펴본 내용을 종합해 보면, 친사회적 행동의 교육내용에는 유아가 또래관계나 공동체 생활을 원만하고 즐겁게 하고 사회의 가치와 규칙을 준수하는 다양한 내용이 포함될 수 있다. 교사는 유아가 자신과 타인에 대한 존중을 바탕으로 친구와 사이좋게 지내고, 친구들과 협동하고, 자신의 것을 함께 나누어 배려하고, 공동체 생활 속에서 서로 도울 수 있고, 다른 사람이나 사물을 소중히 대할 수 있도록 친사회적 행동의 교육내용을 구성해야 한다.

2) 교사의 역할

(1) 친사회적 행동 지도자로서 유아 교사

교사는 친사회적 행동 지도를 위해 교육활동을 계획하거나 일상생활 속에서 관찰과 상호작용을 통해 자연스럽게 유아의 행동을 지도할 수 있다. 유아가 자신과 다른 사람에 대해 긍정적인 정서를 가지고 자신을 조절하고, 친근함, 배려, 협동, 돕기, 존중을 하는 태도를 기르게 하기 위한 교사의 목적은 전체적인 교육과정 속에 통합되어서 실행되어야 한다. 유아가 또래 친구와 잘 어울리고, 친구를 도와주고, 자신의 것을 양보하고 타인을 배려하는 것을 배워 나가는 과정에서 교사는 유아의 친사회적 행동 지도를 위해 직간접적인 역할을 수행해야 하는데, 다음의 여덟 가지 역할(Janice, 1999)을 제시해 볼 수 있다.

① 친사회적인 분위기의 물리적 환경을 제공한다.

② 유아의 부적절한 행동 조절을 위한 긍정적인 예방책을 활용한다.

③ 유아 스스로 하는 행동 조절을 돕기 위하여 긍정적으로 개입한다.

④ 친사회적 행동 학습을 위하여 긍정적으로 강화한다.

⑤ 유아의 자아존중감을 증진시킨다.

⑥ 갈등 상황에서 다른 사람을 존중하는 행동을 보인다.

⑦ 유아와 성인 간의 긍정적인 상호작용을 촉진시킨다.

⑧ 친사회적 행동 지도과정에 가족이 참여하도록 촉진한다.

표 7-2   교사의 친사회적 행동 지도 체크리스트

1. 친사회적인 분위기의 물리적 환경을 제공
- 유아가 쉽게 다가가 활동할 수 있도록 흥미 영역 배치
- 갈등 없이 활동하기에 충분한 수의 교재 · 교구 마련
- 유아들이 활동에 깊이 몰입하기에 충분한 시간 계획
- 자기조절이 가능하도록 흥미 영역을 구성하고 학습자료 비치
- 돕기 행동의 모델링 역할

2. 유아의 부적절한 행동 조절을 위한 긍정적인 예방책을 활용
- 유아의 부적절한 행동을 예상하고 미리 막기
- 지켜야 할 제한 규칙들을 분명히 하고 일관되게 강조하기
- 규칙 만들기에 유아가 함께 참여
- 모든 유아에게 새로운 놀잇감을 소개하고 차례 정하기
- 남을 배려하는 성격의 동화 주인공이나 인형 제공

3. 유아 스스로 하는 행동 조절을 돕기 위하여 긍정적으로 개입
- 남을 비난하거나 부끄러워하지 않고 자신을 조절할 수 있도록 개입
- 유아의 부정적인 정서를 수용
- 부정적인 느낌을 말로 표현하도록 도움
- 남을 방해하는 행동을 침착하게 행동하도록 지도
- 부정적인 말이나 행동을 억제함으로써 자기조절의 모델이 됨

4. 친사회적 행동 학습을 위하여 긍정적으로 강화
- 남을 방해하는 유아가 보이는 친사회적 행동의 언어적 · 비언어적 실마리를 찾아보고 강화
- 잘못된 행동을 그친 후에만 눈맞춤이나 언어적 상호작용하기
- 방해하는 행동을 하는 유아가 잘 할 수 있는 활동을 찾도록 돕기
- 남의 주의를 끌려고 하는 유아가 친구를 사귀도록 돕기
- 모든 유아에게 다정하게 대함으로써 친근한 행동의 모델링 역할

5. 유아의 자아존중감을 증진

- 항상 유아가 수용되고 가치로운 존재로 느낄 수 있도록 함
- 서로 다름을 이해하고 다양성을 인정하도록 도움
- 독립적이고 자기주도적인 유아로 성장하도록 도움
- 모든 유아가 성공감을 갖도록 도움
- 존중하는 태도로 유아를 대함으로써 행동의 모델링 역할

6. 갈등 상황에서 다른 사람을 존중하는 행동

- 상호 인간관계에서 일어나는 갈등을 말로 표현하도록 도움
- 비난하거나 조롱하지 않고 유아의 말을 수용
- 갈등 상황에서 유아가 자신의 감정을 말로 표현하도록 도움
- 서로의 감정을 상하지 않고 갈등을 벗어날 수 있는 방법을 찾도록 도움
- 동화 속 등장인물이나 인형의 행동을 통하여 감정을 처리하는 방법을 보여 주어 타인을 존중하는 행동의 모델링 역할

7. 유아와 성인 간의 긍정적인 상호작용을 촉진

- 유아의 말을 주의 깊게 경청하고 존중하는 태도로 반응
- 유아들이 매일 대화에 참여하도록 촉진
- 갈등을 피하기 위해 말하는 것을 학습하도록 도움
- 유아의 느낌이나 행동을 소집단의 역할놀이를 통하여 표현하도록 함
- 어떤 상황에서든지 존중하는 태도로 말하기

8. 친사회적 행동 지도과정에 가족의 참여 촉진

- 지속적이고 양방적인 상호작용을 통하여 친사회적 행동 지도에 가족이 참여하도록 함
- 유아의 친사회적 행동을 가족들이 함께 관찰하도록 함
- 가정에서 읽을 수 있도록 친사회적 행동의 주제가 담긴 동화책 대여
- 친사회적 행동 지도에 관한 부모 모임이나 교육 실행
- 유아가 속한 문화나 삶의 양식, 가족의 언어 등에서 오는 차이를 인정함으로써 타인 존중감의 모델링 역할

출처: Janice(1999).

(2) 유아의 친사회적 행동을 증진시키기 위한 기술

교사는 직간접적인 역할을 통해 유아의 친사회적 행동을 증진시키기 위해 다양한 방법을 사용할 수 있는데, 친사회적 환경을 구성하고, 유아의 친사회적 행동을 직접 교수하고, 현장에서 즉각적으로 교수하고, 친사회적 활동을 계획할 수 있다. 교사가 유아의 친사회적 행동을 증진시키기 위해 사용할 수 있는 다양한 방법에 대해 구체적으로 살펴보면 다음과 같다(Kostelnik, Whiren, Soderman, & Gregory, 2009).

① 친사회적 환경 구성하기

유아의 친사회적 행동을 명명할 수 있는 자연스러운 기회를 이용한다

교사는 어떤 유아가 친구들과 함께 사용하는 책상을 깨끗하게 청소했을 때, 그 행동이 다른 친구들에 대한 배려를 보여 주는 것임을 아이들에게 말할 수 있다. 만약 반에서 어떤 아이가 아파서 결석했을 때는 친구에게 편지나 카드를 쓰는 것이 친구를 위로해 주는 방법이 될 수 있음을 알려 줄 수 있다. 교실에서 일어나는 자연스러운 상황에서 직접적으로 언급하거나 설명하는 방식은 친사회적 행동에 대해 가르치거나 교훈을 주려고 하는 것보다 더욱 효과적일 수 있다.

친절하지 않은 예를 지적하고, 대안적인 친사회적 방법을 제시한다

유아들은 때때로 이기적이거나 비협동적인 태도를 보인다. 이때 유아에게 그런 행동이 다른 사람에게 미치는 영향을 설명하고, 더 적절한 행동이 무엇인지 알려 줄 수 있다. 예를 들어, 유아의 이기적인 행동에 대해 잘못되었다고 하기보다는 "네가 친구에게 아무것도 주지 않으면, 친구의 마음이 아플 거야."라고 말해 줄 수 있을 것이다. 또한 한 친구가 발이 걸려 넘어져 물컵을 떨어뜨렸을 때 다른 아이들이 웃었다면 "너희가 웃어서 ○○이가 창피했대. ○○이 기분이 정말 좋지 않을 거야. 함께 ○○이가 물컵을 치우는 것을 도와주자."라고 이야기해 줄 수 있다.

아이들이 협동할 기회를 제공한다

교사는 아이들이 함께 해야 하는 프로젝트나 일을 준비하여 유아들이 친구들과 함께 협동할 수 있는 기회를 제공할 수 있다. 예를 들어, 교실에서 기르는 애완동물에게 먹이 주기 등을 2명 이상의 유아가 함께 할 수 있도록 하고, 이때 유아들이 서로를 돕도록 격려해 줄 수 있다. 기회가 있을 때마다 도움이 필요한 유아를 도와주게 하고, 유아가 교사에게 도움을 청하는 경우 다른 아동이 친구에게 도움을 주도록 할 수도 있다.

유아와 이야기를 나눌 때 친사회적 추론을 사용한다

교사는 교실에서 유아들이 친사회적으로 행동하기를 바란다는 기대를 이야기해 줄 수 있다. 예를 들어, 차례를 지키면 반의 모든 친구가 새로운 놀잇감을 가지고 놀 수 있음을 설명해 줄 수 있다. 또한 기분이 좋지 않은 친구를 위로해 주면 그 친구의 기분이 좋아질 수 있고, 위로를 해 준 친구도 역시 기분이 좋아진다는 것을 알려 줄 수 있다. 교사는 유아들이 친사회적 행동에 대해 추론해 볼 수 있도록 교실에서 친사회적 행동을 해야 하는 이유에 대해 논의해 보거나, 유아들이 서로에게 친절했던 사건에 대해 이야기할 기회를 제공할 수 있다. 그리고 친사회적 행동이 사람의 기분을 어떻게 만드는지 이야기해 보도록 함으로써 유아들이 친사회적 행동이 왜 중요하고 필요한지 스스로 알아 가도록 할 수 있을 것이다.

친사회적 행동을 보상한다

교사는 유아가 도움을 주고 협동적이고 친절해지려는 행동을 보일 때 이에 대해 민감하게 반응해야 한다. 유아의 친사회적 행동을 당연히 여기거나 보상을 늦게 해서는 안 된다. 교사는 유아가 길을 비켜 주거나, 물건 옮기는 것을 도와주거나, 말다툼 없이 놀거나, 누군가를 격려하는 것과 같은 행동을 보일 때, 미소나 긍정적인 말이나 친사회적 귀인을 통해 이를 인정해 주어야 한다.

다양한 친사회적 행동을 보여 준다

유아의 친사회적 행동 발달과정에서 교사가 다양한 친사회적 행동을 보여 주는 것은 매우 중요하다. 교사는 자신이 유아에게 하는 행동 또는 다른 성인에게 하는 행동을 통해 아동이 이를 본받을 수 있도록 해야 한다. 아동을 위로해 주거나 도와주는 것뿐 아니라, 함께 나누거나 협동하는 모습도 보여 줄 필요가 있다.

다른 사람들의 친사회적 행동에 반응하는 바람직한 방법을 보여 준다

도움을 주는 상대가 누구든지, 원하는 도움이었는지에 상관없이 어떠한 도움을 받았을 때 긍정적으로 반응하는 것은 친사회적 분위기를 조성한다. 다른 사람의 도움을 원할 때, 즐거운 표정으로 '감사합니다'라고 표현해야 하며, 만약 다른 사람의 도움이 필요하지 않았더라도 도움을 준 사람을 그냥 무시하지 않도록 해야 한다.

교사나 유아의 친사회적 행동을 지적해 준다

유아들은 자신이 보았던 친사회적 모델의 친사회적 행동을 설명할 때 이해를 더 쉽게 할 수 있다. 예를 들어, "○○이와 ○○이는 아기 인형을 함께 가지고 놀기로 했대. ○○이가 아기에게 우유를 먹이는 동안, ○○이는 옷을 갈아입혀 줄 거래."라고 이야기해 줄 수 있다. 교사가 실제로 유아들이 보인 행동에 대해 설명하는 경우, 유아들은 어떻게 행동해야 하는지 보다 구체적으로 이해하고 보다 쉽게 행동으로 옮길 수 있을 것이다.

아동의 친사회적 자아상을 발달시키기 위해 긍정적 귀인을 사용한다

교사가 긍정적인 귀인을 사용하여 유아의 친사회적 행동과 관련된 구체적인 일들을 말해 주면, 유아는 자신에 대해 친사회적 자아상을 발달시킬 수 있을 것이다. 예를 들어, 교사는 "○○아, 네가 친구의 눈물을 닦아 준 것은 참 친절했어. 네가 친구를 걱정하는 마음이 친구의 기분을 좋아지게 했단다." "○○아, 네가 색연필을 빌려 주어서 친구에게 큰 도움이 되었을 거야."라고 유아의 친사회적 행동에 대해 긍정적으로 설명해 줄 수 있다.

② 친사회적 행동을 직접 교수하기

돕기와 협동하기를 직접적으로 훈련하면, 아동의 친사회적 행동은 증가한다. 이러한 교수는 자연스러운 상황에서 즉석으로 할 수도 있고, 미리 계획된 활동에서 제공할 수도 있다. 이때 교사는 아동에게 친절함에 대한 기본 사실을 가르치고, 실제 생활에서 그것이 어떻게 적용될 수 있는지 보여 주고, 기술을 연습할 수 있는 기회를 제공해야 한다.

③ 현장에서 즉각적으로 교수하기

유아가 친사회적 행동을 하는지 잘 관찰한다

유아의 친사회적 행동을 지도하기 위해서는 유아의 행동을 관찰하는 것이 선행되어야 한다. 유아가 교실에서 생활하면서 또래와 잘 지내는지, 다른 친구를 배려하고 도와주려고 하는지, 다른 친구를 존중하는지 등을 지속적으로 관찰할 필요가 있다.

유아에게 도와달라고 직접적으로 요청한다

유아들은 도움이 필요할 때를 정확하게 인식하지 못하는 경우가 많다. 따라서 교사는 도움이 필요한 상황을 만들고, 유아가 상황적 단서를 인식하게 하여 직접 친절한 행동을 연습해 볼 수 있는 기회를 제공해야 한다. 예를 들어, 교사가 두 손으로 짐을 들고 교실에 들어가야 할 때, 옆에 있는 유아에게 "문을 좀 열어 주겠니?"라고 직접 도움을 요청하여 유아가 교사를 도울 수 있는 기회를 제공할 수 있다.

누군가가 도움이나 협동을 필요로 할 때 이를 유아에게 인식시킨다

유아는 도움이나 협동이 요구되는 신호를 잘 인식하지 못할 때가 있으므로, 교사는 유아가 쉽게 상황에 맞게 행동할 수 있도록 관련된 정보를 제공해 줄 수 있다. 예를 들어, 친구가 무거운 책을 들고 가는데 유아가 보지 못한 것 같으면, "○○이 좀 봐. 너무 힘들어 보인다. 네 도움이 필요할 것 같아."라고 알려 줄 수 있다. 교사가 제공한 정보를 통해 유아는 친구가 도움이 필요한 상황임을 인식하고 적절한 도움을 줄 수 있을 것이다.

타인에게 도움이나 협동을 요청하는 신호를 가르친다

유아들은 타인에게 협동을 요청하는 적절한 신호들을 잘 알지 못할 수 있으므로, 교사는 유아가 친구에게 도움을 요청할 때 필요한 기본 정보를 제공하거나 사용할 수 있는 말들을 직접적으로 제안해 줄 수 있다. 예를 들어, 옆에서 큰 소리를 지르는 친구 때문에 책을 읽을 수 없는 상황에 처한 유아가 자신도 친구에게 조용히 하라고 소리를 지를 수 있다. 이때 교사가 "네가 친구에게 소리를 지르면 더 시끄러워질 수 있어. 차라리 그 친구에게 가서 네가 왜 그 친구가 조용하기를 원하는지 설명하는 것이 좋을 것 같아."와 같이 기본 정보를 제공할 수 있다. 또한 친구의 도움이 필요한 유아에게 "이 의자는 혼자 들기 너무 무겁다고 ○○이에게 말해 보렴."이라고 직접적인 단어나 말을 알려 주면 도움이 될 것이다.

사람들이 돕기나 협동을 하도록 결정할 수 있는 상황을 지적해 준다

유아들은 누군가가 자신의 도움이나 협동을 필요로 하는 것을 인식하더라도, 그다음에 무엇을 해야 할지 모를 수 있다. 그때 교사는 유아가 친사회적인 결정을 할 수 있도록 도와줄 수 있다. 예를 들어, "○○이는 너의 도움을 필요로 하는 것 같아. ○○이를 도울지 말지는 네가 결정할 수 있어."라고 상황에 대해 지적해 줄 수 있다.

특정 상황에서 어떠한 유형의 도움과 협동이 가장 적합한지 결정하도록 도와준다

교사는 도움이 필요한 상황에서 유아가 어떻게 행동해야 할지 결정하는 것을 도와줄 수 있다. 예를 들어, 교사는 "친구가 슬퍼 보일 때 친구를 안아 주거나 기분이 좋아지는 말을 해 주면 도움이 된단다."라고 알려 줄 수 있으며, 한 사람이 인형 옷을 입힐 때 다른 사람이 인형을 잡아 줄 수 있다는 것을 아동에게 설명하며 직접 시범을 보일 수도 있다.

공유하는 방법을 가르친다

교사는 유아에게 차례 지키기, 장소를 같이 사용하기 등과 같이 물건이나 장소를 함께 사용하거나 나누는 여러 가지 방법에 대해 가르칠 수 있다. 유아에게 나누기를 가르칠 수 있는 전략에는 나누기가 어떤 것인지 보여 주기, 아동이 선택할 수 있는 다양한 대안 제공하기, 교실에서 있을 수 있는 나누기의 예를 제시하기, 나누는 방법을 다루고 있는 이야기 읽어 주기, 자기가 하던 것을 끝까지 하고 싶다고 표현하거나 무언가를 요구할 때 사용할 수 있는 말들을 알려 주기, 물건을 사용하는 순서를 협상하도록 도와주기 등이 있다.

조망수용 기술을 증가시키도록 노력한다

도움이나 협동이 요구되거나 친절한 행동이 요구되는 때를 알기 위해서 유아는 다른 사람의 위치에서 볼 수 있어야 한다. 4~5세의 어린 유아도 이러한 기술을 배울 수 있으며, 이러한 기술은 모든 연령의 사람들에게 도움을 줄 수 있다. 교사는 "어떻게 그렇게 할 생각을 했니?" "○○이가 도움이 필요한지 어떻게 알았니?"와 같은 개방형 질문을 사용하여 아동이 친사회적 행동을 의식적으로 이해하도록 도와줄 수 있다. 또한 "만약 ~라면 어떤 일이 일어날까?" "네가 ○○이라면 기분이 어떻게 될까?"와 같은 질문을 통해 유아의 연속적인 사고를 증진시킬 수 있다. "네가 ○○이를 돕기 위해서는 무엇을 할 수 있을까?" "도울 수 있는 다른 방법에는 무엇이 있을까?"와 같은 질문을 사용하면 아동의 대안적인 사고를 증진시킬 수 있다.

도구적 수단을 증진시킬 수 있는 기회를 제공한다

유아가 친사회적 태도를 형성할 수 있도록 하는 것도 중요하지만, 효과적으로 친사회적 행동을 실천할 수 있는 방법을 알도록 하는 것도 중요하다. 유아가 친사회적 행동을 효과적으로 실천할 수 있는 기술과 지식을 발달시키기 위해서는 교사가 몇 가지 방법을 가르칠 필요가 있다. 먼저, 교사는 유아가 감정을 말로 표현하여 자신의 정서와 다른 사람의 정서 표현을 이해할 수 있도록 도와주어야 한다. 그리고 유아가 교실에서 결정할 수 있는 형식적 · 비형식적 기회를 많이 제공해야 한다. 이는 유아에게 문제에 대한 대안을 생각해 내고, 긍정적으로 해결할 수 있는 능력에 대한 자신감을 발달시키는 연습을 해 보게 하는 것을 의미한다. 마지막으로, 교사는 아동이 유용한 기술을 배울 수 있는 기회를 제공해 줄 필요가 있다. 예를 들어, 다른 사람이 물건을 옮길 때 문을 잡아 주고, 자료를 나누거나 분류해 보는 연습을 하는 기회를 제공해 줄 수 있다.

유아가 다른 사람의 친절을 수용할 수 있도록 격려한다

유아들은 때로 다른 친구의 친사회적인 시도를 잘못 해석하거나 알아차리지 못할 때가 있다. 친구가 자기도 갖고 놀고 싶은 장난감을 양보한 것인데도 유아가 이를 이해하지 못했다면 교사는 그 상황에서 어떤 일이 일어났는지를 지적해 주어야 한다. 한편, 어떤 유아들은 타인의 도움이나 위로, 동정을 적극적으로 거부하기도 한다. 이러한 유아는 잘 협동하지 않고, 타인에게도 협동을 기대하지 않는다. 이런 유아들은 주변 사람들에게 친절한 행동을 하기 전에 친절한 경험을 할 필요가 있으므로, 교사가 먼저 다른 유아에게 하는 것과 똑같이 이들에게 도움을 제공하고, 친절을 베풀고, 격려해야 한다.

④ 친사회적 활동 계획하기

교사는 유아의 친사회적 행동의 발달을 도울 수 있는 개별 또는 대소집단 활동을 계획할 수 있다. 친사회적 활동을 계획하기 위해서 교사는 먼저 가르치고자 하는 친사회적 기술을 결정해야 한다. 예를 들어, 친구와 사이좋게 지내기, 돕기 행동을 하기, 함께 나누기, 협동하기 등의 친사회적 행동 중 어떠한 행동을 가르치고자 하는지 결정해야 한다. 가르치고자 하는 친사회적 행동이 결정되면 이를 제시할 수 있는 다양한 활동 방법을 고려해야 한다. 활동 방법은 관련되는 책이나 이야기 읽기, 친사회적 상황에 대해 이야기 나누기, 인형극으로 친사회적 상황 꾸며 보기, 친사회적 상황에 대해 역할극 해 보기, 게임하기, 협동 작품 만들기 등 다양한 방법 중에서 선택할 수 있다. 활동 방법을 결정한 후에는 친사회적 활동의 계획을 세우고 이를 준비하여 실행한 후 진행된 활동에 대해 평가해 볼 수 있다.

친사회적 활동의 예 – '사랑의 고리 만들기'

활동 목표: 친구의 소중함을 안다(사회관계–사회적 관계–또래와 사이좋게 지내기)

활동 방법: '친구란 무엇일까?'에 대해 이야기를 나누고, 어떨 때 친구가 필요한지 이야기를 나눈다. 소중한 친구들과 하나가 되는 '사랑의 고리'를 소개하고 이를 만들어 본다. 먼저 색지를 골라 자기 이름과 사랑하는 친구의 이름을 쓰고 친구에게 하고 싶은 말을 쓴다. 다 쓴 유아는 종이의 양쪽 옆을 붙여 고리를 만든 다음 옆의 친구에게 주어 고리를 계속 연결해 나가도록 한다. 하나의 큰 목걸이가 되면 모두 모여 다 같이 걸어 보고 느낌을 이야기한다. 완성된 목걸이는 유아들이 쓴 내용을 읽어 볼 수 있도록 교실에 게시한다.

친구에게 하고 싶은 말 쓰기

사랑의 고리 만들기

출처: 보건복지부(2008).

참고문헌

권민균, 문혁준, 권희경, 성미영, 신유림(2012). 아동발달(개정판). 서울: 창지사.

김지신(1985). 어머니의 훈육방법과 아동의 감정이입이 친사회적 행동에 미치는 영향. 이화여자
　　　대학교 대학원 석사학위논문.

박경자, 김송이, 권연희, 김지현 역(2011). 영유아의 사회정서발달과 교육[*Guiding Children's
　　　Social Development and Learning* (6th ed.)]. Kostelnik, M. J., Whiren, A. P., Soderman,
　　　A. K., & Gregory, K. M. 저. 서울: 교문사. (원저는 2009년에 출판).

보건복지부(2008). 5세 보육 프로그램. 육아정책개발센터.

서소정(2006). 유아의 친사회적 행동에 관한 연구: 유아의 요구전략, 언어발달, 어머니의 친사회
　　　성에 관련된 양육신념 및 사회화 전략을 중심으로. 열린유아교육연구, 11(4), 287-310.

서영민, 김진경(2009). 외동아의 친사회적 행동과 다중지능, 부모의 양육태도와의 관계. 열린유아
　　　교육연구, 14(6), 349-369.

송길연, 이지연 역(2011). 사회성격발달(5판)[*Social and Personality Development*]. Shaffer, D. R.
　　　저. 서울: Cengage Learning Korea Ltd. (원저는 2005년에 출판).

유승희(1993). 조망수용과 감정이입이 아동의 친사회적 행동에 미치는 영향. 효성여자대학교 대
　　　학원 박사학위청구논문.

윤혜경, 민하영(2003). 유아 사회 교육의 이론과 실제. 서울: 창지사.

이기숙, 강숙현 역(2001). 유아를 위한 친사회적 행동 지도[*Prosocial Guidance for the Preschool
　　　Child*]. Janice, J. B. 저. 서울: 이화여자대학교출판부. (원저는 1999년에 출판).

이영숙, 서소정(2006). 유아의 적응행동에 관한 연구-유아와 어머니의 사회인구학적 변인, 유아
　　　의 기질 및 어머니의 양육태도를 중심으로-. 대한가정학회지, 44(5), 143-155.

이영주(1990). 부모의 온정, 통제 및 형제자매환경에 따른 아동의 친사회적 행동. 대한가정학회지,
　　　28(2), 107-118.

이옥경, 이순형(1996). 과제의 부담과 종류에 따른 아동의 친사회적 도덕추론과 친사회적 행동.
　　　아동학회지, 17(1), 275-288.

이한애, 송하나(2008). 어머니와 교사의 정서표현성과 유아의 친사회적 행동과의 관계. 열린유아
　　　교육연구, 13(3), 205-223.

장영숙, 강경석, 김희정(2003). 유아의 연령 및 부모의 양육태도에 따른 유아의 친사회적 행동. 아
　　　동학회지, 20(4), 41-53.

정옥분(2006). 사회정서발달. 서울: 학지사.

홍혜란, 하지영, 서소정(2008). 유아의 친사회적 행동발달에 관한 연구-유아의 사회인구학적 특
　　　성 및 기질, 정서지능과 어머니의 양육신념 및 사회화 전략을 중심으로-. 아동학회지,
　　　29(6), 15-33.

Bar-Tal, D., Raviv, A., & Goldberg, M. (1982). Helping behavior among preschool children:

Observational study. *Child Development, 53*, 371–376.

Batson, C. D. (1991). *The altruism question toward a social-psychological answer.* Hillsdale, NJ: Erlbaum.

Chapman, M., Zahn-Waxler, C., Cooperman, G., & Iannotti, R. J. (1987). Empathy and responsibility in the motivation of children's helping. *Developmental Psychology, 23*, 140–145.

Eisenberg, N. (2003). Prosocial behavior, empathy, and sympathy. In M. H. Bornstein, L. Davidson, C. L. M. Keyes, & K. A. Moore (Eds.), *Well-Being: Positive develoment across the life course* (pp. 253–267). Mahwah, NJ: Lawrence Erlbaum Associates.

Eisenberg, N., & Fabes, R. A. (1998). Prosocial development. In W. Damon & N. Eisenberg, *Handbook of child psychology:* vol. 3. *Social, emotional, and personality development* (5th ed., pp. 701–778). NY: Wiley.

Eisenberg, N., Fabes, R. A., & Spinard, T. L. (2006). Prosocial development. In N. Eisenberg, W. Damon, & R. M. Lerner (Eds.), *Handbook of child psychology* (pp. 646–718). Hoboken, NJ: John Wiley & Sons.

Eisenberg, N., & Musen, P. (1989). *The roots of prosocial behavior in children.* Cambridge, England: Cambridge University Press.

Eisenberg, N., Guthrie, I. K., Murphy, B. C., Shepard, S. A., Cumberland, A., & Carlo, G. (1999). Consistency and development of prosocial dispositions. *Child Development, 70*, 1360–1372.

Eisenberg, N., Lennon, R., & Roth, K. (1983). Prosocial development: A longitudinal study. *Developmental Psychology, 19*, 846–855.

Eisenberg-Berg, N., & Hand, M. (1979). The relationship of preschoolers' reasoning about prosocial moral conflicts to prosocial behavior. *Child Development, 50*, 356–363.

Hay, E. F., Caplan, M., Castle, J., & Stimson, C. A. (1991). Does sharing become increasingly "rational" in the second year of life? *Developmental Psychology, 27*, 987–993.

Hoffman, M. L. (1975). Altruistic behavior and the parent-child relationship. *Journal of Personality and Social Psychology, 31*, 937–943.

Hoffman, M. L. (1981). Is altruism part of human nature? *Journal of Personality and Social Psychology, 40*, 121–137.

Hoffman, M. L. (1982). Development of prosocial motivation: Empathy and guilt. In Eisenberg (Ed.), *The development of prosocial behavior* (pp. 281–313). NY: Academic Press.

Kohlberg, L. (1969). Stage and Sequence: The cognitive-developmental approach to socialization. In D. A. Goslin (Ed.), *Handbook of socialization theory and research.* Skokoe, IL: Rand McNally.

Miller, P. A., Eisenberg, N., Fabes, R. A., & Shell, R. (1996). Relations of moral reasoning and vicarious emotion to young children's prosocial behavior toward peers and adults. *Developmental Psychology, 29*, 3-18.

Parten, M. B. (1932). Social participation among preschool children. *Journal of Abnormal and Social psychology, 27*, 243-269.

Underwood, B., & Moore, B. (1982). Perspective-taking and altruism. *Psychological Bulletin, 91*, 143-173.

Zahn-Waxler, C., Radke-Yarrow, M., Wagner, E., & Chapman, M. (1992). Development of concern for others. *Developmental Psychology, 28*, 126-136.

Zahn-Waxler, C., Robinson, J. L., & Emde, R. N. (1992). The development of empathy in twins. *Developmental Psychology, 28*, 1038-1047.

Early Childhood Social Education

제8장

도덕성과 집단생활

1. 도덕성과 집단생활의 이해
2. 도덕성과 집단생활 교육

1 도덕성과 집단생활의 이해

유아가 바르게 성장한다는 것은 무엇을 의미하는가? 유아가 바르게 성장하기 위해 교사는 무엇을 어떻게 가르쳐야 하는가? 이는 대부분의 교사가 가지고 있는 교육의 방향이자 목표다. '바르다' 는 것은 말이나 행동이 사회적인 규범과 이치에 어긋나지 않는다는 의미로, 특히 인간과 사회의 보편적 선(善)에 대한 이해 및 실천에 관련된 개인의 품성을 도덕성이라 한다. 이 장에서는 유아기 도덕성의 발달적 특성을 이해하고 도덕성을 기르기 위해 교사가 무엇을 어떻게 해야 하는지에 대해 알아본다.

1) 도덕성의 개념

도덕(道德)이란 사회구성원의 상호관계에서 개인의 양심이나 사회적 관습에 비추어 마땅히 지켜야 할 규범의 총체다. 도덕은 외적 강제력은 없으나 내면적 원리로서 개인의 행위와 사고에 작용하며 대인 간 관계를 규정한다. 도덕성(道德性)은 도덕과 관련된 개인의 품성을 가리키는 것으로, 인간의 인격이나 판단, 행위의 옳고 그름에 대한 근본적인 가치, 태도, 동기, 행위를 포괄하는 광범위하고 다차원적인 개념이다. 도덕성의 개념에 대한 철학적 논쟁은 매우 추상적이나 이것이 심리학의 주요 주제로 오랜 시간 연구되면서 도덕성의 개념과 발달에 대한 구체적 이해가 이루어졌다. 이를 바탕으로 유아기부터 성인기에 이르기까지 도덕성이 어떻게 변화하는지, 높은 수준의 도덕성은 어떻게 정의되고 측정될 수 있는지, 높은 수준의 도덕성을 기르기 위해 어떠한 개입이 필요한지 등에 대한 논의가 가능하게 되었다.

일반적으로 도덕성의 심리학적 구조는 정서적 · 인지적 · 행동적 측면에서 기술된다. 각각의 측면은 도덕성의 중요한 개념적 축을 구성하나 세 가지 측면이 모두 고려될 때 비로소 개념적 완성을 이룬다. 도덕성의 정서적 측면은 인간이 본성적으로 타인의 고통이나 비탄에 각성되며 타인의 심리적 복지를 추구하려는 성향에서 출발한다. 이러한 정서는 진화의 과정을 통해 배선된 생물학적 기제를 기반으로 한다고 알려져 있다(Wilson,

1975). 신생아들조차 다른 아기의 울음소리에 따라 울고, 만 2세경에는 타인의 정서 상태에 대한 감정이입이 관찰된다. 이러한 초기 정서는 자부심, 죄책감, 동정심, 공감 등의 도덕 관련 정서로 발전한다. 도덕적 정서는 타인을 돕거나 누군가의 복지를 향상시키는 행위의 동기와 의도, 태도를 반영하기 때문에 중요하다. 도덕성의 인지적 측면은 사회적 규준과 가치를 인식하고 내면화하는 과정과 도덕 현상을 이해하고 판단하는 과정을 의미한다. 또한 개인과 개인, 개인과 사회의 권리나 이해관계가 충돌할 때 인류 보편의 선에 근거하여 옳고 그름을 추론하고 합당한 해결책을 모색하는 과정을 포함한다. 주자(朱子)는 지선행후(知先行後), 즉 '알아야만 바로 행한다'고 하였으며(문용린, 1988), 콜버그(Kohlberg, 1969)는 도덕 사태에 대한 인지적 해석을 통해 도덕적 행위가 가능하다고 하여 도덕적 판단과 추론의 중요성을 강조하였다. 그러나 도덕적인 사고와 감정이 도덕성을 보증하지 않으므로 도덕성의 행동적 측면 역시 매우 중요하다. 양명학(陽明學)에서는 지행합일(知行合一), 즉 '아는 것과 행하는 것은 분리될 수 없는 하나'라고 하여 행위 없는 지식이 무의미함을 강조하였다. 사회학습 이론가들은 도덕적 행위와 도덕적 사고를 구분하여 도덕적 행위는 모방과 모델링과 같은 학습을 통해 이루어진다고 하였다. 도덕적 행위와 도덕적 사고의 관계에 대한 주장에는 차이가 있으나 도덕적 행위는 도덕성의 최종 표현이며 인류의 실질적 복지 증진에 기여한다는 점에서 중요하다.

교육의 영역에서 도덕성의 개념을 정의하는 것은 더욱 어려운 도전이다. 도덕성을 어떻게 정의하는지에 따라 교육의 방향과 목표가 결정되기 때문이다. 드브리스와 잰(DeVries & Zan, 1994)은 유아를 대상으로 한 도덕교육에서 도덕성을 개념화할 때 주의해야 할 요소들을 제시하였다.

첫째, 도덕성은 단순히 권위에 복종하여 도덕적 규칙을 따르는 것을 의미하지 않는다. 처벌에 대한 두려움이나 보상에 대한 바람은 규칙에 순응하는 행위를 낳을 수 있지만 도덕적 행위에 대한 적절한 동기가 될 수 없다. 또한 도덕의 원리는 어떤 장난감을 가지고 노는 순서를 정하는 것과 같은 임의적인 규칙이 아니다. 대신 '남에게 대접을 받고자 하는 대로 너희도 남을 대접하라.'는 황금률과 같이 타인의 권리를 존중하며 자신의 행동에 대해 책임을 지라는 대인관계의 보편적 원칙을 포함한다.

둘째, 도덕성은 함께 나누고 돕는 친사회적 행위 자체를 의미하지 않는다. 도덕적 정서와 동기를 고려하지 않은 채 규칙이나 행동 목록을 제시하는 것은 도덕성에 대한 잘못된 개념 이해를 반영하는 것이다. 예를 들어, 단지 선생님의 인정을 받기 위해 친구를 돕는 행위와 친구의 어려움에 공감하여 이를 해결하고자 돕는 행위는 도덕적으로 다르게 평가된다.

셋째, 도덕성은 '감사합니다' '미안합니다'와 같은 말을 잘하는 예의 바른 습관을 의미하지 않는다. 동양 문화권에서 예절은 도덕성과 혼동되기 쉽다. 그러나 공손한 말을 사용하는 언어적·행동적 습관이 항상 다른 사람을 윤리적으로 대하고 인격적으로 존중하는 도덕적 감성을 포함하는 것은 아니다.

넷째, 도덕성은 정직, 성실, 관용과 같은 인성 목록을 의미하지 않는다. 콜버그와 메이어(Kohlberg & Mayer, 1972)는 덕목들로서 도덕성을 개념화하는 것에 대한 문제점을 지적하였다. 즉, 도덕성에 어떤 덕목들이 포함되어야 하는지와 각 덕목을 어떻게 정의할 것인지를 결정하는 것은 상당히 주관적일 수 있다는 것이다. 예를 들어, 어떤 사람의 성실이 또 다른 맥락에서는 고집이 될 수도 있다. 덕목은 사회문화적 가치에 의존적인 상대적 개념이므로 이를 도덕성과 동일한 개념으로 간주해서는 안 된다.

다섯째, 도덕성은 종교성을 의미하지 않는다. 종교성은 인간이 신이나 초자연적인 절대자를 통하여 자신의 고통을 해결하고 삶의 궁극적인 의미를 추구하고자 하는 성정으로, 도덕성과 마찬가지로 정서적·인지적·행동적 측면을 포함한다. 그러나 각 종교는 그 대상이나 교리, 종교적 행위 등에 상당한 차이가 존재하므로 일종의 문화체계로 이해될 수 있으며, 인류 보편의 가치에 대한 추구보다 교리와 믿음을 우선에 둔다는 점에서 도덕성과 차이가 있다. 선행연구에 의하면 종교성과 도덕성은 서로 관련이 있지만 도덕적이지 않으면서 종교적이거나 종교적이지 않으면서 도덕적일 수 있으므로 두 개념은 구분되어야 한다.

요약하면, 도덕성은 개인의 욕구와 특성, 사회적 규범, 문화, 시대적 이슈를 초월한 인류 보편의 선과 가치에 대한 추구를 의미하며, 정서적·인지적·행동적 측면을 포괄하는 통합적 자아상에 해당한다.

2) 도덕성의 발달

(1) 도덕성 발달 이론

도덕성 발달에 대한 이론은 인간이 보편적 선의 개념과 옳은 행동에 대한 규준을 어떻게 내면화하는지에 대한 설명과, 도덕에 대한 이해, 판단, 추론의 수준이 인지 발달과 함께 어떻게 변화하는지에 대한 설명으로 구분된다. 정신분석이론과 사회학습이론은 주로 사회적 규범의 내면화 원리와 과정에 대해 설명하며, 피아제(Piaget)와 콜버그(Kohlberg)의 이론은 도덕적 판단과 추론의 단계별 변화에 대해 설명한다.

① 정신분석이론

프로이트(Freud)에 의하면 도덕성은 남근기(phallic stage) 또는 오이디푸스기(oedipus stage)인 만 3~6세경에 나타난다. 이 시기에 남아는 성기에 대한 관심이 시작되어 타인의 성기를 보거나 비교하고 싶어 하고 자신의 성기를 만지고 놀기도 한다. 또한 공격적이고 영웅적인 남자에 대한 환상에 빠지는데 이것이 첫 번째 이성인 어머니에게 향한다. 남아는 동성의 부모인 아버지에게 경쟁심과 질투를 느끼지만 아버지에 대한 사랑 때문에 죄책감을 동시에 느끼고, 여자에게 음경이 없는 것을 보면서 거세의 위협을 느낀다. 이러한 정서는 남아가 어머니에 대한 자신의 성적 욕구를 억제하고 사회적으로 수용 가능한 승화된 사랑을 발달시키도록 돕는다. 나아가 아버지를 질투하기보다 동일시를 통해 아버지와 같은 사람이 되고자 노력함으로써 아버지에 대한 적대감을 극복한다. 여아 역시 아버지에 대한 사랑을 느끼면서 어머니에게 경쟁의식을 갖게 된다. 남아는 거세 위협을 통해 성적 충동을 억제하지만 여아는 부모의 애정을 상실할 것 같은 두려움과 불안을 통해 충동을 억제한다. 즉, 프로이트의 이론에서 도덕성의 발달은 이성 부모에게 느끼는 성적 에너지에 대한 죄책감과 거절 및 처벌에 대한 불안에서 비롯된다. 또한 자신의 성적 욕구를 억제하고 부모와 자신을 동일시하는 초자아의 발달을 통해 도덕적 규준이 내면화된다. 그러나 최근에는 죄책감이나 불안이 도덕성 발달의 근원이라는 프로이트의 견해가 지지를 받지 못하고 있다. 오히려 이러한 정서에 과도하게 노출되는 것은 낮은 수준의 자존감, 자기비난, 높은 수준의 문제 행동과 관련이 있다(Kochanska, Gross, Lin, & Nichols, 2002). 높은 수준의 도덕성은 부모와의 안정적인 애착을 바탕으로 타인의 의도,

감정, 생각, 행동의 결과 등에 대한 꾸준한 훈육을 통해 지원할 수 있다(Kochanska, Aksan, Knaack, & Rhines, 2004).

② 사회학습이론

사회학습 이론가들은 강화와 모델링이 도덕적 행동을 습득하는 핵심 기제라고 주장한다. 인간의 도덕 행동은 인정, 사랑, 보상의 제공과 같은 강화에 의해 촉진된다. 도덕 행동을 강화하기 위해서는 강화의 대상이 되는 행동이 선행해야 하는데 이러한 행동은 자연 상태에서 빈번하게 나타나지 않으므로 한계가 있다. 한편, 타인의 행동에 대한 관찰과 모방은 매우 즉각적이고 빠르게 일어난다. 유아들은 관찰만으로 새로운 행동을 쉽게 학습한다. 반두라(Bandura)는 이러한 관찰학습이 상당히 인지적인 과정이며 새로운 행동이 가져올 결과에 대한 학습까지 가능하게 함으로써 사회화에 효율적이라고 하였다. 또한 반응적이고 친숙한 성인의 행동은 더 쉽게 모방되므로 도덕 행동의 발달을 촉진할 수 있다. 그러나 사회학습이론은 도덕성을 단지 사회적 규범을 내면화하는 과정과 그 결과로 설명한 것에 대해 비판을 받아 왔다. 역사적으로 어떤 사회적 규범은 인간의 존엄성과 보편적 가치에 위배되었으며 고의적으로 사회적 규범을 위반하는 것이 오히려 더 높은 수준의 도덕성을 반영하였다. 예를 들어, 마틴 루서 킹은 인종에 대한 사회적 규범을 담은 버스의 차별적 좌석제에 반대하여 보이콧을 벌였다. 사회적 규범의 우위에 있는 인류 보편의 선과 가치에 대한 인식, 타인의 고통에 대한 공감과 타인의 복지를 추구하려는 성향은 도덕성 발달의 필수적인 요인이므로 이에 대한 고려가 필요하다.

③ 피아제의 도덕성 발달 이론

인지 발달 관점의 이론가들은 부모와의 동일시나 강화, 모방 등을 통해 도덕성이 발달한다는 주장에 반대하였다. 이들은 개인의 인지적 성숙과 사회적 경험이 도덕적 이해의 발달을 이끌며, 특히 사회적 갈등 상황에서 무엇이 옳은 것이며 어떻게 해결하는 것이 최선인지에 대해 사고하는 과정을 통해 보편적 선에 근접한 지식을 구성해 나간다고 하였다. 피아제는 도덕성의 발달을 연구하기 위하여 5~13세의 스위스 아동을 대상으로 흥미로운 실험을 실시하였다. 연구에 사용된 이야기는 행동의 의도와 결과가 불일치하는 상황으로, 예를 들어 존은 저녁을 먹으러 가다가 컵 15개를 깨뜨리고 헨리는 잼을 훔치러다 컵 1개를 깨뜨린 상황이었다. 그는 이 이야기에서 누가 잘못된 행동을 한 것인지, 그 이유는 무엇인지 질문하고 아동의 응답에 기초하여 도덕적 이해력의 단계를 제시하였다.

피아제는 10세 이하의 아동은 타인의 권위하에서 규칙을 이해한다고 하여 타율적 도덕성(heteronomous morality)이라 명명하였다. 이 시기의 아동은 신이나, 부모, 교사가 규칙을 제정하는 것이며 이러한 권위는 영구적이고 불변한다는 인식을 가지고 있다. 따라서 규칙에 대한 순종은 당연한 것이며 타인의 관점에서 규칙이 다르게 인식될 수 있음을 이해하지 못한다. 이 때문에 행동의 의도보다는 결과에 초점을 두어 더 많은 컵을 깬 존이 잘못이라고 말한다.

반면, 10세 이상 아동의 경우 규칙은 사회적으로 합의된 원칙이므로 권위 있는 대상에 의해 고정될 수 없고 융통성을 가진다는 것을 이해한다. 피아제는 이를 자율적 도덕성(autonomous morality)이라 명명하였다. 또한 이 시기의 아동은 어떤 행위에 대한 해석이 관점에 따라 다를 수 있으며 행위의 결과보다는 의도가 판단의 기준이 되어야 한다고 생각한다. 따라서 잼을 훔치려 한 의도를 가지고 있는 헨리가 잘못이라고 말한다. 이 시기의 아동은 타인의 관점을 고려하기 시작하면서 자신과 타인에게 동일한 관점을 적용하기 시작하는데 이를 상호성이라 한다. 초기 단계의 상호성은 '네가 나를 때렸으니 나도 너를 때릴 거야.' 와 같은 형태로 나타나지만 점차 '남에게 대접받고자 하는 대로 남을 대접하라.' 와 같이 보편적 가치를 추구하는 방향으로 발전한다.

피아제의 이론은 도덕성의 전반적인 발달 경향을 잘 설명하고 있지만, 10세 이전의 아동도 어떠한 사회적 규칙이 맥락에 따라 옳지 않을 수 있다는 것에 대한 이해를 보인다는 증거가 있다. 예를 들어, 아동은 거짓말을 하면 안 된다는 규칙을 고수하는 경향을 보이지만 친구가 그린 그림을 보고 싫다고 말하는 것은 비록 진실일지라도 옳은 행동이 아니라고 말한다(Bussey, 1999). 또한 10세 이전의 아동에게 부모나 교사의 권위가 절대적인 것은 사실이지만, 때리기나 도둑질과 같은 행위를 한 성인은 나쁘다고 판단한다(Smetana, 1981). 실제로 많은 아동에게서 타율적 도덕성과 자율적 도덕성이 동시에 관찰되므로 피아제는 각 단계별 특성이 경향성을 가지고 서서히 진보해 가는 것이며 유동성을 가진다고 하였다.

④ 콜버그의 도덕성 발달 이론

콜버그는 피아제의 연구를 계승하여 도덕적 이해력에 대한 단계 이론을 심화시켰다. 그는 도덕적 딜레마가 담긴 이야기를 새롭게 구성하여 주인공이 무엇을 해야 하고, 왜 해야 하는지 질문하였다. 그중 대표적인 스토리는 '하인즈 딜레마'로 인간 생명에 대한 가치와 법 준수가 충돌하는 상황을 기술하고 있다. 콜버그는 도덕적 갈등 상황의 쟁점을 파악하는 능력과, 이를 해결하기 위해 다양한 관점을 고려하고 통합하는 조망수용 능력이 도덕적 이해력에 영향을 끼친다고 하였다. 그는 크게 세 단계의 도덕적 이해 수준을 제시하고 이를 세부적으로 여섯 단계로 구분하였다.

> 하인즈라는 남성의 아내가 불치병으로 거의 죽음을 향해 가고 있었다. 같은 마을에 사는 약사는 그녀를 구할 수 있는 약을 가지고 있었으나 하인즈에게 약값의 10배를 요구하였다. 하인즈는 빌릴 수 있는 만큼 돈을 빌렸지만 약값의 절반밖에 모으지 못했다. 약사는 약값을 깎아 줄 수 없다고 하였고 나중에 갚겠다는 요구도 거부했다. 하인즈는 절망하게 되었고 결국 약국에 침입하여 아내를 위해 약을 훔쳤다. 하인즈는 그렇게 해야만 했는가? 왜 그래야 했는가? 아니면 왜 그러지 말아야 했는가?

출처: Colby, Kohlberg, Gibbs, & Lieberman(1983).

첫 번째 단계는 전관습적 수준(preconventional level)으로 Piaget가 제시한 타율적 도덕성이 나타난다. 이 시기의 아동은 권위적 인물의 규칙을 수용하고 행동의 의도보다는 결과에 초점을 두기 때문에 좋은 결과를 가져오는 행동이 좋은 것이라는 지극히 단순한 사고를 한다. 이 시기는 다시 두 단계로 구분되는데, 처벌과 복종을 지향하는 1단계에서는 도덕적 딜레마 상황이 담고 있는 두 가지 관점을 모두 고려하지 못하기 때문에 하인즈의 행동에 찬성하든 반대하든 '나쁜 행동을 하면 처벌받기 때문에 하면 안 된다.'는 인식이 나타난다. 도구적 목적을 지향하는 2단계에서는 도덕적 딜레마 상황이 관점에 따라 다르게 인식될 수 있다는 것은 이해하지만 사회적 규범과 관련된 기준이 적용된다는 증거는 보이지 않는다.

두 번째 단계는 관습적 수준(conventional level)으로 사회적 규칙에 대한 존중 의식이 나타나며 이를 유지하는 것이 인간관계와 사회 유지에 도움이 된다고 생각한다. 이 시기는

1단계: 처벌과 복종의 지향(예시)
• 찬성: 아내를 죽게 내버려 두면 아내를 위해 돈을 쓰지 않았다고 비난받고 조사를 받을지도 모른다.
• 반대: 약을 훔치면 안 된다. 감옥에 가기 때문이다.
2단계: 도구적 목적 지향(예시)
• 찬성: 약사나 하인즈 모두 자신이 원하는 것을 할 수 있다. 하인즈가 아내를 위해 감옥에 가도 괜찮다고 생각하면 그렇게 할 수 있다. 결정은 자신에게 달려 있다.
• 반대: 하인즈는 아내를 구하는 것보다 더 큰 위험에 빠지게 된다.

다시 두 단계로 구분되는데, 3단계는 착한 아이 지향 또는 대인관계적 협동의 도덕성 지향의 단계다. 이 단계에서는 외부 관찰자로서 양쪽의 관점을 모두 조망하려는 시도가 나타나며 가까운 사람과의 관계에서 신뢰와 사랑을 유지하기 위해 규칙에 순응하고 상호호혜성을 추구한다. 4단계는 사회적 질서 유지 지향의 단계로, 사회 관습적 법과 같은 보다 큰 체계에 대한 인식이 나타난다. 도덕적 선택의 기준은 개인적 관계보다는 공동의 선을 기반으로 하여야 하며 법이 사회적 질서와 개인의 관계를 보증한다는 인식이 나타난다.

3단계: 착한 아이 지향 또는 대인관계적 협동의 도덕성 지향(예시)
• 찬성: 약을 훔치지 않으면 비인간적인 사람으로 남게 될 것이다. 아내를 죽게 내버려 두면 다시는 어느 누구의 얼굴도 볼 수 없게 될 것이다.
• 반대: 약사만이 그를 범죄자라고 생각하진 않을 것이다. 하인즈 역시 가족에게 얼마나 불명예스러운 일을 했는지 알고 힘들어질 것이다.
4단계: 사회적 질서 유지의 지향(예시)
• 찬성: 하인즈에게는 혼인 서약을 통해 아내의 생명을 보호할 의무가 있다. 그러나 약값에 대한 지불이나 법을 어긴 처벌에 대해 생각해야 할 것이다.
• 반대: 비록 아내가 죽어 가도 법을 준수하는 것은 시민으로서 여전한 의무다. 이러저러한 이유로 법을 어기기 시작하면 범죄와 폭력이 난무할 것이다.

세 번째 단계는 후관습적 수준(postconventional level)으로 사회적 규칙이나 법을 초월한 보편적 선과 가치에 대한 인식이 나타난다. 이 단계는 다시 두 가지 세부 단계로 구분되는데, 5단계는 사회적 계약의 지향 단계로 사회적 규칙과 법은 결국 인간을 위해 존재하므로 이에 대한 대안이 존재할 수 있음을 인식한다. 그러나 법은 존재함으로써 인간에게 유익을 주는 측면이 있으므로 자신의 의지에 의해 순응하는 것이 좋다고 여긴다. 6단계

는 보편적인 윤리적 원칙 지향 단계로, 옳은 행동은 양심에 의한 자신의 윤리적 선택에 의해 정의되며, 각 사람에 대한 가치와 존엄에 대한 인식이 나타난다.

5단계: 사회적 계약의 지향(예시)
• 찬성: 도둑질을 제재하는 법이 개인의 생명권을 침해하는 의미를 가지고 있지 않다. 약을 훔치는 것은 법을 위반하는 행위이지만 하인즈는 이를 정당화할 수 있다. 법은 하인즈의 상황을 고려하여 재해석되어야 한다.

6단계: 보편적인 윤리적 원칙 지향(예시)
• 찬성: 하인즈가 아내를 구하기 위한 행동을 하지 않으면 그가 생명의 가치보다 무엇인가를 더 우위에 두고 있다는 의미가 된다. 생명에 대한 존중 이상으로 사유재산에 대한 존중이 있다는 것은 이해할 수 없다. 인간 생명에 대한 존중은 절대적인 것이며 죽음으로부터 서로를 지키고 보호할 의무가 있다.

콜버그는 종단연구를 통해 도덕적 이해 수준이 연령과 높은 정적 상관을 보이며 각 단계에 따라 순차적인 발달이 이루어진다는 것을 확인하였다. 그러나 도덕적 추론의 발달 경향은 느린 편이어서 1단계와 2단계 추론은 초기 청소년기에 이르러서야 감소되며, 3단계 추론은 청소년 중기에 증가한다. 4단계는 초기 청소년기부터 높아지기 시작하여 성인기까지 지속된다. 5단계 이상으로 발달하는 사람은 매우 드문 편이었다(Colby et al., 1983). 가설적 딜레마 상황을 이용한 콜버그의 단계 이론은 도덕성이 발달하는 경향에 대한 세부적인 설명을 가능하게 하였지만, 특정 단계에 있는 개인이 언제나 모든 상황에서 같은 추론 수준을 보이는 것이 아니라는 사실이 한계로 지적된다. 특히 일상생활과 관련된 도덕적 딜레마 상황에서 대부분의 사람은 더 낮은 수준의 추론을 보이는데, 이는 수많은 현실적인 고려와 개인적 경험, 정서적 요인이 개입되기 때문이다. 또한 길리건(Gilligan)은 콜버그의 이론이 주로 남성 면접의 결과에 기초하여 구성되어 여성의 도덕적 특성을 반영하지 못한다고 주장한다. 콜버그는 대인관계에 대한 배려와 책임감에 기초한 도덕성을 3단계로 명시하였으나 길리건은 보편적 권리와 공정성을 기반으로 한 추론보다 타인에 대한 배려를 기반으로 한 도덕성이 더 낮은 수준으로 평가되는 것이 타당한지에 의문을 제기하였다. 성차에 대한 연구는 여성의 도덕성이 보호나 감정이입에 더 초점을 두고 있으며(Weisz & Black, 2002) 여성이 보호와 관련된 도덕적 쟁점에서 더 높은 수준의 도덕추론을 한다는 것을 보여 준다(Skoe, 1998). 그러나 성평등 의식이 강한 노르웨이에서는 오히려 남성이 보호와 관련된 쟁점에서 더 높은 수준의 도덕적 이

해를 보였으며(Skoe, 1998), 타인에 대한 배려를 강조하는 집단주의 문화인 일본에서는 남성이나 여성 모두 보호와 공정성을 통합한 추론을 하였다(Shimizu, 2001). 또한 도덕적 추론에서 남성과 여성의 차이는 사실상 면접에서 사용되는 각 딜레마 상황의 특성에 의한 것이라는 주장도 있다(Jaffee & Hyde, 2000). 즉, 도덕성의 발달에서 생물학적 차이나 문화적 차이를 초월한 보편적 발달단계를 가정할 수 있을 것인지는 여전히 도전적인 문제라 할 수 있다.

(2) 도덕성 발달의 영향요인
① 연령

도덕성 발달에 대한 단계 이론들은 대부분 연령이 높아질수록 도덕성 수준이 높아진다는 것을 가정한다(Kohlberg, 1969; Rest, 1979). 유아기는 도덕적 원리에 대한 초보적 의식이 출현하는 시기로, 약 3세경부터 사회적 관습과 도덕적 원리를 구별하려는 시도를 보이며, 분배 시 공정성을 추구하려는 경향이 나타난다. 만 3세의 유아는 사회적 관습에 위배되는 행동보다 도덕적 원리에 위배되는 행동을 더 나쁘다고 판단한다. 예를 들어, 손가락으로 아이스크림을 먹는 행동보다 물건을 훔치는 행동이 더 나쁘다고 판단한다. 또한 교사나 부모의 권위가 절대적이라는 인식을 가지면서도 권위를 가지는 인물의 도덕적 위반 행동은 잘못된 것이라고 판단한다(Smetana, 1995). 우리나라의 만 4~5세 유아들 역시 개인적 영역, 사회 관습적 영역, 도덕적 영역의 도덕적 상황을 명확하게 구분하는 것으로 나타났다(최미숙, 2010). 그러나 유아의 도덕적 이해는 여전히 제한적인 측면이 있다. 피아제가 주장한 것처럼 유아는 타율적 도덕성 단계에 머물러 어떤 사람이 아무리 선한 의도를 가지고 있어도 도둑질이나 거짓말은 항상 나쁘다는 주장을 하는 경향이 있다(Lourenco, 2003). 학령기에 이르면 아동은 사회적 규칙의 목적, 타인의 의도와 신념, 다양한 사회적 맥락을 고려하기 시작하면서 사회적 규칙이 내포한 도덕적 원리의 정당성을 판단하기 시작한다. 예를 들어, 안전을 이유로 학교 복도에서 뛰지 않아야 한다는 규칙은 수용하지만, 놀이터에서 선을 밟지 말라는 규칙은 정당성이 결여되어 있다고 판단한다(Buchanan-Barrow & Barrett, 1998). 또한 깃발을 불태우는 행동은 나쁘지만 국가가 국민을 부당하게 취급하는 것에 대한 표현으로 깃발을 불태우는 행동은 수용될 수 있다는 것을 알게 된다(Helwig & Prencipe, 1999).

일상생활에서 종종 경험하는 도덕 원리 중 분배 공정성에 대한 인식 역시 유아기를 거치면서 변화한다. 4세 이하의 유아들은 공정성이 중요하다는 인식을 보이지만 자기에게 유리한 방향으로 쉽게 편향되는 특성을 보인다. 5~6세경에 이르면 엄정한 동등 의식이 나타나 모든 사람이 똑같은 양을 소유하는지를 매우 중요하게 생각하는 경향을 보인다. 6~7세가 되면 여분의 보상이 누구에게 돌아가는 것이 옳은지에 관심을 보인다. 예를 들어, 특별한 기여를 한 사람에게는 그만큼의 추가적 이득이 돌아가야 한다고 생각한다. 8세에 이르면 동등과 자선에 대한 의식이 나타난다. 특별한 기여를 한 사람이나 배려를 필요로 하는 사람에게 여분의 양을 제공해야 한다는 의식이 나타난다.

이처럼 사회적 규범 및 분배 공정성에 대한 도덕적 인식의 변화는 연령의 증가와 관련이 있지만, 앞서 언급한 바와 같이 초기 청소년기에 이르기까지 아동의 도덕적 판단 수준은 상당히 더디게 변화하는 경향이 있다(Colby et al., 1983). 또한 단지 연령에 의한 성숙이 도덕성 발달에 영향을 끼치는 것은 아니며 유아가 외부 세계와 상호작용하는 데 영향을 끼치는 다양한 변수, 예컨대 기질, 인지능력의 발달, 부모 및 또래 상호작용의 질 등이 연령에 따른 변화를 예견하므로 이러한 변수들을 종합적으로 고려할 필요가 있다.

② 부모

부모가 자녀의 사회화에 의미 있는 역할을 한다는 것은 잘 알려져 있다. 특히 사회학습이론의 관점에서 부모는 자녀에게 가장 강력한 모델링의 대상이다. 많은 연구는 다정하고 반응적인 부모, 권위 있는 부모, 말과 행위에 일관성이 있는 부모, 설명하고 대화하는 부모가 자녀의 도덕성 발달을 지원한다고 보고한다. 훈육은 자녀의 사회화에 효과적으로 사용될 수 있으나 잘못된 처벌을 통한 훈육은 오히려 좋지 않은 결과를 초래한다. 대신 다정하고 반응적인 관계는 유아로 하여금 부모의 말과 행동에 대한 수용성을 증가시키며 그 자체로 친사회적 모델이 된다(Yarrow, Scott, & Waxler, 1973). 유아는 권위 있는 대상을 모방하기 좋아하는 속성을 가지고 있으므로 부모는 자연스럽게 모델링의 대상이 된다. 부모의 권위는 말과 행위의 일관성에 의해 지원될 수 있다. 실제로 모델링하는 대상의 말과 행동이 다른 경우(예: 다른 사람을 돕는 것이 중요하다고 말을 하면서 돕는 행동을 거의 하지 않는 경우), 유아는 그 행동을 거의 모방하지 않는다(Mischel & Liebert, 1966). 유아가 사회적 규범을 위반하는 행동을 할 때 많은 부모가 그저 굴복시키거나 비난하거나 애정

을 철회하는 등의 부정적 처벌을 사용하지만, 가장 효과적인 방법은 상호 유대관계 속에
서 옳은 행동을 지속적으로 가르치고 좋은 수행을 격려하는 방법이다(Zahn-Waxler &
Robinson, 1995). 또한 타임아웃과 같은 비교적 부드러운 처벌을 사용하는 경우에도 유
아의 행동에 대한 설명과 대화를 덧붙이는 것이 문제 행동의 감소에 훨씬 더 효과적이다
(Larzelere, Schneider, Larson, & Pike, 1996).

③ 또래

또래는 유아 자신과 동등한 권리와 의무를 가진 사회적 대상으로, 또래와의 상호작용
은 유아가 타인의 관점을 인식하고 도덕적 추론능력을 발달시키는 데 매우 중요하다. 또
래와의 상호작용은 의견 불일치 및 갈등 상황을 포함하는데 이를 해결하기 위한 시도 자
체가 인지적 자극이 되며 협상과 타협에 참여하는 과정을 통해 도덕적 판단력이 발달한
다. 유아는 또래와의 관계를 통해 사회생활이 동등한 관계의 협상과 협동에 기초할 수
있음을 인식하게 된다(Killen & Nucci, 1995). 실제로 친구와 더 자주 대화하는 것은 도덕
적 추론능력과 정적 관련이 있다(Schnoert-Reichel, 1999). 또한 여러 인종이 함께 교육받
는 환경의 청소년이 단일 인종 학교에 재학하는 청소년보다 도덕성 발달 점수가 높다
(Edwards, 1978)는 연구 결과를 보면 다문화 환경이 다양한 가치체계의 노출과 의견 조
정과정을 통해 도덕적 수용성을 높이고 도덕성 발달에 기여하는 것으로 보인다.

④ 사회문화

산업화된 사회의 구성원은 콜버그의 도덕 발달 단계에서 더 높은 수준에 배치되는 경
향이 있다. 콜버그의 도덕성 발달 단계 중 4단계 이상은 법과 같은 사회적 제도에 대한
판단을 포함하는데, 산업화 이전 사회의 도덕성은 주로 개인 간 윤리를 기반으로 하여
형성되고 유지되므로 법, 정부, 사회제도 등에 대한 인식은 상대적으로 약하게 나타난
다. 각 사회가 가지는 독특한 문화 역시 도덕적 판단에 영향을 끼친다. 집단주의 문화가
강한 사회의 개인은 도덕적 딜레마 상황에서 개인의 권리와 양심, 전체 사회의 구조와
제도를 지적하기보다 동일 집단 내 타인의 의무를 강조하는 경향이 있다. 예를 들어, 뉴
기니 마을의 지도자는 하인즈 딜레마 상황을 듣고 "내가 판사라면 하인즈에게는 가벼운
처벌을 하겠다. 그가 모두에게 도움을 요청하였는데 아무도 그를 도와주지 않았다."라

며 하인즈가 속한 집단 내 타인을 비난하였다(Tietjen & Walker, 1985). 반면, 서구사회에서 교육 수준이 높은 개인은 하인즈의 도덕적 딜레마 상황에 대한 책임이 전체 사회에 있다고 응답한다. 즉, 서구화된 문화적 배경에서 성립된 콜버그의 이론이 다른 사회문화적 차이에도 불구하고 보편성을 획득할 수 있을지는 여전히 논의가 필요하다.

② 도덕성과 집단생활 교육

1) 교육내용

유아의 도덕성 발달을 위해 교사는 무엇을 가르쳐야 하는가? 도덕교육의 내용은 일련의 대인관계 규칙 목록과 동일시되기 쉽다. 그러나 규칙을 나열하다 보면 그 양이 어마어마해서 무엇부터 가르쳐야 할지 정하는 데 곤란할 것이다. 또한 특정 규칙들은 사회문화적 배경이나 교사 개인의 가치관에 따라 해석이나 적용, 우선순위에서 차이가 발생할 것이다. 따라서 이러한 규칙들이 도출될 수 있는 몇 개의 상위 원칙을 통해 교육내용을 구성하는 것이 효율적일 것이다. 이 책에서는 유아들에게 가르쳐야 할 도덕교육의 내용을 권위인식과 순응, 권리와 의무 인식, 자신 및 타인 이해, 인간 복지의 관점, 도덕적 판단과 추론으로 구분하여 살펴본다.

(1) 권위인식과 순응

외적 권위를 인식하고 순응하는 것이 도덕교육의 전부여서는 안 되지만 도덕교육에서 이 원칙은 매우 중요하다. 어떤 규범은 구체적인 권위로부터 나온다. 예를 들어, '작은 일에도 최선을 다하라.'는 규범을 따르는 것은 '아버지가 항상 그것을 강조하셨기 때문'일 수 있다. 그러나 이러한 규범이 개인 안에 내면화되는 것은 단지 아버지가 그렇게 말씀하셨기 때문이 아니라 아버지의 조언이 실질적으로 가치 있게 여겨질 만큼 아버지의 권위가 인정되기 때문이다. 교실에서 교사의 권위 역시 마찬가지다. 교사가 정한 규칙에 대해 어떠한 질문도 허용하지 않고 규칙 위반에 대한 벌을 준다고 해서 권위가 서는 것이 아니다. 반대로 교사의 권위에 대한 인정이 유아들로 하여금 자발적으로 규칙에 순응하도록 만든다.

일부 교사는 혼잡한 교실을 통제하고 유아들을 일사불란하게 움직이기 위해 권위가 필요하다고 생각하며 엄한 목소리와 태도, 규칙을 어긴 유아에 대한 공개적인 훈육이 유아들의 권위인식에 도움을 준다고 생각한다. 그러나 교사의 엄한 목소리나 태도를 통해 교사가 화가 났다는 것을 눈치채고 교사의 말에 따른다고 해서 유아의 도덕성이 발달하는 것은 아니다. 그러한 교실의 유아도 "교실에서 뛰지 말아야 해요. 다른 친구들이 다칠 수 있으니까요."라고 말할 수 있다. 그러므로 훈육의 초점은 유아가 규칙의 내용이나 수행 결과를 아는 것보다 규칙을 이행하는 동기를 형성시키는 것에 맞추어져야 한다.

권위 있는 교사는 규칙 목록을 나열하기보다 규칙의 형성과정을 지원함으로써 유아들이 자발적으로 규칙을 이행하도록 돕는다. 출발은 교실에서 일어나는 상황에 대해 문제를 제기하는 것이다. 예를 들어, 특정 장난감이나 교구에 대해 다툼이 자주 일어난다고 가정하자. 교사는 '순서를 정하고 모든 유아가 이를 지켜야 한다.'는 규칙을 제시하기보다 '우리가 함께 이를 해결할 필요가 있다.'고 말한다. 유아들은 이 문제를 해결하기 위해 다양한 의견을 제시할 수 있으며, 어떠한 규칙을 정할 것인지 서로의 의견을 비교하며 논의할 수 있다. 최종적으로 어떠한 규칙을 세울 경우 모든 유아가 정당한 이유에 대해 이해하고 순응하는 것을 전제로 한다. 또한 규칙은 누군가의 새로운 문제 제기에 의해 다시 조정되고 수정될 수 있다는 것도 공유한다. 이러한 과정을 통해 유아는 규칙이 무엇인지 배울 뿐만 아니라 도덕적 갈등 상황을 해결하는 데 있어 모두의 의견이 존중받는 가운데 규칙을 세울 수 있다는 것을 경험하게 된다. 교사가 유아를 존중하는 태도는 자연스럽게 교사의 권위에 대한 인정과 자발적 순응으로 이어질 수 있다.

(2) 권리와 의무 인식

권리는 어떤 일을 행하거나 타인에 대하여 당연히 요구하고 누릴 수 있는 자격을 의미하며, 의무는 마땅히 하거나 지켜야 하는 일이나 직분을 의미한다. 권리와 의무의 사회적 의미에 대한 인식은 민주시민으로서 자유와 책임의 균형 있는 삶을 살아가는 데 필수적이다. 또한 개인과 개인 또는 개인과 사회의 관계를 규정한다는 점에서 중요한 도덕 지식으로 활용될 수 있다. 유아기는 권리와 의무의 사회적 의미를 이해하기 어려운 시기이나, 교실에서 자신이 할 수 있는 것과 할 수 없는 것, 해야 하는 것과 해서는 안 되는

것에 대해 배우면서 자유와 책임, 개인과 사회의 관계에 대한 지식 기반을 구축할 필요
가 있다.

　　1989년 유엔은 18세 미만 아동의 모든 권리를 담은 국제적인 약속인 「아동권리협약」
(Convention on the Rights of the Child: CRC)」을 채택하였다. 2013년 현재 한국을 포함한 193개
국이 이 협약에 서약하였다. 유엔 「아동권리협약」에서는 아동이라면 누구나 생존, 보호,
발달, 참여에 대한 권리를 누려야 함을 보장하고 있다. 즉, 아동은 기본적으로 삶을 누리
는 데 필요한 조건을 보장받고 각종 유해한 것들로부터 보호받을 권리를 지닌다. 또한
자신의 잠재능력을 최대한 발휘하는 데 필요한 기회를 제공받으며, 자신의 생활에 영향
을 주는 일에 대해 의견을 말하고 참여하고 존중받을 권리를 가진다. 「아동권리협약」의
기본 원칙은 무차별, 아동 최선의 이익, 생존과 발달의 권리, 어린이 의견 존중을 기본으
로 한다. 아동은 어떠한 이유로든 차별 없이 동등한 권리를 누려야 하며, 아동에게 영향
을 미치는 무엇인가를 결정할 때 아동의 이익을 최우선적으로 고려하여야 한다. 또한 아
동의 생존과 발달을 위해 다양한 보호와 지원을 받아야 하며, 책임감 있는 성인으로 성
장하기 위해 자신의 능력에 맞는 사회활동에 참여하고 자신의 생활에 영향을 미치는 결
정에 참여함으로써 그 의견을 존중받아야 한다. 협약의 이행에 대한 책임은 일차적으로
국가에 있으며, 유엔아동권리위원회, 민간단체, 어른 역시 이행의 책임이 있다. 그러나
아동 역시 다른 아동의 권리를 지킬 책임이 있다. 자신의 권리가 소중한 만큼 타인의 권

● 어린이의 약속 ●

　나의 권리를 소중하게 여기며
　친구들의 권리도 잘 지켜 주겠습니다.
　다르다는 이유로 차별하지 않으며
　무시하거나 괴롭히지 않겠습니다.
　어려운 친구들을 도와주겠습니다.
　서로 사랑하며 존중할 것을 약속합니다.
　어른이 되어도
　어린이의 권리를 지켜 주기 위해
　계속 노력하겠습니다.

그림 8-1 ｜ 어린이의 권리 보장에 대한 어린이들의 약속

출처: 유니세프한국위원회.

리도 지켜 주어야 하는 것이다. 따라서 「아동권리협약」의 내용과 정신은 유아들을 위한 도덕교육의 내용에 포함되어야 한다. 유엔은 아동의 권리에 대한 아동 스스로의 책임을 유아들이 이해하기 쉬운 글로 제시하였다([그림 8-1] 참조). 교실의 일상생활에서 이러한 약속이 유아와 유아의 관계에서 실천되어야 할 뿐 아니라 교육활동에서 상호작용의 원리가 직간접적으로 적용되고 실천되어야 한다.

(3) 자신 및 타인 이해

도덕은 대인관계 규범으로, 도덕성을 기르기 위해서는 자신 및 타인에 대한 이해가 뒷받침되어야 한다. 인간이 무엇을, 어떻게, 왜 생각하고 느끼고 행동하는지에 대한 사실적 지식들은 이성적인 도덕 판단과 추론을 위한 전제조건이다. 유아는 자신의 행동이 타인에게 영향을 줄 수 있음을 알아야 하고, 사람들이 어떠한 방식으로 생각하고 행동하는지를 이해해야 한다. 유아는 타인에 대해 자신이 경험한 정서, 태도, 구체적 행동을 기반으로 하여 타인에 대한 지각을 형성하는데, 주로 성격 특성을 언급하는 경향이 있다(예: "민수는 화를 잘 내."). 또한 유아기부터 인종이나 사회적 계층 등 사람들 간의 다양성과 불평등에 대한 인식이 나타난다. 유아가 의복, 주거지, 소유물과 같은 물리적 특성에 기초하여 부자와 가난한 사람을 구별한다는 연구 결과도 있다(Ramsey, 1995). 즉, 유아기는 사회에 널리 퍼져 있는 사회적 태도와 편견을 흡수하고 동화되기 시작하는 시기이므로 사람들의 다양성을 인정하고 존중할 수 있는 태도가 유아기 도덕교육에 포함되어야 한다.

교실에서 일어나는 수많은 사건은 유아가 자신이나 타인에 대해 가지고 있는 지식을 반영하며, 이러한 지식이 확장될 수 있는 기회를 포함한다. 예를 들어, 기분이 좋아서 뛰다가 옆 친구가 쌓던 블록탑을 무너뜨린 유아를 가정하자. 친구가 울음을 터뜨리자 교사와 다른 유아들이 일제히 교실 안에서 뛰던 유아를 쳐다본다. 그 유아는 자신이 친구의 블록탑을 무너뜨릴 의도가 없었다는 사실과 친구의 블록탑이 무너졌다는 사실, 그리고 모두가 자신을 블록탑을 무너뜨린 장본인처럼 쳐다보고 있다는 사실에 당황하게 된다. 어떤 유아는 이러한 상황에서 "난 몰랐어요."라고 화를 낼 수도 있고, 어떤 유아는 무엇을 설명할지 몰라 울음을 터뜨릴 수도 있다. 교사가 "조심했어야지! 친구에게 사과하렴!"이라고 말한다면 유아는 억울함을 느낄 뿐 아니라 자신이나 타인에 대해 아무것도 더 배울 수 없을 것이다. 교사는 "어떻게 된 일이니?"라는 질문을 통해 시작할 수 있다.

또한 "너의 옆에 ○○이의 블록이 있는 줄 알았니?" "블록이 넘어졌을 때 ○○이는 어땠을까?" "우리가 모두 너를 쳐다보았을 때 어땠니?" "○○이는 네가 어떻게 해 주길 바랄까?" 등과 같은 질문들을 통해 유아가 자신의 의도와 행동의 결과를 구분하여 이해하고 바람직한 결론을 도출하도록 도울 수 있다.

특히 자신 및 타인의 감정에 대해 생각하도록 하는 것은 유아의 도덕적 감성을 높이는 데 기여할 수 있다. 타인이 느끼는 감정과 고통에 대한 감정이입, 자신의 잘못에 대해 느끼는 미안함과 책임감은 문제해결의 동기로 작용할 수 있다. "○○이가 그 블록을 꽤 오랫동안 쌓아 올렸다고 하는구나." "○○이가 크게 울었는데 기분이 어땠을까?" "○○이의 블록이 넘어졌을 때 너의 기분은 어땠니?" 등의 질문은 유아가 조금 더 타인의 관점에 대해 생각해 볼 수 있게 돕는다.

(4) 인간 복지의 관점

유아는 도덕적 갈등 상황의 해결에서 개인의 득과 실보다 인간의 복지를 고려하고 채택하도록 배우고 훈련할 필요가 있다. 인간 복지의 관점은 개인이나 특정 집단의 득과 실보다 조금 더 넓은 의미의 집단과 사회를 위한 공동의 이익이 무엇인지 판단하고 이를 추구하는 것을 의미한다. 예를 들어, 옆자리에서 그림을 그리는 두 유아를 가정하자. 한 유아가 실수로 다른 유아의 그림에 물통을 엎었다. 순식간에 그림이 엉망이 되자 유아는 울음을 터뜨렸다. 물통을 엎은 유아가 여러 차례 미안하다고 했지만 그림을 망치게 된 유아는 "네 그림에도 물통을 엎어."라고 말한다. 교사는 그림을 망친 것에 대한 보상으로 상대의 그림도 망가져야 한다고 주장하는 유아에게 무엇을 가르쳐야 하는가. 자신과 타인의 기분에 대해 생각해 보도록 하는 것만으로 문제가 쉽게 해결되지 않을 것이다. 유아는 고의로 상대의 그림을 망가지게 하는 것이 자신의 복지뿐 아니라 상대의 복지에도 좋은 것인지, 즉 이 해결책을 통해 '나'의 복지뿐 아니라 '우리'의 복지가 전체적으로 향상되는지 배울 필요가 있다. 만일 그렇지 않다면 그것이 최선의 해결책인지 다시 고려하여야 한다. 교사는 "네가 ○○이의 그림을 망치게 하는 것이 어떤 점에서 필요하다고 생각하니?" "○○이의 그림을 망가뜨리면 너희 둘 모두의 기분이 나아질까?" "둘 다 기분이 좋아지는 새로운 방법은 없을까?"와 같은 질문을 통해 유아의 생각에 문제 제기를 할 수 있다. 또는 "네가 ○○이의 그림을 똑같이 망치는 것이 좋은 해결책은 아닌 것 같구나. 좋은 해결책은 모두의 마음에 만족을 줄 수 있어야 한단다."라고 조언해 줌으로써 인간 복지의 관점에 대해 더 직접적인 가르침을 줄 수도 있다.

인간 복지의 관점은 도덕 갈등 상황에서 공동의 선을 추구하는 것 외에도, 넓은 의미에서 타인에 대한 배려와 관용, 차별 없는 평등 의식, 공평성, 타인 존중 태도 등의 덕목을 기르는 것을 포함한다. 덕목은 도덕성과 동일한 개념은 아니지만 도덕성을 반영하는 성품이 될 수 있다는 점에서 유아가 이러한 덕목의 의미를 알고 체득할 수 있도록 도와야 한다. 타인에 대한 배려는 도와주거나 보살펴 주고자 하는 마음으로 행동적 실천이 중요하다. 유아들이 어떻게 행동해야 타인에게 도움을 줄 수 있을지, 자신의 어떤 행동이 타인을 불편하게 하는지 등을 생각해 보도록 도와주어야 한다. 유아기에는 타인의 잘못에 대해 '눈에는 눈'으로 반응하는 경향이 나타난다. 교사는 유아가 다른 사람의 잘못을 너그럽게 받아들이는 관용의 가치를 배우도록 지속적으로 격려하여야 한다. 평등은 권리나 의무, 자격 등에서 차별이 없다는 것으로, 유아의 다양성에 대한 인식이 차이에 대한 인식으로 머물지 않고 평등 의식으로 나갈 수 있도록 도와야 한다. 나아가 유아가 다양성을 인정하고 상호 존중하는 태도를 기를 수 있도록 도와야 한다. 공평성은 사물이나 기회의 배분에서 개인의 특성 및 조건을 고려하거나 규칙을 적용하는 등 기준을 적용하여 어느 한쪽으로 치우치지 않고자 하는 태도를 의미한다. 유아기에는 공평성에 대한 개념이 발달하여 '똑같은지 아닌지'에 대한 논쟁을 자주 벌인다. 교사는 유아가 공평한 배분을 하기 위해 다양한 시도와 토론을 벌일 수 있는 분위기를 조성해 주어야 한다. 또한 여분의 지분에 대해 누가 더 가지는 것이 공평한지에 대해 생각해 볼 수 있는 기회를 제공하여 유아가 타인의 이익이나 자선의 개념도 획득해 나갈 수 있도록 지원하여야 한다.

(5) 도덕적 판단과 추론

도덕성 발달은 사회화의 산물로 여겨지나, 여기에는 특정한 종류의 상호작용이 관여한다. 즉, 다양한 도덕적 딜레마 상황에서 유아가 자신의 견해를 인식하고 타인의 도전과 자극을 통해 보다 진보된 견해로 나아갈 수 있도록 격려하는 상호작용이 도덕적 추론 능력을 발달시킨다. 유아를 존중하는 분위기에서 이루어지는 토론은 유아가 단지 타인의 견해를 받아들이는 데 그치지 않고 자기 스스로의 견해를 형성하도록 돕는다. 종종 교사들은 성급하게 의미 있는 결론을 제시하여 유아들의 논쟁을 마무리하고 교육적 효

| 표 8-1 | 유아도덕교육의 내용과 구체적인 활동 예시 |

유아도덕교육의 내용	구체적인 활동 예시
권위인식과 순응	교실의 규칙 지키기, 어른께 인사하기, 예절 배우기 등
권리와 의무 인식	자신이 사용한 물건 정리하기, 공공시설물 아끼기, 약속 지키기 등
자신 및 타인 이해	나와 다른 친구의 차이 알기, 다른 친구의 생각과 느낌에 대해 생각해 보기, 친구와 대화 나누기, 나의 생각과 느낌 표현하기 등
인간 복지의 관점	다른 친구 방해하지 않기, 양보하기, 몸을 깨끗이 하기, 차례 지키기, 공평하게 나누기 등
도덕적 판단과 추론	도덕적 딜레마 상황에 대한 집단 토의, 교실에서 일어난 사건에 대한 의견 나누기 등

과를 기대한다. 그러나 교사의 직접적인 가르침보다 유아가 능동적으로 사고를 재구성하는 경험이 도덕적 판단 수준을 향상시키는 데 기여한다. 유아는 자신의 의견이 도전받을 때 더 나은 논거를 형성할 수 있는 대안적 견해를 찾는 과정에서 도덕적으로 성장한다. 혼잡한 교실에서 유아에게 사고하고 논쟁할 기회를 제공한다는 것을 쉽지 않다. 또한 도덕적 규칙이나 원리를 직접 가르치기보다 도덕적 판단과 추론에 대해 가르친다는 것은 추상적으로 느껴진다. 그러나 도덕적 딜레마 상황에서의 인지적 갈등을 통해 유아가 도덕 관련 지식을 구성하고 도덕적 판단능력을 발달시킨다는 것을 기억하여야 한다. 유아가 도덕적 딜레마 상황을 놓고 논쟁하는 것 자체가 도덕교육의 내용에 포함된다. 교사는 아픈 아내를 위해 약을 훔친 하인즈의 이야기, 심각한 부상을 입은 아들을 위해 낯선 사람의 차를 강제로 빼앗은 존의 이야기와 같은 도덕적 딜레마 상황 목록을 활용할 수 있다. 또한 교실에서 벌어지는 일상적인 갈등 상황을 대집단 및 소집단 활동의 소재로 삼아, 서로 의견을 나누거나 새로운 규칙을 정하는 데 활용할 수 있다.

2) 교사의 역할

유아의 도덕성 발달을 지원하기 위한 교사의 역할을 무엇인가? 단지 교실에서 규칙을 잘 지키거나, 친구를 잘 도와주는 것보다 도덕적 인간으로 성장하는 것이 교육의 목표가 되어야 한다. 즉, 기본 생활습관이나 규칙 행동을 증진하는 것보다 도덕적 정신을 함양하는 것에 초점을 두어야 한다. 그러나 도덕성은 신발 끈 묶는 법 가르치듯이 해서 길러

질 수 없고 단기간에 학습되는 것도 아니다. 이 때문에 도덕교육은 잠재적 교육과정으로 여겨지는 경향이 강한데 교사가 명확한 교육적 의도와 목표를 가지고 교육과정 내에 적용하여야 효과를 얻을 수 있다(이영애, 이윤경, 1998). 또한 교육활동에 한정되지 않으며 일상생활 전반에 걸쳐 유아와 적극적으로 소통하는 가운데 수행되어야 한다. 도덕교육을 위한 교사의 역할은 일반적으로 자기표현, 토의, 문제해결법, 귀납적 방법, 도덕적 추론, 모델링, 설명, 대화 등(박찬옥, 1994)이며, 나딩스(Noddings, 2005)는 배려 윤리를 기반으로 하여 특히 실천과 인정, 격려를 중요시하였다. 아리스토텔레스와 플라톤의 사상에 근거한 도덕교육은 습관화의 중요성과 문학 및 음악을 통한 교육의 효율성을 강조한다(허미화, 2006). 여기서는 교사의 역할을 크게 도덕적 실천 모델, 가치중립적 태도, 가치명료화, 도덕적 분위기 구성, 의사소통 기술 활용의 측면에서 살펴보겠다.

(1) 도덕적 실천 모델

교사가 유아들에게 본받을 만한 모델 역할을 하는 것이 중요하다. 유아는 교사를 권위 있는 대상으로 인식하고 교사의 행동을 관찰하며 따라 한다. 유아의 모방은 단지 외적인 행동에만 그치지 않고 교사의 도덕성과 가치 기준에 대한 내면화로 이어진다. 교사가 유아를 존중하고 돌보는 행동을 실천하는 것은 유아가 타인에 대한 기본 태도를 형성하는 데 영향을 끼친다. 예를 들어, 며칠 동안 아파서 등원하지 못한 유아가 있다고 가정하면, 교사는 아픈 유아의 빠른 쾌유를 기원하는 마음으로 다른 유아들과 함께 편지를 써서 보낼 수 있다. 이를 통해 교사는 타인의 고통에 공감하고 타인을 돌보는 행위의 가치를 교육하는 것이다. 특히 배려 윤리를 강조한 나딩스는 다른 사람에게 배려를 받고 배려했던 기억이 윤리적 행동의 토대를 형성한다고 하였다(정윤경, 2000). 따라서 교사는 직접 유아를 배려함으로써, 유아가 배려받는다는 것이 어떠한 것인지 느끼고 이를 통해 타인을 배려할 수 있게 도와야 한다.

유아가 도덕적 행동을 할 때 교사는 어떻게 반응해 주어야 할까? 콜버그에 의하면 유아가 교사의 도덕적 행동을 모방하는 이유는 보상을 얻거나 처벌을 피하기 위해서일 수 있다. 교사는 유아의 행동 자체보다 유아의 행동이 타인에게 어떠한 영향을 끼쳤는지에 대해 말함으로써, 유아가 행동에 포함된 도덕적 가치를 인식하도록 도울 수 있다. 예를 들어, "우는 친구에게 장난감을 양보했구나." "잘했다." "착하구나."라고 말하는 것보다, "네가 장난감을 양보해서 친구의 기분이 좋아졌구나."라고 말하는 것이다. 타인의 관점과 감정을 살피도록 돕는 것은 유아의 도덕적 행동을 강화할 뿐 아니라, 자신의 행동이 타인에게 어떠한 영향을 주는지 이해하게 함으로써 자기중심성을 극복하고 더 높은 수준의 도덕성을 기를 수 있게 돕는다.

(2) 가치중립적 태도

유아들이 어떤 도덕적 상황에 대해 서로의 의견을 제시하고 논쟁할 때 교사는 누가 옳은지 성급히 결론짓거나 정답을 제시하는 것을 피해야 한다. 또래 갈등 상황에서 잘잘못을 가려 더 잘못한 유아를 가려내는 것이 교사의 역할은 아니다. 유아는 권위 있는 대상에 의해 정답을 강요받아서는 안 되며, 다수의 의견이라는 이유로 이에 따르도록 강요받아도 안 된다. 교사의 가치중립적 태도는 유아 스스로 독립적인 의견을 내고 판단할 수 있는 존재임을 인정하고, 유아의 자기표현을 존중하는 것이다. 유아는 자신이 알고 있는 사회적 관계나 지식에 대하여 자발적으로 다양하게 표현할 수 있어야 한다. 교사는 유아가 스스로 발견한 사실에 가치를 둘 수 있도록 격려하여야 하며 유아가 스스로를 안내함으로써 결론에 도달하고 해결책을 마련할 수 있도록 도와야 한다. 예를 들어, 두 유아가 게임을 하다가 서로 다르게 알고 있는 규칙 때문에 다툰다고 가정하자. 어떤 교사들은 갈등 상황 자체를 '옳지 않은 것'으로 규정하고 성급하게 결론을 내고자 "서로 양보해야지." "싸우는 건 나쁜 거야." "자기의 의견만 주장해서 되겠니?" "서로에게 사과하렴."이라고 말한다. 그러나 가치중립성을 인식하는 교사는 "무슨 일이니?"라고 질문하여 갈등 상황에 대해 객관적인 태도로 관심을 표현할 것이다. 또한 각 유아가 자신의 관점에서 충분히 표현할 기회를 제공하고, 각 유아의 주장에 대해 "너는 게임 판의 이곳부터 출발하는 게 옳다고 생각하는구나." "네가 집에서 놀이하던 방식과 다르다는 것이구나."라고 말한다면, 유아는 갈등의 원인이 규칙에 대한 경험이 다르기 때문이라는 것을 인식할 수 있게 된다. "오늘은 어떤 방식으로 게임하는 것이 좋겠니?"라는 질문은 유아 스스로 갈등을 해결할 수 있는 기회를 제공하고 이를 통해 타인의 관점을 이해하고 의견 차를 조정할 수 있도록 지원한다.

단, 타인의 복지를 위협하는 것이 명백한 행동, 예를 들어 공격성에 대해서는 중립적 태도를 취해서는 안 될 것이다. 다른 유아를 때리는 행동에 대해서는 '옳지 않다'는 것을 명백하게 가르칠 필요가 있다. 이를 위해 교사는 때리려는 유아를 부드럽게 감싸 안아 행동을 저지하거나, 부드럽지만 단호한 말투로 "우리 교실에서 다른 친구를 때리는 것은 허용되지 않아."라고 말하여야 한다. 또한 다른 유아가 느끼는 신체적 고통과 불쾌감에 대해 지속적으로 공감할 수 있게 돕는다.

(3) 가치명료화

가치명료화는 유아의 생각과 행동, 말 속에 포함되어 있는 가치를 명백하게 밝혀 주어 유아가 자신의 가치에 대해 스스로 더 명료해지도록 사고를 자극하고, 이를 통해 논쟁이나 새로운 가치 탐색으로 나아갈 수 있도록 돕는 기술이다(윤은주, 2002). 가치명료화를 위해서는 대화법, 토론법 등이 사용되는데, 아동의 능동적 사고를 자극하여 자신의 가치관에 대해 명확히 인식함으로써 도덕적 문제도 해결할 수 있도록 돕는다. 예를 들어, 두 명의 유아가 한 움큼의 구슬을 나누어 가졌다. 한쪽 유아가 다른 유아에게 구슬의 개수가 동일하지 않으며 자신의 몫이 더 적은 것 같다고 문제 제기를 하였다. 상대편 유아에게 이 의견이 받아들여지지 않자, 그 유아는 교사를 찾아와서 "선생님, 영수가 말도 없이 구슬을 많이 가져가서 나는 조금밖에 가져가지 못했어요. 영수는 내 것보다 더 많은데 나에게 나누어 주지 않으려고 해요. 우리는 구슬치기를 할 수 없어요."라고 말하였다. 교사는 유아의 이야기를 경청하여 들은 후, "철수는 구슬치기 게임을 하려면 구슬을 똑같이 나누는 것이 중요하다고 생각하는구나."라고 말할 수 있다. 교사의 이러한 개입은 두 유아 모두에게 갈등의 원인이 무엇인지에 대한 명확한 정보를 제공한다. 또한 놀이에서 규칙의 적용이나 공정한 배분이 담고 있는 가치를 전달한다. 교사는 구슬을 동일한 수로 다시 나누라고 명령하거나 공정하게 나누는 법에 대해 알려 주지 않았지만, 유아들은 갈등해결을 위해 어디서부터 시작해야 하는지 보다 명확하게 느낄 것이다.

교사는 유아의 행동이 타인에게 어떠한 영향을 끼치는지를 알리는 데 초점을 두어야 한다. 교사가 "네가 우는 친구에게 휴지를 가져다주니 친구의 기분이 훨씬 나아졌구나."라고 말하는 것은 유아의 행동이 타인의 복지에 기여한다는 것을 더 분명하게 전달한다. 이러한 상호작용 기술은 '돕는 행동'에 대한 강화뿐 아니라, 돕는 행동이 좋은 이유에 대한 정당화까지 가능하게 함으로써 유아의 도덕적 동기에까지 긍정적 영향을 끼친다.

(4) 도덕적 분위기 구성

　도덕적인 분위기의 교실을 조성하는 것은 도덕교육에서 매우 중요하다. 도덕적인 교실은 유아를 존중하고 유아의 생각과 감성, 흥미를 존중하는 교사의 태도로부터 시작된다. 이러한 존중은 교사가 교실을 조직하고 활동을 이끌어 나가며 아동과 상호작용하는 전반에 걸쳐 나타나야 한다. 유아들이 생활하는 교실은 유아의 생리적·정서적·인지적·사회적 요구에 맞추어 조직되어야 한다(DeVries & Zan, 1994). 특히 개별 유아의 생리적 요구는 집단생활을 하는 교실에서 종종 간과되기 쉽다. 화장실을 이용하는 횟수나 피로를 느끼는 정도, 낮잠에 대한 선호, 식사 및 음식에 대한 선호 등 개인의 생리적 차이는 존중받아야 하며 유아들이 편안함을 느낄 수 있어야 한다. 유아의 정서적 요구를 존중하는 것은 유아에 대한 수용과 사랑으로 표현될 수 있다. 긍정적인 정서뿐 아니라 부정적 정서도 교실 안에서 수용될 수 있어야 한다. 교실 내부는 유아들의 생각과 느낌을 존중한다는 인상을 줄 수 있도록 유아들의 개인 작업물들로 전시되어야 하며, 모든 물품은 유아들이 안전하고 자유롭게 사용할 수 있도록 배열되어야 한다. 또한 유아가 자발적으로 인지적 탐색을 할 수 있도록 지적 자극을 줄 수 있는 교구나 활동이 제공되어야 한다. 무엇보다 교실은 유아와 유아의 상호작용이 원활하게 일어날 수 있도록 구조화되어야 한다. 유아들의 관심이 반영되어야 하며 자유로운 가상놀이, 협동놀이 등을 통해 서로가 서로에게 몰두하고 생각과 느낌을 교환할 수 있도록 구성되어야 한다. 교실은 유아들의 자유가 최대한 보장되는 것과 함께 유아가 교실의 주인이라는 인식을 통해 책임과 의무를 배양할 수 있도록 구성되어야 한다. 교실의 물품들이 잘 관리되지 않을 경우 어떤 불편이나 위험을 겪게 될지 배우기 위해 교사는 유아들과 몇 가지 규칙을 함께 만들 수 있다. 배려와 협동과 같은 사회적 책임 역시 지켜지지 않을 때 어떠한 문제가 발생할 것인지도 공유되어야 한다. 유아는 도덕적 교실을 통해 단지 스스로 즐겁게 생활하는 것뿐 아니라 '우리'가 함께 즐거운 것 역시 중요하다는 것을 배울 수 있다.

　유아에 대한 존중은 교사가 조직하는 활동에도 적용되어야 한다. 교사는 유아의 흥미를 간과해서는 안 되며, 유아가 어떠한 작업에 몰두하고 성취감을 느낄 수 있는 기회를 제공하여야 한다. 또한 유아는 서툴고 실수를 통해 배운다는 것을 인식하고 유아의 실험과 시행착오를 적극적으로 지원하여야 한다. 교실에서의 활동은 유아와 교사, 유아와 유아의 긍정적인 상호작용과 협동을 지원할 수 있도록 구성되어야 한다. 협동은 단지 어떤 활동을 하기 위해 물질적 · 심리적 요소를 공유하는 것을 넘어, 다른 사람의 행동이나 바람, 느낌, 생각에 대한 관점을 취하는 것을 의미한다. 나무블록을 가지고 공동의 작품을 만들거나, 요리활동을 위해 역할을 분담하는 것과 같은 활동은 단지 결과물에 대한 기여 이상의 의미를 가진다. 교사는 협동활동 과정에서 유아가 타인의 관점을 이해하고 조정할 수 있도록 끊임없이 유아 자신의 상태와 타인의 상태에 대해 질문하고 설명하여야 한다.

도덕적 교실에서 교사는 유아를 통제하거나 안전을 위한 목적으로 일방적인 규칙을 제시하지 않는다. 유아는 자신들의 필요에 따라 규칙을 만들 수 있다. 새로 세워지는 규칙은 반드시 교실 내 모든 유아에게 설명되어야 하고 그 정당성에 대한 합의가 이루어져야 한다. 또한 교실 내 모든 유아는 수립된 규칙을 지키도록 노력하여야 한다. 단, 새로운 문제 제기에 의해 규칙은 다시 토론을 거쳐 수정될 수 있다는 것 역시 모두에게 공유되어야 한다. 도덕적 교실에서는 어떠한 의견도 수용될 수 있으며 구성원들 간에 합의된 규칙이 소중하다는 인식 역시 공유된다.

(5) 의사소통 기술 활용

"만일 모든 사람이 그처럼 행동한다면 어떻게 될까?" "만일 다른 사람이 너에게 그렇게 한다면 너는 어떻게 느끼겠니?" "네 행동이 친구의 기분을 변화시켰구나." "친구가 지금 어떤 기분인 것 같니?" 이러한 질문은 아동으로 하여금 자기중심적 관점에서 벗어나 타인의 관점을 고려하도록 돕는다. 타인의 관점에서 생각하는 훈련은 교사와 아동, 아동과 아동의 대화와 토론을 통해 이루어지는데, 이를 효율적으로 다룰 수 있는 상황이 도덕적 딜레마다. 도덕적 딜레마는 어떤 주장이나 권리, 관점이 상충될 수 있는 상황이다. 딜레마에 대한 해결책은 정답이 있다기보다 다양한 관점의 차이를 이해하고 더 좋은 해결책이 무엇인지를 모색하는 데 있다. 교사는 하인즈의 딜레마 상황과 같이 특정한 가치의 경합을 포함하고 있는 가상적인 딜레마 상황을 활용할 수도 있고, 교실에서 일어나는 실생활 에피소드에서 딜레마를 이끌어 낼 수도 있다. 예를 들어, 어떤 유아가 공동의 사인펜 뚜껑을 열어 두는 바람에 사인펜이 말라 못쓰게 되었다고 가정하자. 교사가 더 이상 공동 사인펜을 둘 수 없다면 한 명의 실수로 모든 유아가 사인펜을 사용할 수 없게 된 것이 공평한 일인가? 만일 새로운 사인펜이 생긴다면 잘못을 한 유아에게도 똑같은 기회를 제공하는 것이 옳은 일인가? 이러한 것에 대한 대답은 유아들에게 매우 중요하며 해결에 대한 강한 동기를 제공한다. 그 밖에 '차례를 지키지 않는 행동' '역할놀이에서의 다툼 행동' '친구의 실수를 놀리는 행동' 등 일상생활 속에서 유아들이 흔히 겪는 사건이 토의의 주제가 될 수 있으며, '개미를 괴롭히는 행동' '쓰레기를 함부로 버리는 행동' 등은 무심코 하는 행동 속에 담겨 있는 도덕적 문제 상황으로 마찬가지로 토의 주제가 될 수 있다(홍용희, 1999).

도덕적 딜레마 상황에 대해 토의할 때, 교사는 합리적으로 다양한 의견을 기대할 수 있는 주제를 선택하여야 한다. 옳고 그른 혹은 맞고 틀리는 것에 대한 문제가 아닌 다양한 의견의 불일치를 경험할 수 있는 주제가 적합하다. 어떤 동화책은 유아들이 잘 알고 있는 이야기를 또 다른 관점에서 기술함으로써 좋은 도덕적 토의 거리를 제공한다. 예를 들어, '세 마리 작은 돼지의 진짜 이야기'라는 이야기는 세 마리 아기 돼지를 잡아먹으려고 하는 늑대의 이야기가 아니며, 배가 고파서 먹을 것이 필요했던 늑대의 관점에서 기술되어 있다. 이러한 이야기는 유아가 타인의 관점에서 생각하는 것에 대해 흥미를 느끼게 만든다. 특정 도덕적 딜레마를 가지고 유아들과 토의할 때, 교사는 유아가 이야기 안의 모든 관점을 인식할 수 있도록 이야기를 반복적으로 들려주거나 이야기 내용 자체에 대한 이야기 나누기를 할 필요가 있다. 다양한 관점에 대한 이해가 선행되어야만 해결책에 대한 토의가 가능하기 때문이다. 또한 교사는 개방적인 질문을 사용하여 토의를 이끌어야 한다. 평가하거나 결론을 내리는 발화보다는 "왜 그렇게 생각하니?" "이것에 대해 어떻게 생각하니?" "이렇게 한다면 어떻게 될까?"와 같은 질문은 유아가 자신의 의견을 표현하는 것에 대해 더 큰 동기부여를 한다. 유아가 자신의 생각을 말할 때, 교사는 그것을 반복하여 말해 줌으로써 유아의 요지를 더 명확히 하고 토론 진행을 원활하게 도울 수 있다. 또한 모든 유아의 의견에 대해 가치판단을 하지 않는 것이 중요하다. 교사가 올바른 답을 이미 가지고 있다는 인상을 주면, 유아는 다양한 의견을 내기 어려우며 위축되기 쉽다. 반드시 의견 일치를 이루거나, 더 훌륭한 해결책에 동의하는 것이 토론의 목적이 되어서는 안 된다. 유아가 다양한 관점을 인식하고 자신과 타인의 의견이 다를 수 있다는 것을 인식하는 것이 토론의 목적임을 반드시 기억하여야 한다.

참고문헌

김성숙, 박찬옥(2007). 도덕적 갈등상황에 대한 토의활동이 유아의 메타인지에 미치는 영향. 유아 교육연구, 27(3), 5-25.

문용린(1988). 도덕적 사고와 행동의 관계 고찰. 한국교육개발원 연구보고서, 1-12.

박찬옥(1994). 유치원 도덕교육의 방향모색. 유아교육연구, 14(1), 51-73.

윤은주(2002). 듀이 도덕교육론의 유아교육에 대한 시사. 교육철학, 22, 117-128.

이영애, 이윤경(1998). 유아교육기관의 도덕교육 실태에 관한 연구. 유아교육연구, 18(2), 157-178.

정윤경(2000). 나딩스(Nel Noddings)의 배려윤리와 도덕교육. 한국교육, 27(1), 1-29.

최미숙(2010). 유아의 도덕적 판단력의 발달 특징 및 공감능력과의 관계. 열린유아교육연구, 15(6), 255-271.

허미화(2006). 아리스토텔레스와 플라톤의 사상을 중심으로 한 유년기 도덕교육의 방법과 내용 고찰. 유아교육연구, 26(1), 149-165.

홍용희(1999). 유아의 조망수용과 교사의 비계설정: 도덕적 문제 상황에 대한 토의를 중심으로. 유아교육연구, 19(2), 205-226.

Buchanan-Barrow, E., & Barrett, M. (1998). Children's rule discrimination within the context of the school. *British Journal of Developmental Psychology, 16*, 539-551.

Bussey, K. (1999). Children's categorization and evaluation of different types of lies and truths. *Child Development, 70*, 1338-1347.

Colby, A., Kohlberg, L., Gibbs, J. C., & Lieberman, M. (1983). A longitudinal study of moral judgment. *Monographs of the Society for Research in Child Development, 48* (1-2, Serial No. 200).

DeVries, R., & Zan, B. (1994). Moral classrooms, moral children: creating a constructivist atmosphere in early education. *Psychological Bulletin, 126*, 703-706.

Edwards, C. P. (1978). Social experiences and moral judgment in Kenyan young adults. *Journal of Genetic Psychology, 133*, 19-30.

Helwig, C. C., & Prencipe, A. (1999). Children's judgments of flags and flag-burning. *Child Development, 70*, 132-143.

Jaffee, S. R., & Hyde, J. S. (2000). Gender differences in moral orientation: A meta-analysis. *Psychological Bulletin, 126*, 703-726.

Killen, M., & Nucci, L. P. (1995). Morality, autonomy, and social conflict. In M. Killen & D. Hart (Eds.), *Morality in everyday life: Developmental perspectives* (pp. 52-86). Cambridge: Cambridge University Press.

Kochanska, G., Aksan, N., Knaack, A., & Rhines, H. M. (2004). Maternal parenting and children's conscience: Early security as moderator. *Child Development, 75*, 1129-1242.

Kochanska, G., Gross, J. N., Lin, M. H., & Nichols, K. E. (2002). Guilt in young children: Development, determinants, and relations with broader system standards. *Child Development, 73*, 461-482.

Kolhberg, L. (1969). Stage and sequence: The cognitive-developmental approach to socialization. In D. A. Goslin (Ed.), *Handbook of socialization theory and research* (pp. 347-480). Chicago: Rand McNally.

Kolhberg, L., & Mayer, R. (1972). Development as the aim of education. *Harvard Educational Review, 42*, 449-496.

Larzelere, R. E., Schneider, W. N., Larson, D. B., & Pike, P. L. (1996). The effects of discipline responses in delaying toddler misbehavior recurrences. *Child and Family Behavior Therapy, 18*, 35-57.

Lourenco, O. (2003). Making sense of Turiel's dispute with Kohlberg: The case of the child's moral competence. *New Ideas in Psychology, 21*, 43-68.

Mischel, H. N., & Liebert, R. M. (1966). Effects of descrepancies between observed and imposed reward criteria on their acquisition and transmission. *Journal of Personality and Social Psychology, 3*, 45-53.

Noddings, N. (2005). *The challenge to care in schools: an alternative approach to education.* NY: Teachers College Press.

Ramsey, P. G. (1995). Growing up with the contradictions of race and class. *Young Children, 50*(6), 18-22.

Rest, J. R. (1979). *Development in judging moral issues.* Minneapolis: University of Minnesota Press.

Schnoert-Reichel, K. A. (1999). Relations of peer acceptance, friendship adjustment, and social behavior to moral reasoning during early adolescence. *Journal of Early Adolescence, 19*, 249-279.

Shimizu, H. (2001). Japanese adolescent boys' senses of empathy (omoiyari) and Carol Gilligan's perspectives on the morality of care: A phenomenological approach. *Culture and Psychology, 7*, 453-475.

Skoe, E. E. A. (1998). The ethic of care: Issues in Moral development. In E. E. A. Skoe & A. L. von der Lippe (Eds.), *Personality development in adolescence* (pp. 143-171). London: Routledge.

Smetana, J. G. (1981). Preschool Children's Conceptions of Moral and Social Rules. *Child Development, 52*(4), 1333-1336.

Smetana, J. G. (1995). Morality in context: Abstractions, ambiguities and applications. In R. Vasta (Ed.), *Annals of child development* (vol. 10, pp. 83-130). Philadelphia: Jessica Kingsley.

Tietjen, A., & Walker, L. (1985). Moral reasoning and leadership among men in a Papua, New

Guinea village. *Developmental Psychology, 21*, 982-992.

Weisz, A. N., & Black, B. M. (2002). Gender and moral reasoning: African American youths respond to dating dilemmas. *Journal of Human Behavior in the Social Environment, 6*, 17-34.

Wilson, E. O. (1975). *Sociobiology: The new synthesis.* Cambridge, MA: Harvard University Press.

Yarrow, M. R., Scott, P. M., & Waxler, C. Z. (1973). Learning concern for others. *Developmental Psychology, 8*, 240-260.

Zahn-Waxler, C., & Robinson, J. (1995). Empathy and guilt: Early origins of feelings of responsibility. In J. P. Tangney & K. W. Rischer (Eds.), *Self-conscious emotions* (pp. 143-173). NY: Guilford.

제9장

성역할과 평등

성차는 선천적인가, 후천적인가? 성차에 관해서는 인간 발달의 모든 측면에서 여전히 논쟁이 이루어지고 있다. 수렵과 채집이 생활의 근본이던 시절에는 신체 발달의 차이를 기준으로 효율성에 근거한 역할 분담이 이루어졌고, 이에 따라 남자 혹은 여자에게 더욱 적합한 역할이 있다는 생각을 하게 되었다.

신체 발달을 비롯해 몇몇 영역에서 남녀 간의 선천적인 차이가 있음은 부정할 수 없다. 그러나 최근의 여러 연구에 의해 기존에 믿어졌던 성차의 많은 부분이 사회적으로 학습된 것이라는 주장이 힘을 얻고 있다. 남성 혹은 여성만의 고유 영역으로 여겨지던 의학, 간호학, 법학, 공학, 교육학, 군사학 등에서 성별의 장벽이 사라지고 있다. 가장 최근까지도 여성들의 전유물로 여겨지던 유치원교사 및 보육교사 역시 남성들의 진입이 늘어나고 있다. 이런 추세는 유아교육에서도 반영되고 있으며, '남자답게' 혹은 '여자답게'라는 단어는 이미 유아교육 현장에서 거의 사용되지 않는다.

그림 9-1 여자 과학자, 남자 유치원교사, 여자 경찰, 남자 간호사의 모습

그러나 동시에 많은 장소에서 여전히 성차에 대한 선입견이 존재함을 알 수 있다. 여전히 많은 부모가 아들에게는 축구공을, 딸에게는 소꿉놀이 세트를 선물한다. 이런 선입견은 유아들에게도 반영되어 이성보다는 동성 또래 간에 더욱 친밀한 관계가 나타난다거나, 남아와 여아의 놀이 특성이 다르게 나타나는 것을 관찰할 수 있다.

이런 현상에 대해 유아교사는 어떻게 이해하고, 반응하는 것이 바람직한가? 최근에는 많이 줄어들었지만, 여전히 주변에서 "남자니까 아파도 참아라."라든가, "여자가 얌전하지 못하다."와 같은 성별 선입견을 담은 발언을 들을 수 있다. 유아교사는 인생의 초기 발달에 중요한 영향을 미치는 사람으로서 자신의 평소 발언이나 태도가 유아에게 어떤 의미로 다가올지 신중하게 생각해야 한다. 따라서 유아교사는 평소 의식하지 못하고 쉽게 사용하는 말 중에 이런 선입견이 담긴 표현에는 어떤 것이 있을지 생각해 보고, 교사로서 유아에게 상처를 주지 않도록 언어 사용에 주의하도록 한다. 이 장에서는 성역할의 개념과 영향요인, 그리고 이와 관련한 유아교사의 지도 방법에 대해 살펴볼 것이다.

1 성역할과 평등의 이해

1) 개념

성역할(gender role)[1]이란 한 개인이 속해 있는 사회에서 남자 혹은 여자로 특정지을 수 있는 행동, 태도, 가치, 특성의 기대치를 의미한다. 이러한 성역할 기준은 그 문화권에서 남녀에게 기대하는 역할을 설명하며, 남녀를 각 성별의 구성원으로 유목화하고 반응하

그림 9-2 전통적 성역할 고정관념을 반영한 그림의 예시

출처: http://www.analyticalfreedom.com/gender-roles-and-libertarianism/

---

1) 맥락에 따라 성역할(sex role)과 성칭역할(gender role)을 구분해서 사용하기도 한다. 이런 경우 성역할은 생물학적 성차, 즉 생물학적으로 남자인지 여자인지에 근거를 둔 개념인 반면 성칭역할은 생물학적인 근거가 아닌 개인의 정상적인 근원에 바탕을 두고, 개인에게 남성다움이 있는가 혹은 여성다움이 있는가를 분류하는 개념으로 사용한다.

는 고정관념을 반영한다(Shaffer & Kipp, 2012). 모든 사회는 각각 여성과 남성에 대한 특별하고 고유한 행동 기대와 규준을 가지고 있으며, 이러한 기대치에 어긋나는 행동, 즉 일탈 행위는 부정적으로 여겨지고 제재된다. 따라서 성역할에 있어서 사회문화적 요인은 개인의 삶에 상당한 영향을 미치게 된다(유희정, 2000). 유아에게 성역할 개념이 발달한다는 것은 유아가 자신의 성에 따라 사회·문화적으로 수용되는 행동이 무엇인지 알게 된다는 의미다. 성역할 개념을 획득한 유아는 남성과 여성의 행동, 능력, 태도에 있어 차이가 있음을 인식하고 인정하게 된다(Eisenberg & Lennon, 1983).

성역할과 관련되어 자주 사용되는 개념으로 성 유형화, 성역할 고정관념, 성 정체성

생각해 봅시다

성역할 관련 소활동: 나는 나다워요

- 활동목표: 남자답다, 여자답다 대신 너답다, 씩씩하다, 훌륭하다와 같은 중립적 단어를 사용하기

- 활동내용: 자기도 모르게 사용하는 성 고정관념을 담은 말에는 어떤 것이 있을까요?

	특성	선호
남자	무뚝뚝한, 의지가 강한, 적극적인, 모험심 있는, 씩씩한, 논리적인, 멋진	체육, 과학, 기계, 수학
여자	상냥한, 친절한, 세심한, 얌전한, 민감한, 감수성이 풍부한, 예쁜	요리, 음악, 미술, 독서

이런 단어는 어떻게 바꾸어 말해야 할까요?
다음 그림에 나타난 친구들을 보고 그 친구들이 어떤지 말해 보세요.
(이 친구는 씩씩해요. 이 친구는 친절해요. 이 친구는 예쁘게 웃어요.
이 친구는 운동을 잘해요. 이 친구는 떠들지 않고 조용해요.)

- 활동준비물: 다양한 성격을 나타내는 혹은 여러 가지 활동을 하는 아이들의 그림/사진

등이 있다. 성 유형화(gender typing)란 아동이 자신이 속한 사회나 문화에 적합한 성역할 특성을 발달시켜 나가는 과정, 즉 남자답게 혹은 여자답게 성장하는 것을 의미한다. 성역할 고정관념(gender role stereotypes)이란 특정 행동이나 활동이 남자 또는 여자 중 한 성에만 적용되는 것으로 생각하는 관념이다. 고정관념은 사회적 관습, 종교, 신화, 미신에 대해 한 사회의 구성원들이 일반적으로 가지는 총체적 지식(Macrae, Hewstone, & Griffiths, 1993)을 의미하며, 이러한 고정관념을 반영하는 사회적 행동은 사회구성원에 의해 학습되고, 전인되고, 변화되며 사회화 과정의 일부가 된다. 전통적인 성역할 고정관념의 예로 남자는 군인이나 경찰과 같은 보다 신체적인 능력을 요하는 일에 적합하고, 여자는 교사나 간호사와 같은 정서적인 돌봄과 관련된 일에 적합하다고 여기는 생각을 들 수 있다. 성 정체성(gender identity)이란 남자와 여자를 구분하여 명명하는 것으로 자신을 남성 혹은 여성으로 범주화하는 것을 의미한다. 최근에는 성 정체성이 몇 세에 나타나는가와 관련하여 학자들의 논란이 있으나, 일반적으로 2세 전까지 자신의 성에 대한 정체성을 구축하기 시작한다고 알려져 있다.

아동은 2세 이후부터 자신이 속한 사회에 퍼져 있는 고정관념, 편견, 차별적 관습으로 인해 성에 대한 정체성 발달에 부정적인 영향을 받기 시작한다. 쿤, 내시와 브러큰(Khun, Nash, & Brucken, 1978)의 연구에서, 2~3세 아동들은 이미 남녀의 성역할에 대한 고정관념을 드러냈다. 남아와 여아 모두 여자아이들이 인형을 갖고 놀거나 어머니를 도와주는 것을 좋아하며, 요리, 청소를 좋아하고 말을 많이 한다고 생각했다. 반면, 남자아이들은 자동차 장난감을 좋아하며, 아버지를 도와주거나 무엇을 만드는 것을 좋아한다고 답했다. 흥미로운 점은 이들이 서로 각자의 성에 대해 긍정적 특성을 부여했다는 것인데, 여아는 여자아이들이 친절하며 싸우지 않는다고 대답한 반면, 남아는 남자아이들이 열심히 일한다고 생각하였다. 동성을 긍정적으로 인식하고 이성에 대한 부정적 인식을 갖는 경향은 취학 전 유아에게서 가장 극단적으로 나타나며, 초등학교 입학 이후 아동의 성 고정관념은 점점 성인과 유사해진다(Maccoby, 1988, 2002). 일반적으로 남아가 여아보다 더 강한 성 고정관념을 가지며, 남녀 역할에 대해 더 전통적인 견해를 갖는다. 취업모의 자녀들은 전업주부인 어머니를 둔 아동보다 여성이 더 능력이 있다고 인식하는 경향을 나타냈다.

아동이 성역할 개념을 획득하기 위해서는 먼저 자신의 성별에 대한 개념을 습득해야 한다. 이와 관련하여 성 동일시, 성 안정성, 성 항상성의 세 가지 개념이 제시된다. 성 동일시(gender identity)란 유아가 자신의 성별을 정확히 말할 수 있고, 다른 사람을 남녀로 구별할 수 있는 능력을 말한다. 기존에는 이러한 능력이 2세경에 획득된다고 보았으나, 시간이 지남에 따라 많은 연구자가 매우 어린 영아도 남녀를 구분할 수 있다는 근거를 제시하고 있다(Newell, Castellanos, Grossman, & Bahrick, 2009; Quinn, Yahr, Kuhn, Slater, & Pascalis, 2002). 친숙한 남녀의 명칭을 구분하여 표현하는 능력은 4~5세경에, 그리고 타인의 성별을 명확하게 명명할 수 있는 능력은 6~7세경에 성취된다(이경우, 이은화, 1999). 성 안정성(gender stability)은 인간이 한번 가지게 된 성별은 일생 동안 변화하지 않는 성질을 의미하며, 아동의 성 안전성 습득은 약 4세경에 일어난다. 성 항상성(gender constancy)이란 한 개인의 성별이 외모나 옷차림, 행동과 상관없이 항상 일정하게 유지되는 성질을 의미하며, 일반적으로 구체적 조작기에 진입하는 7세경에 획득된다. 성 안정성의 개념만을 습득하고 아직 성 항상성의 개념을 습득하지 못한 5~6세 유아의 경우에는, 여전히 사람의 외모나 옷차림, 행동이 변화하면 성별이 함께 달라진다고 생각한다. 4~5세 유아와 청소년에게 신체 특징 및 머리카락 길이를 보여 주고 남녀를 구분하도록 한 실험에서, 청소년의 경우 신체 특징을 통해 성별을 구분한 반면, 4~6세 유아의 경우 성별을 구분하는 주요 단서는 머리카락의 길이였다(Thompson & Bentler, 1971).

표 9-1 성역할과 평등 관련 용어의 개념

용어	개념
성역할	개인이 속해 있는 사회에서 남자 혹은 여자로 특정지을 수 있는 행동, 태도, 가치, 특성의 기대치
성 유형화	자신이 속한 사회나 문화에 적합한 성역할 특성을 발달시켜 나가는 과정
성역할 고정관념	특정 행동이나 활동이 남자 또는 여자 중 한 성에만 적용되는 것으로 생각하는 관념
성 정체성	자신을 남자 혹은 여자로 범주화하며 남자와 여자를 구분하는 능력
성 동일시	자신의 성별을 정확히 말할 수 있고, 다른 사람을 남녀로 구별할 수 있는 능력
성 안정성	한번 가지게 된 성별은 일생 동안 변화하지 않는 성질
성 항상성 (성 일관성)	개인의 성별이 외모나 옷차림, 행동과 상관없이 항상 일정하게 유지되는 성질

생각해 봅시다   **유아기의 성역할 고정관념**

유아기의 아동은 수많은 새로운 규칙을 배우고, 그것을 현실에 적용하여 시행착오를 겪는 과정을 통해 자연스럽게 지식을 익혀 간다. 5~6세 아동에게서는 성역할 고정관념이 강하게 나타나는데, 몇몇 연구자는 이를 증명하기 위해 특별한 실험을 했다. 아동에게 여자 의사와 남자 간호사의 영상을 보여 주고 자신이 본 것에 대해 설명하게 한 결과, 대부분의 아동은 자신이 남자 의사와 여자 간호사를 보았다고 응답했다. 1/4 정도는 남자 의사와 여자 의사가 있었다고 기억하였고, 단지 1/5만이 정확하게 여자 의사와 남자 간호사를 보았다고 응답하였다(Cordua, McGraw, & Drabman, 1979). 이는 의사는 남자의 직업이고, 간호사는 여자의 직업이라는 아동의 성역할 고정관념으로 인해, 실제 사실에 대한 기억이 왜곡되는 극단적인 상황을 보여 준다.

2) 성역할과 평등 개념의 발달

Margaret Mead

인간의 성역할에 대한 개념은 타고나는 것이 아니라 학습된 것이다. 뉴기니 원주민 부족에 대한 마거릿 미드(Margaret Mead, 1998)의 연구는 사회문화적 배경에 따라 남녀의 성역할 개념에 차이가 있음을 보여 주는 증거가 되었다. 남성과 여성에 대해 전형적인 성역할 개념을 보였던 먼더거머족과 아라페쉬족과 달리, 챔플리족은 반대되는 성역할 개념을 가지고 있었다. 지배적이고 통솔력 있는 여성과, 정서적으로 의존적이고 예술적이며 아름다움을 추구하는 남성으로 이루어진 종족의 존재는 인간의 성역할이 선천적인 것이 아니며, 사회화 과정을 통해 학습된 것임을 알려 준다.

그렇다면 사람들은 성장함에 따라 왜 성별에 따라 다르게 행동하도록 변화하는가? 발달 이론가들의 여러 관점은 아동의 성역할 발달과정을 이해하고 성역할 교육에 필요한 정보를 제공한다. 오랜 기간, 남성성과 여성성은 인간 발달의 매우 중요한 측면으로서 정신건강의 한 척도가 되어 왔다. 즉, 여자는 여성적인 것이, 남자는 남성적인 것이 정신적으로 건강하다는 것이다. 이처럼 성에 적합한 사회적 역할을 습득하는 과정은 그 기초가 생애 초기 가정에서의 교육에 의해 이루어지며 동성의 부모와 동일시하려는 심리적 과정에서 진행된다. 이와 관련하여 정신분석이론, 사회학습이론, 인지발달이론, 성도식 이론 등이 성역할 동일시의 과정을 설명하고 있으며, 최근에는 양성성에 관한 이론이 주목을 받고 있다.

(1) 성역할 발달에 관한 이론

① 정신분석이론

정신분석이론은 오스트리아의 생리학자이자 정신병리학자인 지그문트 프로이트(Sigmund Freud)가 주창하였다. 프로이트는 남성과 여성의 성역할에서의 근원적인 차이가 심리성적 발달의 남근기에서 비롯된다고 본다.

프로이트는 성역할 형성에 있어 유아들이 이성 부모에 대해 갖는 초기 애착과 동성 부모에 대한 동일시(오이디푸스 콤플렉스, 엘렉트라 콤플렉스)를 강조한다. 이 동일시의 과정을 통해 유아는 학습하려는 의도 없이도 자신의 성역할을 획득하게 되며, 성역할 동일시는 본인이 가진 성에 적합하

Sigmund Freud

다고 생각되는 역할을 내면화시키고 그 역할의 특성에 무의식적으로 반응하는 것을 의미한다(Brown, 1956). 영아 초기에 아동은 주 양육자인 어머니와 최초로 강한 애착을 이루며, 어머니와 분리될 경우 어머니의 지지와 보호가 상실될까 두려워한다. 어머니의 애정 상실로 야기되는 긴장과 불안을 없애기 위해 아동은 어머니를 기쁘게 하려는 노력을 하는데, 그런 노력의 일환으로 어머니의 다양한 성격 특성을 닮기 시작하고 어머니의 행동과 태도를 계속적으로 모방하고 적응함으로써 어머니와 유사한 여성성 동일시의 바탕을 이루게 된다는 것이다. 남아와 여아는 모두 초기에는 어머니와 강한 애착관계를 맺지만, 남아는 성역할 모델을 아버지로 바꾸어 가는 반면, 여아는 계속 이 패턴을 지속한다. 즉, 남아는 3~5세의 남근기에 이르러 성적으로 어머니를 갈망하게 되며, 이때 아버지를 어머니에 대한 애정의 경쟁자로 생각하고 적대감을 가지며, 이로 인해 생겨나는 갈등은 아버지가 자신의 경쟁자로서 자신에게 가장 중요한 부분인 성기를 없애 버릴 것이라는 거세불안을 유발한다. 남아는 불안감을 감소시키기 위해 자신의 감정을 억압하고, 동시에 어머니가 인정하는 아버지의 남성다움을 갖기 위한 기제로서 아버지를 동일시하여

남성다운 행동이나 태도를 익히게 된다. 프로이트는 이 과정을 오이디푸스 콤플렉스 (oedipus complex)의 생성과 해소의 결과로 보았으며, 여아의 경우에는 엘렉트라 콤플렉스 (electra complex)라는 유사 현상으로 나타난다고 설명하였다. 단, 여아의 경우 남근이 없기 때문에 남아와 같은 거세불안을 갖지 않는 반면, 자신에게 없는 남근에 대한 부러운 감정, 즉 남근선망(penis envy)을 나타낸다고 하였다. 이러한 프로이트의 이론은 성심리에 대한 풍부한 이론적 근거를 가지고 있지만, 감정과 사고에 의한 것으로 과학적 설명이 용이하지 못하다는 지적을 받고 있다(이경우, 이은화, 1987).

② 사회학습이론

Walter Mischel

사회학습론자인 월터 미셸(Walter Mischel, 1973)에 따르면, 아동의 성역할은 동성의 부모를 흉내 내거나 성에 맞는 일을 하는 것을 강화 받음으로써 발달된다. 즉, 영유아들이 놀이과정에서 또래나 어른의 흉내를 낼 때, 자신의 성과 동일한 성을 따라 하는 경우 부모들이 더 많은 관심을 기울이고 강화를 주게 된다는 것이다. 미셸은 이러한 성역할 학습 행동 혹은 성 유형화 획득 행동의 학습 원리를 강화와 처벌, 모델링(modeling)과 모방(imitation)이라고 설명하였다.

Albert Bandura

또 다른 사회학습론자인 앨버트 반두라(Albert Bandura) 역시 유아가 부모, 교사, 대중매체 그리고 또래 행동의 관찰을 통해 성역할 행동을 익힌다고 주장한다(Bandura, 1986; Bussey & Bandura, 1999). 유아는 자신의 성에 적합한 행동을 기대받고, 선택적으로 강화받으면서 남성성과 여성성을 점차 내면화시켜 나간다. 특히 반두라는, 유아가 대상을 자신과 유사하다고 지각할 때, 대상이 유능하고 영향력이 있거나 애정적이고 지배적일 때 관찰학습과 모방이 더욱 강력하게 일어난다고 주장하였다.

성역할 획득에 있어 초기에 가장 중요한 영향을 미치는 것은 부모와 가족이지만, 아동은 점차 교사 및 또래의 영향을 강하게 받게 된다. 또한 TV나 책, 인터넷에서 접하게 되는 동성의 인물을 모방하기 시작한다. 이처럼 사회학습 이론에서는 성역할 학습이 관찰과 모방, 강화에 의해 이루어진다고 주장하며, 이 과정을 통해 아동은 자신이 속한 사회에서 인정받는 역할을 익히게 된다고 하였다.

③ 인지발달이론

프로이트나 반두라의 주장과 달리, 인지발달론자들은 성역할 학습이 생물학적 본성과의 동일시 혹은 문화적 규준에 따른 모방과 강화에 의한 학습이라고 보지 않는다. 인지발달이론에서 성역할 학습은 아동 자신의 자연적인 인지 발달에 의해 이루어지며, 남성 또는 여성으로서의 자각은 아동 자신의 지적 성취에 의한 것이라고 주장한다.

장 피아제(Jean Piaget)는 아동의 성역할 개념이란 아동이 자신의 경험을 능동적으로 구조화한 것이며, 사회적 훈련에 의해 수동적으로 얻어지는 것이 아니라고 보았다(Mussen, 1996). 아동이 구성하는 사회적·심리적 태도는 문화적 유형이나 선천적인 구조가 직접적으로 반영된 것이 아니라, 자신의 신체 구조나 주변인들의 태도를 종합적으로 변별하여 지각하게 되는 것이다. 따라서 아동은 연령이나 지적 수준에 따라 조금씩 다른 성역할 개념을 형성해 간다.

Jean Piaget

인지발달이론에 따르면, 아동이 성 정체성을 습득하기 위해서는 성 동일시와 성 안정성, 성 항상성의 확립이 선행되어야 한다. 일반적인 인지능력 간에 정해진 발달 순서가 있는 것처럼, 성 동일시, 성 항상성, 성 안정성도 일정한 순서로 발달한다. 즉, 아동이 자신을 남성 또는 여성으로 구별할 수 있는 성 정체성이 발달한 후에, 그 성별이 다른 성별로 변화할 수 없다는 성 안정성을 습득하게 되고, 이러한 선행개념의 습득 후에 자신이 처한 상황이나 행동, 의지에 의해 성별이 변화되지 않는다는 성 안정성의 개념을 인식할 수 있게 된다. 이 중 성 항상성은 인지발달론자들이 관심을 가진 주제 중 하나였다. 피아제는 전조작기에서 구체적 조작기로 넘어가는 시기에 보존개념의 발달과 함께 성 항상성이 발달한다고 주장하였다. 로렌스 콜버그(Lawrence Kohlberg)는 아동이 자신의 성별에 적합한 지식을 적극적으로 탐색하고 내면화함으로써 성역할 지식을 획득하며, 특히 성 항상성이 성 정체성의 발달에 중요한 역할을 한다고 주장했다(Maccoby, 1983). 성 항상성을 습득하는 시기에 아동은 특히 동성의 대상에게 관심을 가지며, 그들을 관찰함으로써 자신의 행동, 태도, 가치의 일반적 기준을 세우게 된다. 아동의 성 항상성에 대한 이해는 아동이 자신의 성별에 적합한 정보를 탐색하도록 동기를 부여한다.

Lawrence Kohlberg

따라서 인지발달이론에서는 아동의 성 정체성과 관련 개념들이 이처럼 아동이 자신의 성별과 관련된 지식이나 정보를 능동적으로 탐색하고 구성한 결과이며, 같은 성을 가진 부모에 대한 동일시의 산물 혹은 강화나 모델링에 의한 훈련의 성과가 아니라고 주장한다.

④ 성도식이론

성도식이론(gender schema theory)은 현재 성역할 발달을 설명해 주는 가장 적합한 모델로서 많은 연구자의 지지를 받고 있다. 이 이론에서는 사회학습이론과 인지발달이론에서 제시하는 성역할 행동 습득에 관한 내용을 종합하여 다루고 있다. 산드라 벰(Sandra Lipsitz Bem, 1981, 1983)은 성역할 개념의 습득과정을 정보처리이론의 입력과정에 근거하여 설명하고, 성 유형화가 아동의 인지발달 수준이나 사회문화적 요인의 영향을 받는 동시에 아동 자신의 성 도식화 과정을 통해 형성된다고 주장했다.

일반적인 인지 발달에서 나타나는 도식화(schematization)의 개념과 마찬가지로, 성도식화란 성도식에 근거하여 자신과 관련된 정보를 부호화하고 조직화하는 일반적인 성향을 의미한다. 성도식이란 여성과 남성에 대한 지식, 신념, 태도, 행동양식으로 조직된 성에 관한 인지적인 구조를 의미하며, 인간이 일상생활 속에서 남성적 특성과 여성적 특성을 구분하는 기준이 된다. 이러한 도식을 이용하여 유아는 여성 또는 남성과 관련된 정보에 대해 선택적으로 주의를 기울이고, 해석하고, 기억할 수 있다.

Carol Martin

마틴과 핼버슨(Martin & Halverson, 1981, 1983, 1987)은 아동이 어떤 행동을 보았을 때 그것이 남성에게 적합한지, 여성에게 적합한지를 구분하는 기준으로 내집단과 외집단이라는 단순한 도식을 습득한다고 주장하였다. 예를 들어, 아동은 '남자는 울면 안 돼.' 라거나, '인형놀이는 여자아이들의 놀이야.' 와 같은 생각을 갖게 된다. 다음 단계로, 아동은 자신의 성별에 적합한 역할에 대한 정보를 더욱 많이 수집하여 '내가 가진 성에 대한 도식(own-sex schema)' 을 구성한다. 즉, 인형놀이가 여자아이들의 놀이라고 생각한 남아는 인형놀이를 하는 대신 '남자에게 적합한' 자동차나 블록만을 가지고 놀려고 한다. 자신의 성별에 맞지 않는 행동, 인형놀이, 소꿉장난, 리본, 치마와 같은 대상에 대한 정보는 '여자아이를 위한 것' 이라고 생각하여 그 이상의 정

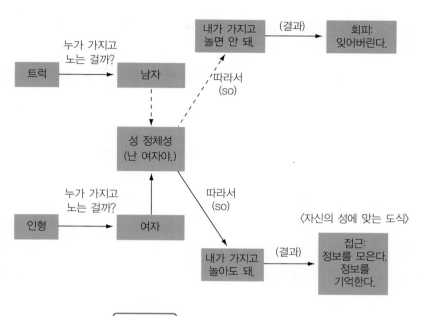

그림 9-3 성도식의 형성과 적용과정

출처: http://www.slideshare.net/mathewschabala/gender-56

보 획득을 하지 않으며, 남아에게 적합한 장난감, 행동, 놀이에 대한 관심을 높여 간다.

이 이론에 따르면 아동은 어린 시기에 다른 사람의 지도에 의해 성 유형화에 대한 선호도와 행동을 학습하는 동시에 관련 경험을 자신의 젠더 스키마로 조직하여 남성성 혹은 여성성으로 분류하고 이에 따라 세상을 해석하게 된다. 이후 아동은 성장해 가며 자신이 분류화한 성역할을 활용하여 스스로의 행동을 성별에 따라 적절하게 조절할 수 있다.

⑤ 심리적 양성성이론

현대사회에서는 더 이상 성역할을 생리학적 · 해부학적인 성과 연결시켜 보지 않고, 완전히 독립된 것으로 보는 경향이 있다. 즉, 현대사회의 성역할은 개인이 추구하는 보상을 얻거나, 환경과 성공적으로 상호작용하기 위해 사용하는 일종의 사회적 기술이나 능력으로 변화하고 있다. 산드라 벰(1975)은 남성성과 여성성을 서로 상반되거나 모순되는 것으로 보는 전통적인 성역할 개념에 의문을 제기하고, 사회적으로 인정된 남성적 특성과 여성적 특성이 결합되어 공존하며, 둘 사이의 균형을 이

Sandra Bem

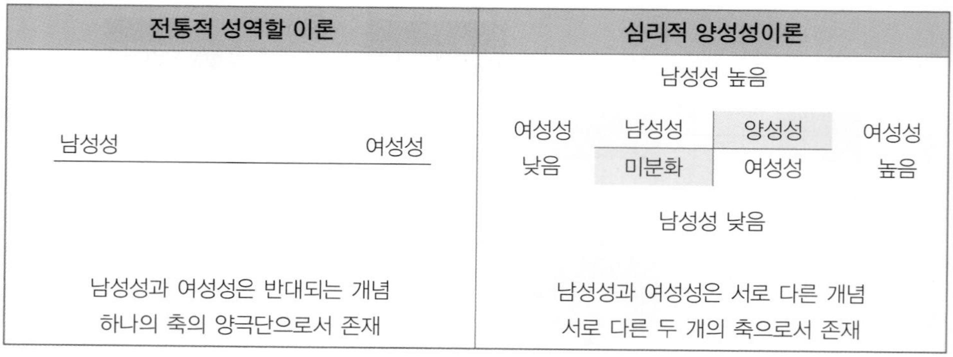

전통적 성역할 이론	심리적 양성성이론
남성성　　　　　　　　　　여성성	남성성 높음 여성성 남성성 **양성성** 여성성 낮음 **미분화** 여성성 높음 남성성 낮음
남성성과 여성성은 반대되는 개념 하나의 축의 양극단으로서 존재	남성성과 여성성은 서로 다른 개념 서로 다른 두 개의 축으로서 존재

그림 9-4 전통적 성역할 이론과 심리적 양성성이론에서의 성역할 개념 차이

루는 것이 바람직하다는 심리적 양성성(psychological androgyny)[2]의 개념을 제시하였다. 이는 한 개인이 남성적 특성과 여성적 특성을 동시에 가지고 있으면서 상황에 따라 다른 행동 특성을 보이거나, 두 가지 특성을 결합시켜 상황에 적응해 가는 것을 의미한다. 다시 말해, 현대사회에서는 개인은 전통적으로 규정된 성역할이 아닌, 자신의 상황과 기질에 맞는 가장 효과적인 행동을 취하는 방향으로 변화하고 있다.

(2) 성역할 발달에 영향을 주는 요인

성역할에 대한 개념은 유아기에 이미 획득된다. 유아교육 현장에서 흔히 관찰할 수 있는, 자유선택시간에 남녀에 따라 서로 다른 놀이를 하는 것이 그 근거다. 남아는 쌓기놀이 영역에서 건물을 세우고 자동차를 움직이고, 여아는 소꿉놀이를 하거나 그림을 그린다. 물론 모든 아이가 그런 것은 아니지만 대부분의 경우에 성별에 따라 선호하는 놀이영역이나 놀이 형태가 다름을 알 수 있다.

그렇다면 이러한 개인의 성역할 발달에 영향을 미치는 요인은 어떤 것인가? 인간의 발달에 관한 지속적인 논쟁에서 나타나는 것과 마찬가지로, 성역할 발달에 있어서도 학자들은 각각 생물학적 요인과 환경적 요인을 제시한다. 성역할 발달에 영향을 미치는 생물학적 요인으로는 유전, 호르몬, 공격성 등이 있으며, 환경적 요인으로는 가정(부모와 형제), 교사, 또래집단, 지역사회의 문화, 대중매체 등이 있다.

---

2) androgyny는 그리스어로 남성을 뜻하는 andro와 여성을 뜻하는 gyn이 합쳐진 용어다.

① 생물학적 요인

아동의 성역할 발달에 영향을 미치는 생물학적 요인은 유전, 호르몬, 공격성 등이다. 태내 호르몬의 변화는 아동의 성차의 일차적 원인으로 지목되는데, 예를 들어 남성 호르몬 치료를 받은 산모의 여아 자녀는 훨씬 더 활동적이고 남아와의 놀이를 선호하였으며, 인형보다는 총과 같은 장난감을 좋아했고, 외모에는 관심이 없었다. 또한 남성 호르몬 치료를 받은 산모의 남아 자녀는 다른 남자 형제들보다 거친 놀이를 하는 비율이 높았다(Santrock, 2006).

② 환경적 요인

가정

아동의 생애 초기, 가장 먼저 성역할 발달에 영향을 미치는 환경요인은 가정이다. 인간은 태어나서 부모와 최초의 애착관계를 형성하며, 형제와의 상호작용을 통해 가족구성원들이 공유하는 가치를 내면화한다. 일반적으로 가족의 영향은 아동이 유아교육시설에 입소하기 전까지 가장 크고, 어린이집을 거쳐 초등학교에 입학하면서 점차 교사 및 또래와의 관계, 대중매체를 통한 정보 습득이 큰 영향력을 발휘하기 시작한다. 부모와 손위 형제는 영유아기 성역할 학습의 모델이 되며, 아동이 적절한 성역할 행동을 보일 경우에 강화를 제공하는 역할을 한다. 또한 아동은 형제자매의 행동을 관찰하며 대리학습을 통해 자신의 성역할을 인지해 간다.

일반적으로 대부분의 부모는 양육과정에서 아동의 성역할 고정관념을 강화시키는 방식을 사용한다. 예를 들어, 부모는 여아에게 소꿉놀이 세트나 동화책, 미술용품과 같은 정적인 놀이를 위한 장난감을 사 주는 반면, 남아에게는 소방차, 야구공, 공구 세트, 블록과 같은 동적인 놀이를 위한 장난감을 사 주는 경우가 많다. 또한 부모는 자녀의 출생 시부터 성별에 따라 서로 다른 역할을 기대하며, 남아는 보다 남성답게, 여아는 보다 여성답게 성장하기를 바란다. 부모는 자녀의 성에 반대되는 성 유형화 행동에는 부정적이거나 무관심한 행동을 보이는 반면, 자녀의 성과 일치하는 성 유형화 행동에 대해 더 명백한 선호를 보이며 직접적으로 훈련시킨다(Block, 1973). 부모가 자녀의 성에 따라 나타내는 반응을 긍정적ㆍ부정적 유형으로 나누어 그 행동을 관찰한 연구(Fagot, 1974)에서, 부모는 자녀가 동일한 성의 적합한 활동에 참여했을 때 더 친근한 반응을 보였으며, 다른 성의 활동, 예를 들어 남아가 소꿉놀이에 참여할 때에는 부정적인 반응을 나타냈다. 매코비와 재클린(Maccoby & Jacklin, 1974)은 남아가 여아보다 성에 부적합한 활동을 피하라는 부모의 압력을 더 많이 받는다는 결과를 보고했다. 이처럼 부모는 자녀가 유형화된 성별에 적합한 말투나 행동을 보이도록 강화함으로써 사회화를 촉진시킨다. 이처럼 부모의 반응과 보상이 아동의 성역할 고정관념 및 성 유형화 행동에 강한 영향을 미치기 때문에, 부모가 적절한 성평등 의식을 갖도록 교육하는 것 역시 아동이 올바른 성역할 및 성평등 의식을 가지는 데 중요한 요인이 된다.

직업을 갖는 어머니가 늘어나면서 관련 연구도 이루어졌다. 일반적으로 어머니의 취업은 자녀가 성역할 고정관념에서 벗어나는 데 도움을 준다고 알려졌다. 취업모가 스스로 덜 엄격한 모델이 되고 아동의 자립심을 고무시켜 주는 반면, 아버지가 상대적으로 가사에 더 참여하게 되기 때문이다(Hoffman, 1961). 또한 어머니나 아버지의 부재 역시 아동의 성역할 개념 발달에 영향을 미친다. 제2차 세계대전 동안 아버지의 부재를 경험한 남아를 연구했던 바크(Bach, 1946)는 아버지의 영향을 덜 받고 성장한 남아들이 인형놀이에서 덜 공격적인 성향을 나타냈다고 보고하였다. 즉, 어린 시절 아버지의 부재는 남성의 성에 대한 성역할 선호 경향을 감소시키고, 독립성을 낮추며, 동성 사이에서 성역할 갈등을 겪을 가능성을 높인다. 동시에 적절한 성역할 모델의 부재가 인지학습 능력

그림 9-5 │ 직장을 다니는 어머니와 전업주부 아버지

에 부정적 영향을 주어 학업성취감과 수학적 능력, 언어능력검사에서 일반 가정 아동보다 낮은 결과를 나타내기도 한다. 여아의 경우에도 심각한 문제의 원인으로 지목되었는데, 청소년기에 이르러 이성과의 원만한 관계를 맺지 못하는 원인이 될 수 있다고 한다 (Hetherington, 1993). 이러한 환경에서 자란 여아는 이성과의 관계에서 지나치게 소심하거나, 반대로 지나치게 자기주장이 강한 모습을 보였고, 성인이 된 후에도 약물중독 등에 빠질 경향이 높았다. 이처럼 부모의 부재는 아동이 올바른 성역할을 습득하는 데에 부정적인 영향을 미칠 수 있다.

　형제자매의 영향력에 있어, 일반적으로 동성의 손위 형제자매를 가진 아동이 이성의 손위 형제자매를 가진 아동보다 일반적으로 성역할에 더 적합한 방식을 가지고 있다 (Koch, 1956). 누나를 가진 남아의 경우 형을 가진 남아보다 덜 공격적이며, 여성적인 요인을 더 많이 보였다. 형제자매 간의 연령 차이 역시 영향요인이 되었는데, 연령차가 적을수록 더 많은 영향을 미쳤다.

교사

　유아교육시설에서 교사는 부모를 대행하여 아동을 보호하고 양육하며, 행동의 모델이 된다. 아동은 의식적·무의식적으로 담임교사를 모방하는 모습을 보이며, 이에 따라 아동의 성역할 학습에 있어 교사는 매우 중요한 역할을 하게 된다.

　일반적으로 교사는 두 가지 방법을 통해 유아의 성역할 유형화를 촉진한다. 첫째, 전통적 혹은 평등한 성역할 기준에 따라 자신의 성별에 맞는 적절한 행동을 학습하도록 아동을 자극한다. 둘째, 아동의 성에 부적절한 것으로 생각되는 행동에 대해 학습기회를 제공하지 않는다. 물론 이러한 방법은 교사 자신이 가진 성역할 고정관념의 영향을 받기 때문에, 교사 스스로가 먼저 성평등에 대한 올바른 인식을 갖는 것이 중요하다. 예를 들어, 교사는 성별에 따른 차별 없이 남아와 여아가 자신이 선호하는 장난감을 가지고 놀도록 허용해야 한다.

　소수의 교사가 다수의 아동을 보호하고 통제해야 하는 집단보육 상황에서, 교사는 자칫 아동에게 여성적이고 의존적인 행동을 기대할 수 있다. 예를 들어, 책을 읽거나 역할놀이를 하는 것과 같은 정적인 행동은 교사의 통제를 수월하게 하며 학업성취에 도움이 된다. 반면, 공격적 행동, 거친 신체놀이 등의 남성적 행동은 교실에 혼란스러움을 일으

키므로 교사에게 부정적 반응을 유발할 수 있다. 이에 따라 교사는 자신도 모르는 사이에 남아와 여아 모두에게 조용하고, 의존적이며, 공손한 여성스러움을 권장하는 경향이 나타날 수 있다. 이러한 '착한 학생'에 대한 기대는 아동의 발달에 있어 적절한 자극이 되지 못하므로, 교사는 항상 자신의 행동을 돌아보고 아동의 성역할이나 성평등 의식에 부적합한 행동을 하지 않았는지 반성하는 습관을 길러야 한다.

또래집단

영아기 아동은 또래 간에 상호작용의 비율이 낮다. 그러나 유아교육시설에 입소한 후로 점차 또래 간 상호작용의 양적·질적인 비중이 높아진다. 또래는 아동의 성역할 유형화에 강력한 영향을 미치며, 아동은 친구의 행동과 그에 따른 주변의 반응을 관찰하고, 이를 모방하거나 동일시함으로써 성역할 학습을 이루어 간다.

양성의 또래가 모두 성역할 학습에 영향을 미치지만, 특히 동성의 또래가 영향을 미치는 경우가 많다(Maccoby, 1988). 아동은 4~5세 사이에 성 유형화 개념을 습득하며, 이 연령에서 이성보다 동성 친구 간의 놀이에 강한 흥미를 나타낸다는 것이다. 이러한 동성 선호는 사춘기 직전에 절정을 이루며, 이는 아동의 성역할 기준을 지지하는 중요한 근원이 된다(Emmerich, Goldman, & Shore, 1971). 동성 선호에 관한 색다른 관점을 제시한 연구도 있다. 아동은 보통 자신의 성에 부적절하다고 생각하는 장난감을 피하지만, 그 장난감을 가지고 놀고 있는 동성의 친구를 보았을 때 자신도 그 장난감을 이용하여 놀이를 하는 모습을 보였다(Kobasigawa, 1968). 또한 그 장난감을 가지고 놀기를 거부하는 동성 모델을 관찰할 경우, 장난감을 가지고 노는 경향이 감소하였다. 이러한 경향은 남아와 여아 모두에게서 나타나지만, 특히 여아보다 남아에게서 강하게 나타났다. 유아는 자신의 성에 일치하는 놀이활동에 더 높은 고정성을 나타냈으며, 시공간능력 검사(WPPSI-블록 디자인 검사)를 실시한 결과, 남녀 아동 간에 시공간능력 발달의 형태가 서로 다르게 나타났다. 그러나 이는 선천적인 능력의 차이라기보다는, 많은 아동이 유아교육기관에서 이성 아동의 선호활동을 피하고 동성 아동의 선호활동에 관심을 가지도록 촉진받는 데서 기인한다. 특히 남아에게서 나타나는 시공간능력의 발달은 선천적인 요인뿐 아니라, 남성적 활동으로 분류되는 적목놀이와 신체놀이에 더 많이 참여하는 데에 기인한다(Conner & Serbin, 1977).

흔히 또래연령(gang age)이라고 부르는 시기에 들어서면, 아동에게 있어 또래집단의 영향은 부모나 교사와 같은 다른 어떤 집단보다 강력한 영향력을 가진다. 유아의 놀이 관찰에서 학령전기 유아의 사회관계가 점차 동성에 치중하며, 여아집단과 남아집단이 분리되는 경향을 나타낸다. 유아는 이성과 지내는 시간에 비해 10배 이상의 시간을 동성의 놀이집단과 함께 보내며(Maccoby, 2002), 반대 성의 놀이 친구들에 대해 뚜렷한 편견을 나타내고, 이들을 배제하거나 깔보는 행동을 한다(Powlishta, Serbin, Doyle, & White, 1994). 이는 특히 남아에게서 심하게 나타나는데(Bussey & Bandura, 1999), 아동 중기와 후기의 성 유형화 행동에 있어 남아는 또래집단에 대한 동일시가 강한 반면 여아는 상대적으로 부모에 대한 동일시가 큰 영향력을 갖기 때문이다. 6~8세경의 유아는 성역할에 대한 규칙을 과장하여 인식하는 경향이 있는데, 이는 어떤 규칙도 예외 없이 모든 상황에 적용될 수 있다고 믿는 것이다.

지역사회의 문화

아동은 주변 사람들의 행동을 관찰하고, 이를 학습하고 실행하며 자신에게 적절한 성역할 개념을 익혀 간다. 마거릿 미드(1998)의 연구에서 밝혀진 것처럼 성차는 선천적이지 않지만, 아동은 후천적으로 사회적으로 바람직한 행동 방식을 몸에 익히게 된다. 부모와 교사뿐 아니라, 아동이 일상생활에서 만나는 모든 성인이 아동의 성역할에 영향을 미칠 수 있음을 인지하고, 아동이 평등한 성역할 의식을 발달시킬 수 있도록 올바른 환경을 조성해 주어야 한다.

그림 9-6   어느 쪽이 더 자연스럽게 느껴지나요? 정답은 "양쪽 모두 자연스럽습니다."

대중매체

아동은 책이나 잡지, TV, 영화, 인터넷 등을 통해 대중적으로 받아들여지는 성역할 개념을 익히게 된다. 특히 TV 프로그램은 아동에게 높은 몰입도와 공감도를 이끌어 내는 매체이기 때문에, 성차별적인 내용이 포함되어 있는 경우 아동에게 왜곡된 성역할 개념을 심어 줄 수 있는 위험성이 높다. 최근에는 TV 드라마나 광고에서 드러나는 성 고정관념이 많이 줄어들었으나, 아동용 만화에서는 오히려 성차가 더욱 명확해지는 경향이 있다. 긴 머리에 치마를 입은 여자 캐릭터와 반바지에 문신을 새긴 남자 캐릭터는 언뜻 아동에게 성별 구분을 쉽게 하고, 더욱 매력적으로 보일 수 있는 소지가 있다. 그러나 이런 경향이 지나칠 경우 오히려 아동에게 성 고정관념을 심어 줄 수 있으므로, 교사와 부모는 항상 아동의 TV 시청 상황을 파악하고 편견에 치우친 프로그램을 시청하는 것을 지양하도록 지도해야 한다.

아동용 만화의 성역할이 뚜렷한 캐릭터는 아동에게 쉽게 성별을 구분하고 친근함을 느끼게 하지만, 성역할 고정관념을 강화시킬 수 있는 위험성도 있다.[3]

2 성역할과 평등의 교육

현대사회에서 개인은 동시에 여러 가지 복합적인 역할을 수행할 것으로 요구받는다. 예를 들어, 한 가지 행동을 할 때에 부모로서, 조직의 일원으로서, 사회구성원으로서 기

---

3) http://m.blog.daum.net/cib0319/16189512#, http://blog.daum.net/i_lovewater/151

대되는 모습이 동일하지 않은 경우가 많다. 따라서 전통적인 남성 혹은 여성의 성역할만으로는 이러한 상황에 성공적으로 적응하기 어렵다. 이처럼 현대사회에서는 전통적 성역할의 개념이 희미해지고 성평등(gender equality)의 시대로 나아가고 있다. 성평등은 남성과 여성, 남아와 여아가 동일한 기회와 권리를 누릴 수 있어야 함을 의미하며, 맥락을 무시한 동일한 대우를 의미하는 것은 아니다. 생물학적인 차이를 무시한 동일한 대우는 새로운 차별이 될 수 있으므로, 선천적인 차이로 인한 서로 다른 요구를 인정하되 불평등한 처우나 권리에는 저항해야 할 것이다. 이를 위해서는 아동기부터 지속적으로 성의 공정성과 성평등의 개념에 대한 충분한 교육을 시행해야 한다.

생각해 봅시다   이성의 놀이를 선호하는 아동

굳이 가르치지 않아도, 유아기 아동들은 동성 간에 선호하는 놀이를 공유하게 되는 경향이 있다. 특히 만 4~5세 유아 학급에서 이런 경향성이 드러나는데, 가끔 이런 정형화된 놀이 형태를 벗어나는 아동이 나타난다. 최근 한 연구에서 흥미로운 사실을 지적한 바 있는데, 이런 아동의 경우 크게 두 가지 패턴을 보인다는 것이다. 첫 번째 형태는 이성에게 매력적으로 받아들여져 독보적인 위치를 차지하게 되는, 이른바 공주님과 왕자님의 형태다. 많은 여아가 소꿉놀이를 하지만 아빠 역할을 제안받는 남아는 제한되어 있는 경우를 많이 볼 수 있다. 조금 다르지만 보호해 주어야 할 존재로서 아기 역할을 하는 경우도 있다. 반대 경우로 남아들이 블록으로 집을 만들었을 때, 몇몇 여아는 함께 들어가 놀자는 제안을 받기도 한다. 그러나 그 원리를 생각해 보면, 양쪽의 경우 모두, 이성의 놀이에 초대받는 유아는 동등한 놀이 상대로서가 아니라 내가 보호해 주어야 할, 나를 보호해 줄 이성의 역할을 제안받는 것이다. 결과적으로 성역할을 극단적으로 재생산하는 사례라고 볼 수도 있다. 두 번째는 다른 유아의 반응에 개의치 않고 혼자 나름대로의 놀이 방식을 고수하는 경우다. 예를 들어, 축구놀이에 끼어드는 여아나 소꿉놀이를 하는 남아의 경우로, 근본적으로 정형화된 성역할에서 벗어나는 사례로 볼 수 있다. 그러나 이런 사례가 나타날 때, 또래집단은 무관심하거나 부정적인 반응을 보이는 경우가 많다. 놀이를 진행하기 위한 인원이 부족하다거나 큰 문제가 없는 경우에는 받아들여지지만, 그렇지 않은 경우에는 자연스럽게 소외되는 경우가 많다(Nam, Kim, Kang, & Yi, 2014). 이러한 차별에서 벗어나기 위해서는 일반적인 이성보다 더 나은 실력으로 자신의 가치를 증명해야 한다. 예를 들어, 축구를 매우 잘하는 여자아이라거나, 그림을 아주 잘 그리는 남자아이와 같은 경우다.

1) 교육내용

아동의 성역할 개념 발달에는 가족과 지역사회 문화, 또래집단의 영향이 크지만, 최근 영아기부터 유아교육기관에 취원하는 아동이 늘어나면서 어린이집이나 유치원의 담임교사가 미치는 영향력이 더욱 커지고 있다. 그러나 자칫 교사의 신중하지 못한 언행이 아동에게 부정적인 영향을 미칠 수 있는데, 예를 들어 교사가 유아의 성별에 따라 서로 다른 행동을 할 것을 기대하거나, 교육활동 프로그램에서 여성과 여자다움을 열등한 것으로, 남성과 남자다움을 우월한 것으로 표현하는 경우가 나타나기도 한다(정영애, 김경옥, 2003). 이러한 교사의 가치관이나 태도는 아동이 양성평등적인 성역할을 할 수 있는 기회를 제한하여, 성차별적인 사고를 가질 수 있게 한다. 아동이 바람직한 성역할 정체성을 확립하고 전통적인 성역할 고정관념에서 벗어날 수 있도록 하기 위해서 교사는 성차별이 없는 평등한 교육환경을 제공하여야 한다.

2) 교사의 역할

아동은 부모와 교사 같은 성인의 행동을 관찰하고 모방하면서 적절한 성역할에 대한 인식을 획득한다. 랑겐바흐(Langenbach)는 올바른 성역할 형성을 위해 교사가 고려해야 할 지침을 제안하였다.

① 남녀 아동이 동일하게 정적인 놀이와 동적인 놀이에 참여하도록 한다.
② 남녀 아동이 모두 감정표현을 충분히 할 수 있도록 한다.
③ 다양한 직업과 같은 여러 가지 사회활동에 있어 남녀가 모두 공평하게 참여할 수 있음을 알려 준다.

시몬스(Simmons)는 남아와 여아 간에 평등한 기회를 주는 교육과정에 대해 제안하고, 이를 위한 교사의 역할을 제시하였다.

① 놀이 영역을 청소하는 데 있어 남녀 유아가 함께 공평하게 해 보도록 책임을 분배하

고 격려한다. 도움을 요청할 때에 남녀의 구분을 두지 않고 동일한 언어를 사용한다. 예를 들어, "나는 이 판자를 옮기기 위해서 크고 힘센 친구가 두 명 필요해요."라고 표현함으로써 단지 남아에게만 힘이 필요한 행동을 강요하는 것을 피해야 한다.

② 음악과 연극을 활용하여 아동이 새로운 역할 속에서 자신을 관찰할 수 있는 기회를 제공한다. 예를 들어, 다양한 크기의 악기를 다루게 한다거나, 남녀의 구분 없이 여러 가지 인물(요정, 거인, 유령 등)을 연기할 수 있도록 장려한다. 인형놀이 등을 통해 수줍어하는 유아도 안정감 있게 참여할 수 있도록 돕는다.

③ 아동이 자신의 가족에 대해 이야기할 기회를 제공한다. 부모님의 직업이나 형제자매의 이야기를 소개하면서 다양한 생활 형태를 받아들이고 포용할 수 있도록 지원한다.

④ 전형적인 성역할에서 벗어난 직업에 종사하고 있는 전문가들, 예를 들어 남자 보육교사, 여자 과학자, 여자 기술자 등을 초대하여 만나 본다. 아동이 다양한 질문을 통해 정보를 얻고, 이러한 지식을 충분히 소화해 낼 수 있도록 역할놀이 등에 사용하는 것을 권장한다.

⑤ 남아와 여아 모두에게 긍정적인 반응을 이끌어 낼 수 있는 이야기를 읽어 주거나, 남녀의 올바른 성역할 및 성평등 개념을 제공할 수 있는 TV 프로그램을 선택하여 제공한다.

⑥ 아동이 선택권을 확장할 수 있는 장난감을 비치하며, 놀이를 할 때 성에 따른 구분을 피하고 똑같은 기회를 부여한다. 남아와 여아로 구분하여 줄 서게 하는 행동을 피한다.

⑦ 언어적 발달, 신체적 강화와 훈련이 성의 구별 없이 골고루 잘 분배되어 이루어지고 있는지 확인하기 위해 관찰, 분석, 토의를 시행한다.

아동에게 올바른 성역할 개념을 심어 주기 위한 교사의 지침에 대해 지금까지 여러 학자가 연구를 시행해 왔다. 세부적인 내용은 학자마다 조금씩 다르지만, 공통적으로 들어가 있는 요소들을 살펴보면 남녀에 상관없이 동등한 책임과 의무를 가지도록 하기, 성별에 구애받지 않고 좋아하는 놀이나 활동에 참여할 기회를 제공하기, 다양한 직업에 종사하는 남녀 전문가들을 초대하기 등이 있다.

이와 같은 방법을 통해 교사는 아동이 올바른 성역할 개념을 형성하고, 성역할이 선천적인 것이 아닌 문화적 산물임을 이해하여, 성적 정체성이나 성역할에 대한 선입견 및 고정관념을 갖지 않도록 지원해야 한다.

생각해 봅시다   **성역할 관련 소활동: 달라요? 같아요!**

- **활동목표:** 남자와 여자의 차이를 이해하고 그 차이가 하고 싶은 일에 방해가 되지는 않는다는 사실을 이해하기

- **활동내용:**
  - 남자와 여자는 무엇이 다를까요? (신체 발달의 차이)
  - 남자와 여자는 무엇을 좋아할까요? (선호하는 색깔, 음식, 장난감)
  - 남자와 여자는 무엇을 할 수 있을까요? (할 수 있는 놀이, 직업 등)

- **활동 시 주의점:**
  - 정보를 전달하는 데 치중하여 지루한 주입식 교육이 되지 않도록 한다.
  - 아이들이 남녀 간의 차이를 올바르게 인식할 수 있도록 하되, 그것이 우월함이나 열등함에 대한 평가로 이어지지 않도록 주의한다.
  - 교사는 남녀는 동등한 능력과 기회를 가지고 있음을 가르치되, 이를 지나치게 강조하여 남녀 간의 명확한 차이까지 간과하지 않도록 한다.
  - 아이들이 자신의 경험이나 생각을 표현하고, 이를 통해 자연스럽게 성역할과 성 평등에 대해 이해할 수 있도록 한다.

- **활동준비물:** 이야기 나누기를 위한 사진이나 그림판(주제망과 같은 형식으로 확장하는 것도 가능함)

	책 제목	내용
1	〈나는 여자, 내 동생은 남자〉 (정지영 글, 정혜영 그림, 비룡소, 1999)	
2	〈지금 그대로 참 멋져〉 (김영민 글, 신정민 그림, 한국헤밍웨이, 2010)	
3	〈종이봉지공주〉 (로버트 문치 글, 마이클 마첸코 그림, 비룡소, 1998)	
4	〈치마를 입어야지, 아멜리아 블루머〉 (섀너 코리 글, 체슬리 맥라렌 그림, 아이세움, 2003)	
5	〈공주양말〉 (최서윤 글, 윤샘 그림, 별똥별, 2009)	

참고문헌

곽금주, 정윤경, 김민화, 박성혜, 송현주 역(2006). 아동발달심리학[*Child development*]. Santrock, J. W. 저. 서울: 박학사. (원저는 2004년에 출판).

김유미 역(1996). 아동의 심리발달[*Psychological development of the child*]. Mussen, P. H. 저. 서울: 양서원. (원저는 1979년에 출판).

송길연, 장유경, 이지연 역(2012). 발달심리학[*Developmental psychology*]. Shaffer, D. R., & Kipp, K. 저. 서울: 센게이지러닝코리아. (원저는 2007년에 출판).

유희정(2000). 취학전 아동의 양성평등의식 교육 프로그램 개발. 서울: 한국여성개발원.

이경우, 이은화(1987). 한국 어머니의 유아 사회성 교육. 서울: 이화여자대학교출판부.

이경우, 이은화(1999). 반편견 교육과정. 서울: 창지사.

정세화 역(1983). 성차의 형성과정[*The development of sex diffrences*]. Maccoby, E. E. 저. 서울: 이화여자대학교출판부. (원저는 1966년에 출판).

정영애, 김경옥(2003). 유아교육기관에서의 성역할 사회화에 관한 연구. 인문논총, 10, 163-191.

조혜정 역(1998). 세 부족사회에서의 성과 기질[*Sex and temperament: In three primitive societies*]. Mead, M. 저. 서울: 이화여자대학교출판부. (원저는 1935년에 출판).

Bach, G. R. (1946). Father-fantasies and father-tying in father-seperated children. *Child Development, 17*(1/2), 63-80.

Bandura, A. (1986). *Social foundations of thought and action: A social cognitive theory.* Englewood Cliffs, NJ: Prentice-Hall.

Bem, S. L. (1975). Sex role adaptability: One consequence of psychological androgyny. *Journal of Personal and Social Psychology, 31*(4), 634-643.

Bem, S. L. (1981). Gender schema theory: a cognitive account of sex typing. *Psychological Review, 88*, 354-364.

Bem, S. L. (1983). Gender schema theory and its implications for child development: Raising gender-aschematic children in a gender-schematic society. *Signs: Journal of Women in Culture and Society, 8*, 598-616.

Block, J. H. (1973). Conceptions of sex role: Some cross-cultural and longitudinal perspectives. *American Psychologist, 28*(6), 512-526.

Brown, D. G. (1956). Sex-role development in a changing culture. *Psychological Bulletin, 55*(4), 232-242.

Bussey, K., & Bandura, A. (1999). Social cognitive theory of gender development and differentiation. *Psychological Review, 106*(4), 676-713.

Connor, J. M., & Serbin, L. A. (1977). Behaviorally based masculine and feminine activity preference scale for preschoolers: Correlates with other classroom behaviors and cognitive tests. *Child Development, 48*, 1411–1416.

Cordua, G. D., McGraw, K. O., & Drabman, R. S. (1979). Doctor or nurse: Children's perception of sex typed occupations. *Child Development, 50*, 590–593.

Eisenberg, N., & Lennon, R. (1983). Sex differences in empathy and related capacites. *Psyhological Bulltentin, 94*(1), 100–131.

Emmerich, W., Goldman, K. S., & Shore, R. E. (1971). Differentiation and development of social norms. *Journal of Personality and Social Psychology, 18*, 323–353.

Fagot, B. I. (1974). Sex differences in toddlers' behavior and parental reaction. *Developmental Psychology, 10*, 554–558.

Hetherington, M. E. (1993). A review of the Virginia Longitudinal Study of divorce and remarriage: A focus on early adolescence. *Journal of Family Psychology, 7*, 39–56.

Hoffman, L. W. (1961). The father's role in the family and the child's peer-group adjustment. *Merril–Palmer Quartely, 7*, 97–105.

Kobasigawa, A. (1968). Inhibitory and disinhibitory effects of models on sex-inappropriate behavior in children. *Psychologia, 11*, 86–96.

Koch, H. L. (1956). Sissiness and tomboyishness in relation to sibling characteristics. *Journal of Genetic Psychology, 88*, 231–244.

Kuhn, D., Nash, S. C., & Brucken, L. (1978). Sex role concepts of two-and three-year-old children. *Child Development, 49*, 445–451.

Maccoby, E. E. (1988). Gender as a social category. *Developmental Psychology, 24*, 755–765.

Maccoby, E. E. (2002). Gender and group process: A developmental perspective. *Current Directions in Psychological Science, 11*, 54–58.

Maccoby, E. E., & Jacklin, C. N. (Eds.). (1974). *The psychology of sex differences.* Stanford, CA: Stanford University Press.

Macrae, C. N., Hewstone, M., & Griffiths, R. J. (1993). Processing Load and Memory for Stereotype-Based Information. *European Journal of Social Psychology, 23*, 77–87.

Martin, C. L., & Halverson, C. F. (1981). A schematic processing model of sex typing and stereotyping in children. *Child Development, 52*, 1119–1134.

Martin, C. L., & Halverson, C. F. (1983). The effects of sex-typing schemas on young children's memory. *Child Development, 54*, 563–575.

Martin, C. L., & Halverson, C. F. (1987). The roles of cognition in sex role acquisition. In D. B. Carter (Ed.), *Current conceptions of sex roles and sex typing: Theory and research* (pp. 123–137). New York: Praeger.

Mischel, W. (1973). Toward a cognitive social learning reconceptualization of personality. *Psychological Review, 80*, 252–283.

Nam, H., Kim, T., Kang, H., & Yi, S. (2014). Children's Gender Boundary and Cross-bondary

Activities, Ninth International Conference on Interdisciplinary Social Sciences, Vancouver: CGPublisher.

Newell, L. C., Castellanos, I., Grossman, R., & Bahrick, L. E. (2009). Bimodal, synchronous displays, but not unimodal, visual displays, elicit gender discrimination in 6-month-old infants. *Poster presented at the Society for Research in Child Development*. Denver, CO.

Powlishta, K. K., Serbin, L. A., Doyle, A. B., & White, D. R. (1994). Gender, ethnic and body type biases: The generality of prejudice in childhood. *Developmental Psychology, 30*, 526-536.

Quinn, P. C., Yahr, J., Kuhn, A., Slater, A. M., & Pascalis, O. (2002). Representation of the gender of human faces by infants: A preference for female. *Perception, 31*(9), 1109-1122.

Thompson, S. K., & Bentler, P. M. (1971). The priority of cues in sex discrimination by children and adults. *Developmental Psychology, 5*, 181-185.

Early Childhood Social Education

제10장

반편견 및 문화수용

1. 반편견 및 문화수용의 이해
2. 반편견 및 문화수용 교육

"모든 위대한 일이 어린아이들에게는 가능하다."

• 톨스토이 •

반편견 및 문화수용 교육은 하나의 교과과정이 아닌, 삶에 대한 철학과 가치를 바르게 심어 주는 사회교육의 일부이므로 일상의 경험과 유리되어 시행될 수 없으며, 관광적인 교육과정을 통해 체험적으로 실시되는 것을 경계해야 한다. 이 장에서는 반편견 및 문화수용 교육에 대한 전반적인 이해를 도모하고 사회교육 교과과정에서의 적용에 대하여 살펴보도록 한다.

① 반편견 및 문화수용의 이해

유아들은 아주 어린 시기부터 피부색과 언어, 신체적 능력의 차이가 특정한 견해에 따라 부정적으로 평가된다는 것을 인식할 수 있다. 유아들은 일상의 생활에서 사람들의 외모와 대화, 특징적인 능력들을 관찰함으로써 차이점과 유사점을 발견하고, 차이에 대해 언급하는 내용들과 평가의 기준들을 자연스럽게 흡수함으로써 편견을 학습하게 된다. 편견은 유아의 건강한 자기정체감 발달을 저해하는 요인이 될 수 있으며, 직간접적인 차별을 야기한다는 점에서 반드시 수정되어야 한다. 반편견 및 문화수용 교육은 정당하지 않은 편견과 불공평함에 맞서 행동하고, 서로 다른 배경과 관점의 차이를 존중하며, 차이의 수용을 지지하는 사회 정의를 기반으로 하고 있다. 이는 '모든 인간은 누구나 그 자체로 존중받아야 한다.' 는 인간 존엄의 가치를 최우선으로 여기는 관점을 기반으로 하며, 평등주의에 입각하여 인간에 대한 존중과 개별성의 존중을 바탕으로 편견에 대한 비판적 사고와 공감적 대처능력을 획득하는 것을 목표로 한다.

1) 반편견 및 문화수용 교육의 개념

(1) 반편견 및 문화수용 교육의 개념

반편견 및 문화수용 교육이란 어떠한 편견이나 선입견 없이 자신과 타인을 있는 그대로 존중하는 가치관을 심어 주는 교육을 말한다. 나와 타인이 지닌 여러 특성 중 유사점과 차이점이 존재함을 인식하고, 성별이나 인종(민족), 언어, 외모, 연령, 사회경제적 수준, 능력, 장애, 신념(종교), 가족 구성, 성적 지향 등에 따른 차이로 인해 다르게 대하거나 차별하는 것이 옳지 않으며, 자신과 타인의 존재와 정체성(identity)을 인정하는 것이 중요하다는 것을 학습하도록 돕는 것이다. 이는 모든 유아에게 해당되는 것이며, 유아를 둘러싸고 있는 모든 사회체계와 지역사회구성원과도 밀접한 관련이 있으므로 사회구성원의 한 사람으로서 유아와 부모, 교사 모두에게 반편견 및 문화수용 교육은 필수적으로 시행되어야 한다.

반편견 교육이란 모든 유아가 다양성을 수용하며 서로 활발한 상호작용을 하고, 편안한 감정이입을 발달시켜 자신감 있고 폭넓은 자아 정체감을 구성하도록 돕는 것이다(Baker, 1994). 익숙하지 않은 상황이나 예측할 수 없는 문화의 생활양식을 편안하게 받아들이는 것은 누구에게나 쉽지 않은 일이다. 이러한 상황에서 편견은 타인과의 관계를 저해하는 직접적인 원인이 될 수 있다. 다양한 측면의 관계 속에서 차이는 크고 작은 갈등의 원인이 되기도 한다. 그러나 직접 접해 보지 않고 선입견에 근거하여 짐작으로 상대방을 판단하거나, 명확하지 않은 이유로 상대방에 대한 선호를 결정하는 것은 정의롭지 않다. 어느 쪽으로든 편향된 의견은 갈등을 해결하는 대화와 타협의 좋은 도구가 되기 어렵다.

인간중심이론의 창시자인 칼 로저스(Carl Rogers)는 노을이 지는 것을 바라보고 무엇을 더하거나 빼는 것을 생각할 수 없고, 노을을 조절하려고 하지 않듯이 모든 인간은 그 자체만으로도 존중받아야 하는 존재라고 주장하였다. 특히 외모나 인종, 피부색 등 누구나 스스로 선택할 수 없었던 가치로 인해 부당한 대우를 받거나 차별을 경험하는 것은 어떠한 이유에서든 정당화될 수 없다. 이러한 관점은 자신에 대한 있는 그대로의 존중과 인식뿐 아니라 또래와의 바른 관계 형성을 가능하게 하고, 더 나아가 편견과 차별을 없애기 위해서 유아 스스로 할 수 있는 것들은 무엇이며, 어떤 노력들이 필요한지에 대한 발전적인 사고와 행동을 가능하게 할 수 있다.

　누리과정에도 사회 영역의 활동을 구성할 때 '성별, 종교, 신체적 특성, 가족 및 민족 배경 등으로 인한 편견이 없도록 편성해야 한다.'라고 고시되어 있다. 유아를 위한 반편견 및 문화수용 교육은 나와 같지 않다는 이유만으로 유발될 수 있는 모든 차별의 해악에 대해서 인식하고, 나와 다른 문화에 대해서 이해하고 수용하는 과정 속에서 자신에 대한 문화적 정체성과 건강한 자기인식이 가능하도록 도울 수 있어야 한다. 사회구성원으로서 사회적·제도적으로 존재하는 잘못된 편견이나 고정관념에서 벗어날 수 있는 공정한 사회의식을 가질 수 있도록(장영희, 1998) 유아와 유아를 둘러싸고 있는 사람들을 함께 성장시키는 것, 다시 말해 반편견 교육이란 끊임없이 이루어지고 있는 불평등의 사회를 변화시킬 수 있도록 사람을 준비시키는 것이다(Ramsey, 1982). 타인을 이해하기 위해서 그들이 속한 사회의 고유한 문화를 이해하는 것은 서로의 다름을 이해하는 가장 좋은 방법이 될 수 있다.

　반편견 교육은 단순한 사회적 정보의 전달을 목적으로 한 교과과정이 아니라, 인간과 삶에 대한 철학과 가치에 기반을 두고 있다. 다시 말해, 다양성의 존중이라는 표현 아래 차이를 수용하는 것뿐만 아니라, 억압과 차별은 정당하지 않으므로 개선되어야 한다는 사회적 정의를 지향하는 것이다. 반편견 교육은 유아가 불공평한 신념이나 행동을 수용하지 않도록 교육하고, 편견과 관련된 문제를 회피하거나 무시하는 것이 아니라, 문제에 직면하고 적절하게 대처할 수 있도록 교육한다는 의미에서 행동주의적이라고 볼 수 있다.

　다문화 교육은 다양한 문화, 민족, 성역할, 사회적 계층의 배경을 가진 유아들이 문화교육에 대한 긍정적 태도, 인식, 행동을 발달시킬 수 있도록 돕는 것이다(Banks, 1993). 문화는 다양한 인종과 국적, 역사적 배경뿐 아니라 서로 다른 능력과 생활양식, 더 나아가 이를 바라보는 태도와 관념 등 인간의 가치관과 사고까지 포함하고 있다. 또한 문화는 고정되어 불변하는 것이 아니라 지속적으로 발전하고 변화하므로 문화를 수용한다는 것은 단편적인 접근으로 가능한 것이 아니다. 그럼에도 불구하고 다문화 교육이라는 표제하에 시행되는 많은 활동은 소수집단에 속한 유아와 가족이 다수집단의 언어를 쉽게 익히도록 돕거나, 현재 속해 있는 문화와 제도권에 동화될 수 있도록 지원하는 수준에서 단편적으로 시행되고 있다.

진정한 의미에서의 문화수용이란 다수 문화가 더 우월하고 발달된 것이라고 여기거나, 소수문화를 가진 집단이 다수의 문화집단으로 쉽게 동화되고 흡수될 수 있도록 지원하는 것이 아니다. 익숙하지 않고 낯선 가치를 가진 소수의 문화일지라도 그 자체로 존중하고 인정하며, 유아 자신의 문화적 정체성을 유지하면서도 다양한 문화적 쟁점에 대응하여 자연스럽게 공존할 수 있는 방법을 모색하고 더불어 살아가기 위하여 시행되어야 하는 것이다. 문화수용 교육은 인간에 대한 이해와 존중은 물론 다양한 문화에 대한 수용과 개방을 기반으로 하며, 모두에게 공평한 기회를 보장하여야 한다는 점에서 평등주의적이라고 볼 수 있다.

(2) 반편견 및 문화수용 교육의 필요성

편견이란 근거가 명확하지 않거나 잘못된 믿음을 바탕으로 특정 개인이나 집단에 대해 갖는 공정하지 않은 생각을 의미한다. 편견은 타인이나 집단에 대하여 선호하거나 적대시하는 판단의 근거로 작용할 수 있는데(Jones & Derman Sparks, 1992), 치우친 의견이라는 뜻 그대로 불완전한 정보에서 나온 일반화에 근거를 두고 적절한 지식이나 이유 없이(Hall & Rhomberg, 1995) 특정 개인이나 집단에 대해 편향된 인식을 갖는다는 점에서 차별을 유발하는 직접적인 원인이 될 수 있다.

편견은 차별을 야기한다는 점에서 사회정의에 반한다. 편견은 무의식적으로 답습되고, 잘못된 강화에 의해 전래될 수 있다는 점에서 형성 자체를 불식시키려는 노력이 필요하다. 유아는 3~4세경부터 자신과 타인의 차이를 인식할 수 있고, 이로 인한 잘못된 선입견이나 편견을 가질 수 있다. 따라서 유아기부터 바른 사회교육을 통해 편견을 형성하지 않으려는 노력과 교육이 필요하다. 특히 편견은 타인에 국한된 관점이 아니라, 유아 스스로 자신을 조망하는 관점에도 해당되는 것이기에 유아교육 현장에서 반드시 다루어야 할 필요가 있다.

유아교육 현장에서 편견이라는 쟁점을 다루어야 하는 또 다른 이유는 한 개인이 의식적으로 편견을 이용하기보다 무의식적으로 이용할 가능성이 더 높기 때문이다. 예를 들면, 한국 사회에서 오래전부터 뿌리 깊게 자리한 성역할에 대한 고정관념이나 선입견 등이 개인이 내리는 결정과 판단에 무의식적인 영향을 미쳐 자신이 편견을 가지고 있다는 인식조차 하지 못하게 만드는 상황과 같은 것이다. 교육을 통해 편견 그 자체를 종식시킬 수는 없지만 편견이 유발할 수 있는 사회적 불평등과 마주하고, 이를 바로잡기 위한 적극적인 노력을 하는 것은 한 사람의 사회구성원으로서 유아를 바르고 건강한 가치관을 가진 사람으로 교육하는 데 있어 필수적인 과정이라고 볼 수 있다.

영유아기는 물리적·사회적 세계를 학습하는 데 있어 기본적인 접근 방식과 특정한 선호를 형성하게 되는 시기이므로(Ramsey, 1982), 반편견 교육은 영유아기 때부터 시행되어야 한다. 유아는 2~3세부터 타인의 피부색, 성, 신체 구조 등에 관심을 보이기 시작하여 4세경이 되면 민족집단과 성에 대한 정체성을 가질 수 있고, 5~6세에는 사회계층, 장애 상태, 하위 문화의 다양성을 인식할 수 있다(양옥승, 1997). 유아의 편견이 형성되기 이전에 다양한 문화와 관점을 경험하고 차이와 다름에 대해 존중할 수 있도록 하는 교육과, 이미 형성된 정당하지 않은 편견을 수정하고 편견에 대하여 능동적으로 대응할 수 있는 전략이 반편견 및 문화수용 교육에서 다루어야 하는 내용들이다. 반편견 교육에서 중요한 것은 '사람들의 각기 다른 차이점을 어떻게 인식할 것인가?' 하는 문제가 아니라 '사람들의 각기 다른 차이점에 대해 어떻게 반응할 것인가?' 하는 문제와 이러한 편견이 타인에게 국한된 것이 아니라 자신에게도 적용될 수 있음을 인식하고 지속적으로 편견을 바로잡기 위하여 노력하는 자세를 길러 주는 것이다.

(3) 반편견 및 문화수용 교육의 의의

편견과 선입견은 특정한 현상이나 객체에 대한 사전 지식이나 경험이 부족한 상태에서 비논리적인 사고와 관습을 통해 형성되며 감정적인 대응을 야기하기 쉽다는 특성이 있다. 이러한 편견과 선입견은 다양한 체계로부터 형성되고 전래되므로, 유아를 둘러싸고 있는 사회구성원들의 사고와 행동, 언어적 표현을 통해 간접적으로 학습되거나 집단적 형태로 답습되고, 무의식적으로 강화되기 쉽다. 편견은 정당하지 않은 차별을 유발하는 직접적인 원인으로 작용할 수 있기 때문에, 불공평한 상황이나 차별적인 문제에 직면했을 때 유아가 보다 능동적으로 문제에 대처하고, 문제 상황을 회피하거나 무시하는 것이 아니라 편견에 맞서 행동할 수 있도록 편견에 대한 비판적 사고와 의지를 길러 주는 교육이 필요하다.

그러나 편견을 불식시키는 것은 실질적으로 불가능하다. 편견이 형성되고 난 이후에 정확한 정보와 바른 지도가 있더라도 이를 바로잡는 것은 쉽지 않으며, 특히 집단적 편견의 경우 이를 수정하기 위한 노력은 가시적인 효과를 보기 어렵다. 그러므로 편견이 형성되기 이전인 어린 연령부터 차별과 불공정함에 대응하는 적절한 가치관과 인간에 대한 관점, 공감적인 대처능력을 길러 주는 것이 반편견 및 문화수용 교육의 의의라고 볼 수 있다.

유아는 사회체계로부터 비롯된 편견과 고정관념을 학습하므로 나와 다른 것을 거부하거나 불편하게 여기지 않고, 차이를 있는 그대로 수용할 수 있는 태도와 사고능력을 기르는 반편견 및 문화수용 교육이 필요하다. 유아 자신이 가지고 있는 편견을 인정하고, 이를 바로잡도록 지속적인 성찰을 통해 스스로 자기반성을 할 수 있는 사람으로 성장하도록 돕는 것이 반편견 교육의 또 다른 의의라고 할 수 있다.

2) 반편견 및 문화수용 교육의 발달

(1) 반편견 및 문화수용 교육의 발달

북아메리카 대륙의 발견 이후, 원주민(토착민)이었던 아메리칸 인디언들을 강제로 이주시키고 이들의 자치권을 축소시켰던 미국과 달리 캐나다 정부는 원주민들을 '퍼스트 피플(first people)' 또는 '퍼스트 네이션(first nations)'으로 지칭하며 이들의 역사와 문화가 캐나다에 기여한 점을 높이 평가하고 있다. 이러한 흐름의 일환으로 1971년 캐나다에서 처음으로 다문화 정책이 발표되었으며, 이에 따라 교육정책도 자연스럽게 다문화주의를 포함하게 되었다.

교육 현장에서 다문화주의는 백인 중심의 정책과 사고에서 벗어나 다양한 소수민족 집단을 인정하고, 평등주의를 기반으로 한 정책과 교육을 시행하려는 움직임으로 발전되었다. 다문화주의는 자신의 문화와 민족의 뿌리에 대해서 배우는 것이 소수집단의 교육적 성취를 향상시킬 뿐만 아니라 다른 문화적 · 민족적 배경을 가진 사람들에 대한 유아들의 편견과 차별을 감소시킬 것이라고 가정하였다. 그러나 이러한 긍정적인 의도는 이국적인 전통과 의복, 표면적으로 드러나는 행동습관 등에 초점을 둔 관광적 교육과정으로 변질되며, 오히려 소수민족에 대한 고정관념을 만들어 내는 역기능을 초래하게 된다.

익숙하지 않은 복식이나 장식품 등을 유아교육 현장으로 가지고 와서 낯선 문화를 일회적으로 체험하게 하는 활동은 유아들에게 한 나라의 문화와 전통에 대한 존중보다는 흥미롭고 신비로운 어떤 것으로 인식되며, 한 나라의 전통과 문화에 대한 이해를 돕기보다 나와 다르다는 이질감을 강조하거나, 어떤 문화가 어떤 문화에 비해 상대적으로 우월하거나 열등하다는 잘못된 인식을 심어 줄 수 있다. 이러한 관광적 교육과정을 경험한 유아들은 다른 문화들을 들여다보고 한 나라의 문화적 전통과 특성을 지나치게 일반화하게 되거나, 결국 낯선 문화에 속한 이들은 우리와 다르다는 이해를 갖는 데 그치게 될 수 있다. 문화를 수용한다는 것은 다양한 문화가 공존하는 사회에서 이를 낯설지 않게 여기며 살아간다는 것이다. 더먼-스파크스와 ABC 태스크포스(Derman-Sparks & The Anti-Bias Curriculum Task Force, 1989)는 관광적 교육과정이 문화 간의 이국적인 차이를 장려하고 강조하며 평범화하고, 다른 사람들의 삶에서 일어나는 일상적인 문제와 경험을 다루기보다는, 축하와 즐거움을 표현하는 방식의 표면적 측면을 다룬다고 비판한 바 있다.

반편견 교육과 다문화 교육은 유아의 정체성을 확립하고 삶에 대한 주도적인 태도를 교육한다는 점에서 유사점을 가지고 있으며, 이 두 가지의 용어는 함께 혼용되고 있다. 다문화 교육은 문화적 다양성을 가치 있는 자원으로 확장하려는 교육이며, 문화 간 소통을 원활하게 하고 집단 간 관계를 강화하는 데 초점을 둔다. 두 접근 모두 유아가 인간의 유사점과 차이점을 인식하는 것을 기반으로 하여 삶의 모든 측면과 관련된 문화적 다양성이라는 쟁점을 다루고 있으며, 정당하지 않은 신념과 불평등한 처우를 야기하는 차별에 맞서야 함을 강조하고 있는 것이 특징이다.

최대의 다민족 국가인 미국은 1960년대 전후 인종 간의 갈등을 줄이기 위해 다문화 교육을 개발하여 보급한 것으로 알려져 있다. 다문화 교육이 자리를 잡으면서 이것을 인종 문제에만 국한시키지 않고 장애나 성, 가족 형태 등 다양한 영역에 대한 편견에도 적용하여야 한다는 목소리가 점차 높아지게 되었는데, 이처럼 반편견 교육은 더 나은 평등주의 원리를 지향하는 사람들의 신념이 만들어 낸 결과라고 할 수 있다.

1989년 전미유아교육협회(National Association for the Educational Young Children: NAEYC)의 워크숍에서 더먼-스파크스가 반편견 교육과정을 처음 소개한 이래로 지금까지 반편견 교육에 대한 연구는 다양한 접근과 방식으로 수행되고 있다. 한국의 반편견 교육은 1990년대 초반부터 시작되어 주로 이야기 매체를 활용한 반편견 교육활동에 관한 효과 검증 연구가 다수를 이루고 있다. 한국의 다문화 교육은 문화적 다양성을 가치 있는 것으로 여기고, 문화적 다양성을 증진시키는 데 역점을 두는 교육, 인간과 집단과의 관계를 강화시키고 문화 간 의사소통을 원활히 하는 교육으로 우리나라의 정체성 및 세계 여러 나라와 문화에 관심을 가지도록 하는 데 중점을 둔다(교육인적자원부, 2007). 2000년대 중반부터 국내 학계와 정부에서 다문화 교육을 주제로 한 연구와 정책이 가히 붐이라고 해도 과언이 아닐 정도로 많아졌으나, 이는 다문화 관련 주제를 특화시켜 유아교육 현장에 적용한 것일 뿐 통합적인 교육과정으로 보기에는 부족하며, 다문화 교육의 복합성과 다양성을 통합시키려는 노력이 지속적으로 필요하다.

(2) 반편견 및 문화수용 교육의 영향요인
① 부모

부모는 유아의 첫 번째 역할 모델이자 유아의 삶에 가장 중요한 영향을 미치는 존재다. 유아를 직접적인 대상으로 하지 않더라도 부모가 주고받은 언어표현과 비언어적인 행동들은 유아가 자신과 타인을 둘러싼 선입견이나 편견에 대한 기준을 세우는 것과 밀접한 관련이 있다. 더먼-스파크스와 ABC 태스크포스(1989)는 실제 반편견이나 편견 모두가 부모를 비롯한 성인의 문제이기는 하지만, 편견을 만들어 내고 유지하고 가르치는 힘을 가진 것도 역시 성인이기 때문에 유아들이 편견에 대해 직접적으로 언급하거나 맞서지 못하면서 사회적 또는 집단적으로 널리 퍼져 있는 편견에 함께 물들게 된다고 하였다. 부모와 유아를 둘러싼 성인들에게는 사회 속에 뿌리 깊게 자리한 편견을 없애기 위해서 노력해야 하는 책임과 유아들이 편견에 사로잡히지 않도록 도울 수 있는 반편견 및 문화수용 교육을 제공해야 하는 책임이 있다.

② 환경

환경은 그 자체가 편견을 형성하는 데 영향을 미치는 요인이라는 것을 인식하기 어렵다는 점에서 더 중요하고, 다른 요인들보다 더 주의 깊게 살펴보아야 할 필요가 있다. 반편견 교육에 적합한 환경 구성으로는 보편적 설계라는 의미를 지닌 '유니버설 디자인(universal design)'을 들 수 있는데 이는 누구나 차별 없이 접근 가능하게 설계된 사물이나 환경 구성을 뜻한다. 초기에는 신체적으로 장애가 있는 사람들이 사용함에 있어 제한이 없도록(barrier-free) 만드는 것에 초점을 두었으나 점차 연령이나 장애 등의 개인적인 특성

그림 10-1 유니버설 디자인의 예-
양손잡이를 위한 가위

출처: https://brunch.co.kr/@birlzip/3

그림 10-2 유니버설 디자인의 예-
높이가 조절되는 세면대

출처: http://media.jungle.co.kr/cat_magazine

과 관계 없이 누구에게나 공평하고 편리한 사용을 가능하게 하는 것으로 그 의미가 확장
되었으며, '모두를 위한 디자인'으로 자리 잡으면서 그 대상도 사물과 건축에 국한되지
않고 환경과 서비스 등으로 확장되었다.

유니버설 디자인은 유아를 위한 교육환경에서도 쉽게 찾아볼 수 있는데 문턱이 없는
교실이나 바닥이 낮은 버스, 양손잡이를 위한 가위와 높이가 조절되는 세면대 등이 바로
'모두를 위한 디자인'의 산물이다. 누구라도 불편이나 차별을 경험하지 않을 수 있도록
고안된 '보편적인 설계'는 반편견 교육에 적합한 환경 구축을 도울 수 있다.

유니버설 디자인은 로널드 메이스(Ronald Mace)가 처음 도입한 것으로 모두 일곱 가지
의 기본 원칙에 따라 설계되는데 그 첫 번째 원칙이 바로 '모두에게 공평한 디자인'이며,
이는 반편견 교육의 기본 가치와 정확히 합치한다고 볼 수 있다. 유니버설 디자인의 일
곱 가지 기본 원칙은 다음과 같다.

글상자 10-1   **유니버설 디자인의 일곱 가지 기본 원칙**

1. 공평한 사용(Equitable Use)
   누구라도 차별이나 불안, 열등감을 느끼지 않고 공평하게 사용 가능한가?
2. 사용상의 유용성(Flexibility in Use)
   다양한 생활환경 조건에서도 정확하고 자유롭게 사용 가능한가?

3. 간단하고 직관적인 사용(Simple and Intuitive Use)

　직관적으로 사용 방법을 간단히 알 수 있도록 간결하고, 사용 시 피드백이 있는가?

4. 쉽게 인지할 수 있는 정보(Perceptive Information)

　정보 구조가 간단하고, 복수의 전달 수단을 통해 정보 입수가 가능한가?

5. 오류에 대한 포용력(Tolerance for Error)

　사고를 방지하고, 잘못된 명령에도 원래 상태로 쉽게 복귀가 가능한가?

6. 적은 물리적 노력(Low Physical Effort)

　무의미한 반복 동작이나, 무리한 힘을 들이지 않고 자연스러운 자세로 사용이 가능한가?

7. 접근과 사용을 위한 충분한 공간(Size and Space for Approach and Use)

　이동이나 수납이 용이하고, 다양한 신체 조건의 사용자가 함께 사용이 가능한가?

출처: 착한 디자인, 유니버설 디자인(http://www.lgevi.com/management/general/article)

③ 지역사회구성원

　유아가 스스로를 평가하는 방식이나 자신에 대해 느끼는 감정들은 대개 타인이 자신을 어떻게 평가하고 수용하는가에 의존한다. 유아를 둘러싼 환경체계 안에 속하는 모든 성인, 다시 말해 유아와 만나는 모든 어른, 부모와 교사, 이웃을 비롯한 다양한 지역사회구성원들이 유아를 옳지 않은 기준과 편견에 따라 판단하고 평가한다면 이들과 유아의 상호작용은 주의 깊게 관찰되어야 할 필요가 있다. 유아의 자기개념과 자아존중감은 매일의 일과와 교육 현장에서의 대화, 비언어적인 상호작용에 큰 영향을 받기 때문이다.

　유아가 거주하고 있는 지역사회의 다양한 구성원은 모두 유아의 역할 모델로 기능할수 있다. 상호 존중의 의사소통 방식이나 수용적인 비언어적 표현, 사회적인 환경 구성 등은 유아가 사람들의 유사점과 차이점을 인식하고 바르게 대처할 수 있는 태도와 가치관을 기르는 데 중요한 영향을 미친다.

② 반편견 및 문화수용 교육

1) 반편견 및 문화수용 교육의 내용

(1) 반편견 및 문화수용 교육의 영역

유아의 교육환경에서 가장 쉽게 시행할 수 있는 반편견 및 문화수용 교육은 바로 통합교육이다. 홀과 롬버그(Hall & Rhomberg, 1995)는 반편견 교육이 통합교육을 통해 그 실효를 거둘 수 있으며, 유아가 서로의 차이를 존중하고 수용하는 분위기에서 긍정적인 자아감을 형성하도록 하는 데 그 목적이 있다고 주장하였다. 이들은 유아기부터 사회화의 과정에서 갖게 되기 쉬운 편견의 영역으로 열 가지 주제를 제시하였는데, 각 주제의 내용과 그에 따른 예시는 다음과 같다.

① 능력

능력(ability)이란 신체적 · 인지적 · 정서적 능력과 그 능력의 범위를 의미하는 것으로, 유아들에게 가장 공통적으로 인식되는 부분은 신체적 능력에 대한 편견이다. 더먼-스파크스와 ABC 태스크포스(1989)에 따르면 능력은 재능, 무능력, 장애를 포함하는 포괄적인 개념이므로, 사람의 능력을 겉으로 드러난 장애와 같이 단편적인 측면을 기반으로 평가하는 것은 적절하지 않은 편견이다. 유아는 자신의 능력이 다양한 측면에서 다르게 발휘될 수 있다는 것과, 타인의 능력도 다양한 수준에서 표현될 수 있다는 것을 인식해야 한다.

> 예 철수는 우리 반에서 키가 제일 작으니까 느리게 달릴 거야.
> 예 민수는 휠체어를 타니까 우리와 같이 춤을 출 수 없어.

그림 10-3   휠체어를 탄 사람들이 다른 사람들과 함께 춤을 추는 모습

출처: http://www.ohmynews.com/NWS_Web/view/at_pg.aspx?CNTN_CD=A0001477464

② 연령

연령(age)은 나이가 많거나 적은 것 또는 나이보다 더 늙거나 젊게 보이는 것을 의미하며, 세대 간의 차이도 이 영역에 포함된다. 연령은 타인을 좀 더 이해할 수 있는 지표이나, 타인의 역할을 제한할 수 있는 지표로 기능하지 않는다. 유아는 연령에 따라 다양한 세대에 대한 이해를 얻게 된다. 예를 들어 노인의 경우, 연령에 따라 일부 기능에서 제한점을 경험할 수 있지만 그들의 폭넓은 경험과 연륜이 사회를 지지하는 훌륭한 자원으로 기능한다는 점을 인식할 수 있어야 한다.

예 할아버지는 나이가 많으니까 춤추는 것을 좋아하시지 않아.

예 할머니는 너무 나이가 많아서 게임을 할 수 없을 거야.

그림 10-4   힙합 춤을 추는 할아버지

그림 10-5   손녀와 함께 게임을 하는 할아버지

③ 외모

외모(appearance)는 키가 크거나 작은 것, 살집이 있거나 마른 몸, 상처나 흉터와 같이 신체에 손상된 부분이 있는 것 등과 관련이 있다. 유아들의 외모에 대한 편견은 교육 현장이나 일상생활에서도 흔히 관찰되는데, 많은 유아가 뚱뚱한 친구와 놀지 않으려는 경향을 보이기도 한다. 실제로 외모에 대한 편견은 유아기의 편견 영역 중 다른 영역보다도 많은 부분을 차지하는 것으로 알려져 있다(문명희, 2014).

외모 편견은 또래에 대해 적용하는 기준에서 발생하는 것뿐만 아니라 자신에 대해서도 적용되어, 많은 유아가 자신의 신체상이나 외모에 대해 왜곡된 인식을 가지는 경우가 있다. 최근 유아들이 가지고 노는 인형의 외모가 이러한 편견을 조장하는 직접적인 요인이라는 인식이 늘면서, 비정상적으로 마른 몸과 획일화된 외모를 가진 인형이 아닌 현실적인 신체상과 외모를 가진 인형으로 변화시켜야 한다는 움직임이 일고 있다.

외모에 대한 편견은 유아의 자아개념과 직결되며, 유아기에 형성된 왜곡된 자아상은 성인기에 이르러서도 쉽게 변화하기 어려우므로 자아인식 및 대인관계에 부정적인 영향을 미칠 수 있다. 따라서 유아는 외모에 대한 바른 인식과 건강한 자아상을 확립할 수 있어야 한다.

예 영희는 뚱뚱하니까 예쁘지 않아요.
예 민희는 화상 흉터가 있어서 얼굴을 가려야 해요.

그림 10-6   날씬한 바비인형과 뚱뚱한 바비인형   그림 10-7   다양한 모습의 인형들

④ 신념

신념(belief)이란 어떠한 것에 대해서 믿거나 믿지 않는 것을 의미한다. 주로 종교나 미신적인 관습, 초자연적인 현상이나 정치적인 신념 등에 대한 내용이 많다. 유아가 가질 수 있는 신념에 대한 편견은 미디어를 통해 학습된 것, 성인들의 언어적 표현이나 비언어적인 행동에 의해서 전래된 것 등이 있을 수 있다. 이러한 편견은 자신의 것과 다른 의견을 수용하거나 타인의 신념을 이해하는 데 방해가 될 수 있다. 유아는 나와 다른 사람의 의견이나 신념을 존중하고 수용할 수 있어야 한다.

예 나는 전쟁이 옳지 않다고 생각해.

예 사람의 이름을 빨간색으로 적으면 불운이 온대.

그림 10-8 전쟁에 이용되는 소년병

출처: http://gnpnews.org/archives/4153

⑤ 계층

계층(class)이란 개인의 생활양식을 반영하는 사회적 · 경제적 지위를 의미한다. 계층을 결정하는 요인으로는 부모의 직업, 주거 형태, 소득 수준, 교육 수준 등이 있다. 계층에 대한 편견은 이러한 생활양식에 따라 가질 수 있는 것으로, 특히 자신이 속하지 않은 계층에 대해 바르게 인식하는 것이 중요하다. 유아는 다양한 직업에 대한 이해와 정보를 통해 다양한 삶의 방식과 생활양식에 대한 인식을 가져야 한다.

예 철수네 아빠는 공부를 열심히 하지 않아서 힘든 일을 하는 거야.

그림 10-9 | 청소하는 환경미화원과 모녀

⑥ 문화

문화(culture)는 아주 오랫동안 한 나라(사회)의 집단구성원들이 공유한 사고방식과 행동
유형, 삶의 가치 등을 나타내는 것으로 동질한 집단의 구성원들이 공유하는 이념, 언어,
생활방식, 전통 등을 의미한다. 각기 다른 문화와 전통에 대한 존중은 어느 특정한 문화
의 지배성이나 우월함을 인정하거나 그와 비교하는 것이 아니라, 문화의 고유함을 기반
으로 하여야 한다. 유아는 각 나라의 다양한 문화와 생활습관 등을 존중하고 이해할 수
있어야 한다.

예 우리나라에서 여자들은 외출할 때 히잡을 쓰고 다녀.

예 우리나라에서는 신의 축복을 빌 때 이마에 티카를 찍어.

그림 10-10 | 히잡을 쓴 여대생들의 졸업식

그림 10-11   신의 축복을 빌며 티카를 찍는 네팔 사람들

출처: robin7.egloos.com/m/7488288

⑦ 가족 또는 가정의 구성

가족(family) 또는 가정의 구성이란 가족 형태 또는 가족의 역할을 의미한다. 가정을 구성하는 가족의 수, 형태, 구성원의 역할 변화 등은 편견의 대상이 될 수 있다. 사회의 변화에 따라 부모와 자녀로 구성된 일반적인(ordinary) 형태의 가정뿐 아니라 한부모가정, 조손가정, 입양가정, 다문화가정, 이혼 또는 결합 가족의 형태와 같이 다양한 방식으로 구성된 가정들이 존재한다. 유아들은 여러 형태의 가족에 대한 이해를 갖고, 고정적인 가족의 역할이 아닌 다양한 가족의 역할 기능에 대해서 인식하며, 차이를 수용하도록 한다.

예 철수 엄마랑 아빠는 이혼해서 함께 살지 않으니까 철수는 불행해.

예 민수 엄마는 친엄마가 아니니까 민수를 미워할 거야.

그림 10-12   면접교섭센터에서 만나는 아빠와 아이

그림 10-13   공개입양 가정

⑧ 성

성(gender)이란 성별 또는 성별에 따른 역할을 의미하며, 성별을 바탕으로 대상의 능력이나 성향을 제한하려는 남성 또는 여성에 대한 고정적인 생각이나 편견을 뜻한다. 더 먼-스파크스와 ABC 태스크포스(1989)는 성에 따른 구별을 남녀 차별(sexism)이라고 하며, 이러한 가정이나 사회 분위기에서 성장한 유아는 자연스럽게 성에 대한 고정관념이나 편견을 가지게 된다고 하였다. 유아는 남자와 여자가 능력의 차이가 아닌 신체의 차이를 가지고 있음을 인식해야 하며 성역할에 대한 고정관념이 사회의 발전을 저해하는 요인이 될 수 있음을 이해해야 한다.

🖼 영희는 이렇게 어려운 일을 할 수 없을 테니, 철수가 대신 하렴.
🖼 너는 여자아이니까 분홍색 공을 가지고, 너는 남자아이니까 파란색 공을 가지렴.

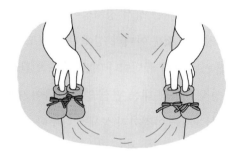

그림 10-14   출산용품을 어떤 색으로 준비할지 태아의 성별을 의사에게 묻는 임신부

⑨ 인종

인종(race)이란 피부색과 머리카락의 색, 눈동자 색 등 유전적으로 동질한 특징과 공통의 배경으로 연결된 사람들의 집단을 의미한다. 다문화사회로 접어들면서 유아교육 현장에서도 다양한 인종의 유아들을 만나는 것은 놀라운 일이 아니다. 유아는 자신과 다른 인종의 사람들과 상호작용하기를 거부하거나, 이들의 낯선 외모에 대해 불편함을 호소하기도 하는데, 이러한 편견은 부모와 다른 성인들의 편견에서 기인할 수 있다. 유아는 다양한 인종과 문화, 언어, 외모에 따른 차이를 이해하고 존중할 수 있어야 한다.

예 저 아이는 피부색이 검으니까 더 많이 씻어야 해(더러워).

예 흑인 여성은 피부가 검은색이라 화장을 하지 못할 거야.

그림 10-15   흑인 여성을 위한 화장품

⑩ 성적 지향

성적 지향(sexuality)이란 개인에 대한 성적 정체성이나 성적인 선호 등을 의미한다. 이는 단순히 성적 행동을 지칭하는 것뿐 아니라 성에 대한 태도나 가치관, 감정 등을 모두 지칭하는 것이며, 이와 관련된 사회 규범이나 제도 등도 인간의 성적 지향을 포괄하는 것으로 이해할 수 있다. 성적 지향에 대한 편견 영역은 유아기에 접근하기 다소 어려운 측면이 있으므로, 국내 문헌에서는 아직까지 상세히 다루어지지 않고 있다.

(2) 반편견 및 문화수용 교육의 목적

반편견 및 문화수용 교육은 편견의 대상이 되는 유아만이 아닌 모든 유아를 위한 것이다. 유아는 자신의 문화적 배경과 연령, 일상의 경험들에 의존하여 편견과 관련된 특정한 문제들을 스스로 다루게 되는데, 유아의 언어적 표현과 비언어적 행동들은 유아가 가지고 있는 편견과 가치관을 명확하게 드러내 준다. 홀과 롬버그(1995)는 반편견 교육 과정의 목표를 긍정적 자아개념의 발달, 공감적 상호작용하기, 편견에 대한 비판적 사고 기르기, 편견에 대하여 행동하기로 설정하고 있다.

더먼-스파크스와 ABC 태스크포스(1989)는 반편견 교육의 목적을 다음의 네 가지로 정리하였다. 첫째, 자기의 정체감에 대해 긍정적으로 생각하도록 한다. 유아가 자신의 장점과 약점을 존중하고 있는 그대로 수용하는 것은 자신에 대한 바른 인식을 형성하는

데 필수적인 조건이다. 둘째, 다양한 사람과 편안하고 공감적으로 상호작용을 한다. 유아가 낯선 사람과의 관계 형성을 불편하게 여기는 것은 자신과 다른 여러 특성 때문이다. 나와 다른 외모, 인종, 능력을 가진 다양한 사람에 대해서 인식하고 나와 타인의 공통점과 차이점을 수용함으로써 각자의 고유한 특성을 존중하도록 한다. 셋째, 편견에 대한 비판적인 사고를 기르게 한다. 유아가 정당하지 않은 상황에 처했을 때, 이를 정확하게 인식하고 문제를 해결하기 위해서는 능동적으로 사고하는 노력이 필요하다. 또한 타인이 불합리하거나 정당하지 않은 문제를 겪었을 때 그 사람의 감정과 생각을 공감하고 이해할 수 있어야 한다. 넷째, 편견에 대하여 올바른 행동을 하게 한다. 유아가 자신이나 타인이 불공평한 상황에 직면하였을 때 이를 무시하거나 회피하는 것이 아니라, 공감과 비판적 사고를 기반으로 이를 바로잡고 대항할 수 있도록 적극적으로 행동할 수 있는 의지를 길러 주어야 한다.

글상자 10-2　　유아를 위한 반편견 교육의 목표

1. 반편견 교육은 유아들의 지식 구성과 자신감 있는 자기개념, 집단 정체성을 확립하도록 돕는다.
2. 반편견 교육은 유아들이 다양한 배경을 가진 사람들과 편안하고 공감적으로 상호작용할 수 있도록 돕는다.
3. 반편견 교육은 편견에 대한 아동의 비판적 사고를 촉진한다.
4. 반편견 교육은 유아가 자신과 타인의 편견에 좌우되지 않고 행동할 수 있는 능력을 길러 준다.

출처: Derman-Sparks & The Anti-Bias Curriculum Task Force(1989).

전미유아교육협회(NAEYC)에서 정한 반편견 교육의 네 가지 목적은 다음과 같다. 첫째, 모든 유아는 반편견 교육을 통하여 자기인식과 자신감, 가족에 대한 자신감과 긍정적인 사회적 정체성을 가질 수 있을 것이다. 둘째, 인간의 다양성과 친밀한 유대에 대해서 편안함과 기쁨을 표현할 것이다. 셋째, 점차 불공평함에 대해서 인지하고 언어를 통해 불공평함을 묘사할 것이며, 이러한 불공평함이 누군가에게 상처가 된다는 점에 대해서 이

해하게 될 것이다. 넷째, 편견과 불공평한 행위에 맞서 홀로 또는 타인들과 함께 행동하는 기술이나 역량을 나타낼 것이다. 이와 같은 반편견 교육의 목적을 실행하는 데 있어 유의해야 할 사항들은 다음과 같다.

글상자 10-3   반편견 교육 실행에 있어 유의사항

- 반편견 교육은 모두를 위한 것이어야 하며, 모두에게 이익이 되어야 한다.
- 반편견 교육 활동은 유아의 실제 삶을 기반으로 한 것이어야 한다.
- 반편견 교육은 발달에 적합해야 한다.
- 반편견 교육 계획은 아동 주도 활동과 교사 주도 활동 모두가 사용되어야 한다.
- 반편견 교육은 한 번의 수업이나 하루의 경험을 통해 시행되는 것이 아니다.
- 반편견 교육은 교사의 자기성찰을 요구한다.
- 반편견 교육은 관광적 교육과정의 위험을 피해야만 한다.
- 반편견 교육은 유아와 가족, 교사, 지역사회구성원들 간의 신뢰관계를 기반으로 하여야 한다.

이상의 내용들을 바탕으로 반편견 및 문화수용 교육의 목표를 정리하면 다음과 같다. 첫째, 유아 자신과 타인에 대한 긍정적인 관점을 형성하도록 한다. 유아기에 형성한 사회적 관점과 공감을 기반으로 한 가치관은 성인기로 이어져 참된 의미에서 '차이'를 수용하고, 다양한 삶과 다양한 인간관계에 대한 건강하고 긍정적인 가치관을 지속할 수 있도록 돕는다. 둘째, 편견이나 선입견에 대한 바른 인식을 형성하도록 한다. 유아기에 형성된 잘못된 인식이나 편견은 무의식적인 행동과 표현에 드러날 수 있으며, 바르지 않은 환경적 영향들로 인해 강화될 수 있다. 어렸을 때부터 편견의 부당함과 잘못된 인식에 적절하게 대처할 수 있는 비판적 사고와 대응 방식을 학습하고, 문제 상황을 회피하는 것이 아니라 이에 직면하고 행동하도록 한다. 셋째, 사회구성원으로서 공동체 의식을 형성하도록 한다. 나와 타인의 공통점과 차이점을 인식하고, 다양성을 수용함으로써 타인에 대한 이해를 높일 수 있다. 자기중심적 사고에서 벗어나 공감적 사고를 바탕으로 협력하고 상호 조화를 이루며 살아가는 것이 함께 살아가는 사회구성원으로서의 삶의 질을 높여 줄 것이다.

2) 반편견 및 문화수용 교육에서 교사의 역할

반편견 및 문화수용 교육에서 교사의 역할은 특히 중요하다. 교사는 먼저 자기성찰을 통해 자신이 가지고 있는 편견을 지속적으로 점검하고, 유아들 간에 존재하는 유사점과 차이점을 인식하여 이를 적절한 방식으로 표현할 수 있어야 한다. 교사는 발달적 · 문화 적으로 적합한 교육활동(developmentally, culturally appropriate practice)을 구성하여 유아들의 연 령 수준에 맞는 반편견 및 문화수용 교육을 시행할 수 있어야 하며, 모두를 위한 환경 구 성을 점검할 필요가 있다. 실생활과 밀접하게 관련된 유아들의 경험 가운데 편견으로 인 한 갈등 상황이나 부적절한 문제가 발생하였을 때 적절하게 대처할 수 있는 전략을 수립 하여야 하며, 반편견 및 문화수용 교육의 동반자로서 부모들과 깊은 신뢰관계를 유지하 는 한편 부모교육을 실시할 수 있어야 한다.

글상자 10-4   편견으로 인한 갈등 상황에서 교사의 대처 전략

- 교사는 이 상황을 정확하게 이해하였는가
- 이 상황에 대한 교사의 감정은 어떠하며 발생할 수 있는 편견은 무엇인가
- 이 상황은 어떠한 환경에서 발생하였는가
- 이 상황과 관련된 유아들의 발달 수준은 어떠한가

반편견 및 문화수용 교육은 그 필요와 중요성에 비하여 교육과정이 추상적이 되기 쉬 우며, 여러 영역에서의 주제가 사회적 상황과 다양하게 관련되어 있어 복합적인 갈등에 따라 구체적인 설명이 필요하다. 유아를 위한 반편견 및 문화수용 교육은 주로 동화나 인형, 놀이와 같은 매체를 활용하여 이루어지며 편견의 대상에 대한 올바른 이해를 할 수 있도록 정확한 정보를 제공하는 방법과, 편견을 형성한 대상과 관련하여 긍정적인 연 상을 갖도록 돕거나, 긍정적인 의미를 재부여할 수 있는 기회를 제공하는 방법 등을 기 반으로 한다. 다양한 미디어의 발달과 더불어 동영상을 활용하여 교육을 시행하는 사례 도 점차 증가하고 있다. 반편견 및 문화수용 교육에서 교사가 선택할 수 있는 대표적인

교수 방법은 다음과 같다.

(1) 잠재적 교육과정을 통한 반편견 및 문화수용 교육

잠재적 교육과정을 통한 반편견 및 문화수용 교육이란 특정한 교육과정을 준비하는 것이 아니라, 삶의 일상적 경험 안에서 자연스럽게 발생하는 상황에 적절하게 대처하는 방식으로 유아를 교육하는 과정을 의미한다. 편견이나 차별을 유발할 수 있는 상황이 발생할 때마다 교사는 즉각적으로 상황에 개입하여 유아 스스로 문제를 해결할 수 있도록 지도하고, 편견과 차별에 대해 비판적으로 사고하고 공감적 태도를 취할 수 있도록 돕는다. 의도적으로 발생하는 상황이 아니므로, 교사의 민감성과 지속적인 반성적 사고가 매우 중요하다. 잠재적 교육과정은 유아의 매일의 일과 속에 통합되어 이루어지는 것이 바람직하다.

그림 10-16   유아들의 갈등 상황을 해결하는 교사

(2) 동화(도서)를 이용한 반편견 및 문화수용 교육

유아들이 가장 편안하고 자연스럽게 반편견 및 문화수용 교육을 접할 수 있는 매체는 일상의 경험이 녹아 있는 동화다. 동화의 주인공과 주인공을 둘러싼 환경을 이해하고, 편견으로 인해 발생할 수 있는 상황과 이로 인해 주인공이 경험하는 사회적·정서적인 관점들을 통해 자신과 또래에 대한 바른 인식을 갖게 함으로써 유아들이 미처 문제라고 인식하지 못했던 편견을 수정할 수 있는 자연스러운 기회를 제공할 수 있다.

그림 10-17   유아들에게 동화를 읽어 주는 교사

(3) 페르소나 인형을 이용한 반편견 및 문화수용 교육

장애인형 또는 사연 있는 인형이라고 불리는 페르소나 인형(persona doll)을 사용하여 편견에 관련한 이야기를 들려주고 주제를 함께 생각해 보는 활동이다. 동화를 매체로 한 교육에서 한 걸음 더 나아가, 일상생활과 밀접하게 관련되어 있는 환경에서 발생할 수 있는 차별적인 상황들이나 편견을 기반으로 한 상황들을 실제로 유아들과 함께 살펴보고, 잘못된 편견을 수정하고 바른 인식을 심어 줄 수 있도록 활동을 구성할 수 있다. 이러한 활동은 차별적인 상황을 객관적으로 조망할 수 있는 기회를 제공함으로써 유아들의 비판적 사고를 촉진할 수 있으며, 편견으로 인해 차별을 경험하는 페르소나 인형의 감정과 상황을 간접적으로 경험함으로써 타인에 대한 공감적 사고와 태도를 길러 줄 수 있다.

그림 10-18   다양한 페르소나 인형

(4) 영상 자료를 이용한 반편견 및 문화수용 교육

동화나 도서 등의 매체와 마찬가지로 유아들의 눈높이에 맞는 영상 자료를 이용하여 반편견 및 문화수용 교육을 실시할 수 있다. 영상 자료는 다른 매체보다 폭넓은 상황을 다룰 수 있으며, 유아들의 흥미를 자극함으로써 즉각적인 피드백을 유도할 수 있어 보다 용이하게 교육을 시행할 수 있다.

그림 10-19 영상 자료를 보는 유아

(5) 부모교육을 통한 반편견 및 문화수용 교육

반편견 및 문화수용 교육에서 부모 협력은 가장 중요한 요소로 작용할 수 있다. 편견은 교육환경뿐 아니라 가정환경 내에서도 다양한 요인으로 인해 형성되거나 강화될 수 있기 때문이다. 교사는 부모교육을 통하여 유아를 양육하고 보호하는 책임자로서 부모의 편견 없는 사고와 태도를 함께 고려해야 하며, 교육환경과 가정환경에서의 공조를 통해 유아가 바른 가치관과 태도를 가지고 긍정적인 정체성을 확립할 수 있도록 해야 한다.

그림 10-20 부모교육 중인 교사

참고문헌

교육인적자원부(2007). 유아의 세계 이해 및 다문화 교육 활동 자료. 서울: 교육인적자원부.

문명희(2014). 다문화 그림책을 활용한 교육 활동이 유아의 편견과 친사회적 행동에 미치는 효과. 유아교육학논집, 18(4), 157-180.

양옥승(1997). 다문화주의 관점에서 본 유아교육과정. 서울: 한국어린이육영회.

이경우, 이은화 역(1999). 반편견 교육과정[*Anti-bias Curriculum: Tools for empowering young children*]. Derman-Sparks, L., & The Anti-Bias Curriculum Task Force 저. 서울: 창지사. (원저는 1989년에 출판).

장영희(1988). 유아를 위한 반편견 교육: 유아교육에서의 반편견 교육과정(pp. 9-20). 서울시 성북교육청, 성신유치원.

Baker, G. C. (1994). *Planing and organizing for multicultural instruction*. Boston: Addison-Wesley Publishing Company.

Banks, J. A. (1993). *Multicultural education: issues and perspectives*. Boston, MA: Allyn & Bacon.

Hall, N. S., & Rhomberg, V. (1995). *The affective curriculum: Teaching the anti-bias approach to young children*. Toronto, ON: International Thompson Publishing Company.

Jones, E., & Derman Sparks, L. (1992). Meeting the challenge of diversity. *Young Children*, 47(2), 13.

Ramsey, P. (1982). Multicultural education in early childhood. *Young Children*, 37(2), 13-24.

착한 디자인 유니버설 디자인(http://lgevi.com/management/general/article)

제3부

유아사회교육의
실제 및 평가

Early Childhood Social Education

제11장

유아사회교육의 실제

유아사회교육의 실제는 사회교육의 영역을 정서 인식 및 조절, 자아개념 및 타인
이해, 이타성과 친사회적 행동, 도덕성과 집단생활, 성역할과 평등, 반편견과 문화수용 교
육의 6개 영역으로 구분하여, 각 영역별로 만 3~5세를 위한 실제 활동으로 구성하였다.

정서 인식 및 조절 영역에서는 자신과 타인의 정서를 인식하고, 주어진 상황에서 정서
경험을 사회적으로 용인된 반응으로 나타냄으로써 다른 사람과의 원활한 의사소통이 가
능하고 사회적 친밀감을 형성하게 되므로, 자신의 다양한 감정에 대해 알아보는 활동과
여러 가지 상황에서 다른 사람의 다양한 감정을 알아보는 활동을 구성하였다.

자아개념 및 타인이해 영역에서는 유아기에 자신을 이해하는 능력 및 타인을 이해하
는 능력이 발달하게 되므로, 자신과 타인의 차이를 알아보는 활동과 자신에 대한 이해를
통해 자신의 소중함을 알아보는 활동을 구성하였다.

이타성과 친사회적 행동 영역에서는 자신이 가진 것을 다른 사람과 공유하고, 어려움
에 처한 사람을 위로하거나 구해 주고, 다른 사람과 협력하거나 목적을 달성하도록 돕
고, 다른 사람의 외모나 성취에 대해 칭찬함으로써 기분 좋게 만드는 것 등 다른 사람들
을 이롭게 하는 행동을 다루므로, 다른 사람에게 고마움을 표현하는 활동과 도움이 필요
한 사람에게 도움을 주는 방법을 알아보는 활동을 구성하였다.

도덕성과 집단생활 영역에서는 인간의 인격이나 판단, 행위의 옳고 그름에 대한 근본
적인 가치, 태도, 동기, 행위를 포함하는 광범위하고 다차원적인 개념을 포괄하므로, 이
러한 사회적 규범을 내면화하는 과정을 알아보기 위해 어린이집에서 지켜야 할 규칙을
알아보는 활동과 공공 규칙을 익힐 수 있는 활동을 구성하였다.

성역할과 평등 영역에서는 아동의 성역할 획득 초기에 가장 중요한 영향을 미치는 것
이 부모와 가족이므로, 가족을 소개하면서 가족구성원의 역할을 알아보는 활동과 가족
을 위해 내가 할 수 있는 일을 알아보는 활동으로 구성하였다.

반편견과 문화수용 교육 영역에서는 나와 다른 문화에 대해 이해하고 수용하는 과정
에서 자신에 대한 문화적 정체성과 건강한 자기인식이 가능하도록 도와야 하므로, 우리
나라에 대한 자부심을 가질 수 있는 지도 만들기 활동과 세계 여러 나라의 문화에 관심
을 가질 수 있는 전통의상을 알아보는 활동을 구성하였다.

① 정서 인식 및 조절

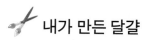
내가 만든 달걀

활동명	내가 만든 달걀
활동목표	• 나와 다른 사람의 감정 알고 조절하기 > 나와 다른 사람의 감정 알고 표현하기 > 자신의 감정을 알고 표현한다.
활동연령	만 4세
활동영역	언어, 미술, 요리
준비물	• 요리재료: 달걀, 냄비, 전기가열기 • 미술재료: 사인펜, 네임펜 • 도서자료: 감정동화책
과정	**도입** • 여러 가지 감정에 관련된 동화책을 함께 보며 이야기를 나눈다.  **전개** • 여러 가지 감정이 담긴 얼굴을 달걀에 그려 보기로 한다. 　T: 여러 가지 감정을 얼굴에 나타내 볼까요? • 달걀을 삶아 식힌다.  • 사인펜으로 달걀에 다양한 얼굴 표정을 그린다.

• 비닐로 포장하고 리본으로 묶는다.

마무리

• 자신이 그린 달걀 얼굴 표정에 대해 이야기한다.
  T: 어떤 기분을 그렸나요?

• 달걀 얼굴을 누구에게 선물할 것인지 이야기해 본다.

확장활동

• 가족의 얼굴 표정을 그려 보아요.

가정과의 연계 • 부모님과 함께 다양한 표정을 지어 보고, 서로 따라 해 본다.

✂ 다양한 감정이 있어요

활동명	다양한 감정이 있어요
활동목표	• 나와 다른 사람의 감정 알고 조절하기 > 나와 다른 사람의 감정 알고 표현하기 > 자신의 감정을 알고 표현한다. • 나와 다른 사람의 감정 알고 조절하기 > 나와 다른 사람의 감정 알고 표현하기 > 다른 사람의 감정을 알고 공감한다.
활동연령	만 5세
활동영역	언어, 일상생활
준비물	• 감정카드 • 동화책
과정	**도입** • 유아가 들었던 말 중에 기분이 좋았던 말들을 생각해 보고 이야기 나눈다. 　T: 친구들은 어떤 말을 들었을 때 기분이 좋아요? 　C: 친구를 도와주었을 때 "고마워."라고 이야기해 주어서 기분이 좋았어요. • 유아가 들었던 말 중에 기분이 나빴던 말들을 생각해 보고 이야기 나눈다. 　T: 친구들은 어떤 말을 들었을 때 기분이 나빴어요? 　C: 친구가 저에게 "싫어, 너랑 안 놀아."라고 말을 해서 기분이 나빴어요. **전개** • 여러 가지 감정에 관련된 동화책을 함께 보며 이야기를 나눈다. 　T: 여러 가지 감정을 얼굴에 나타내 볼까요? • 동화의 표지를 보고 내용을 예측해 본다. 　T: 표지에서 무엇을 볼 수 있나요? 　T: 이 동화는 무슨 내용일까요? 　T: 왜 그렇게 생각했어요? • 동화를 감상한 후, 내용을 회상하며 이야기 나눈다. 　T: 동화에 누가 나왔어요? 　T: 어떤 일이 생겼나요? 　T: 왜 친구는 부끄러움을 느낀 걸까요?

- 동화 속 주인공의 얼굴 표정을 보며 감정에 대해 예측해 본다.

  T: 그림 속에 있는 친구는 기분이 지금 어떨지 말해 줄래요?

  T: 왜 화가 났을까요?

  T: 그림 속 이 친구는 왜 울고 있나요?

  T: 누가 장난감을 가지고 갔어요?

- 다양한 상황이 나타난 그림카드를 보여 주고 상황에 적절한 감정카드를 찾아 짝지어 본다.

  T: 그림카드 속에 있는 기분이 어떤지 표정을 찾
　　아 짝지어 볼 수 있겠어요?

  T: 왜 그렇게 생각했어요?

- 찾은 감정카드를 읽어 보고, 해당되는 표정을 따라 해 보도록 한다.

  T: 감정카드에 나타난 표정을 따라 해 볼까요?

마무리

- 다양한 감정이 나타난 그림카드를 보며 해당되는 감정이 어떠한 상황에 나타날 수 있는지 이야기 나눈다.

- 교실에 있는 거울을 이용하여 다양한 감정을 나타내는 표정을 따라 해 볼 수 있도록 감정카드를 거울 옆에 붙여 놓는다.

확장활동	• 감정에 따른 느낌을 소리로 표현해요
가정과의 연계	• 일상생활 속에서 나타나는 다양한 감정을 말로 표현해 본다.

2 자기 및 타인 이해

 내 얼굴

활동명	내 얼굴
활동목표	• 나를 알고 존중하기 〉 나를 알고 소중히 여기기 〉 나에 대해 관심을 갖는다. • 나를 알고 존중하기 〉 나를 알고 소중히 여기기 〉 나와 다른 사람의 차이에 관심을 갖는다.
활동연령	만 3세
활동영역	언어, 미술
준비물	• 거울 만들기 재료: 물감, 붓, 거울, 신문지 • 미술재료: 색연필, 크레파스, 도화지
과정	**도입** • 자신의 얼굴에 대해 이야기를 나눈다. 　T: 친구와 같은 점이 무엇이 있을까요? 　T: 친구와 다른 점은 무엇인지 자세히 살펴봅시다. **전개** • 얼굴을 관찰할 수 있는 도구인 손거울을 만들어 본다. 　- 붓을 이용해 거울 전체를 채색한다. 　- 채색한 거울을 말리고 뽕뽕이 찍기 도구를 사용해 무늬를 만든다.    • 자신의 얼굴을 그려 본다. 　- 자신이 만든 거울을 보며 얼굴을 관찰한다. 　- 관찰한 얼굴을 도화지에 그려 본다.

마무리

• 자신이 그린 얼굴을 친구에게 소개한다.
  – 자신의 얼굴과 그림이 어떻게 같은지, 친구의 얼굴과는 어떻게 다른지 이야기를
    나눈다.

 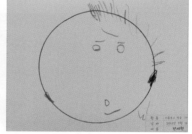

• 얼굴 퍼즐 맞추기

 확장활동

가정과의 연계 • 아빠, 엄마, 동생 등 가족의 얼굴을 다양한 방법으로 그려 보고, 서로 다른 점과 같
은 점에 대해 이야기 나눈다.

좋아하는 것이 달라요

활동명	좋아하는 것이 달라요
활동목표	• 나를 알고 존중하기 > 나를 알고 소중히 여기기 > 나에 대해 긍정적으로 생각하고, 나를 소중히 여긴다.
활동연령	만 5세
활동영역	언어, N.I.E.
준비물	• 미술재료: 도화지, 가위, 풀 • N.I.E. 자료: 활동지, 유아의 사진, 잡지 및 전단지(음식, 놀잇감, 의류 등의 내용) • 표정 스티커(좋은 표정/싫은 표정)

과정	**도입**
	
	• 자신이 좋아하는 것에 대해 이야기를 나눈다.

	  – 좋아하는 음식, 놀잇감, 장소, 경험 등에 대한 나의 느낌에 대해 이야기를 한다.
	  – 왜 그것이 좋은지, 싫은지에 대해 함께 생각해 보고 이야기를 나누어 본다.
	
	전개
	
	• 자신이 좋아하는 것을 모아 본다.
	  – 도화지에 유아의 사진을 붙여 준비한다.
	  – 잡지에서 자신이 좋아하는 그림 또는 사진을 오려 모아 본다.
	  – 정말 좋아하는 것이라고 생각하는 것의 그림 또는 사진을 도화지에 붙인다.

• 자신이 좋아하는 것에 대한 친구의 생각을 들어 본다.
 – 다른 유아와 완성한 활동지를 바꾸어 친구가 좋아하는 것에 대해 알아본다.
 – 친구가 좋아하는 것에 대한 자신의 생각을 좋은 표정 스티커, 싫은 표정 스티커로
　표현해 본다.

마무리

• 자신이 좋아하는 것에 대해 이야기를 나눈다.
 – 무엇을 좋아하는지, 왜 좋아하는지에 대해서 이야기하는 시간을 갖는다.

• 자신이 좋아하는 것에 대한 친구의 생각을 들어 본다.
 – 친구의 스크랩에 친구가 왜 좋은 표정 또는 싫은 표정을 붙였는지에 대해 들어
　본다.

확장활동	• 내가 좋아하는 장난감 소개하기 
가정과의 연계	• 아빠, 엄마, 동생 등 가족구성원이 좋아하는 것에 대해 알아보고, 그림을 그려 선물하여 본다.

3 이타성과 친사회적 행동

고마운 마음을 전해요

활동명	고마운 마음을 전해요
활동목표	• 다른 사람과 더불어 생활하기 > 공동체에서 화목하게 지내기 > 교사 및 주변 사람들과 화목하게 지낸다.
활동연령	만 4세
활동영역	언어, 미술
준비물	• 카드재료: 도화지, 색연필, 가위, 풀
과정	**도입** • 다양한 감정에 대하여 이야기 나눈다. T: 오늘 기분은 어떤가요? • 고마움에 대해 이야기 나눈다. T: '고마움'이라는 말을 들어 보았어요? T: '고마움'은 어떤 기분을 뜻하는 걸까요? T: 다른 사람에게 '고마움'을 표현해 본 적이 있나요? T: 누구에게 '고마움'을 표현해 보았어요? T: 그때 기분이 어땠어요? • 고마움을 표현하고 싶은 사람들에 대해 이야기 나눈다. T: 누구에게 고맙다고 말하고 싶어요? T: 어떤 것이 고맙다고 하고 싶어요? • 고마움을 표현하는 방법에 대해 이야기 나눈다. T: 어떻게 표현하면 좋겠어요? T: 카드를 쓰는 건 어때요? **전개** • 어린이집에서 고마움을 표현하고 싶은 분들께 드릴 카드를 만든다. – 활동과 준비된 재료들을 알아본다. T: 카드를 어떻게 꾸미는 게 좋을까요? T: 어떤 편지를 쓰면 좋을까요?

– 활동이 끝난 후 이야기를 나눈다.
T: 누구에게 고마움을 표현하고 싶었어요?
T: 어떤 일이 고맙게 느껴졌어요?

– 활동이 끝난 후 만든 카드를 전달한다.

마무리

• 친구들이 만든 카드를 보며 어떤 상황에서 고마움을 느끼고, 어떻게 표현할 수 있는지 이야기를 나눈다.

| 확장활동 | • 고마운 친구에게 편지 쓰기 |
| 가정과의 연계 | • 부모님에게 고마움을 담은 카드를 만들어 전달한다. |

어려움에 처한 친구를 도와줘요

활동명	어려움에 처한 친구를 도와줘요
활동목표	• 다른 사람과 더불어 생활하기 > 공동체에서 화목하게 지내기 > 다른 사람과 도움을 주고받고 서로 협력한다.
활동연령	만 5세
활동영역	언어, 표현
준비물	• 도서자료: 『오즈의 마법사』 동화책 • 미술재료: 도화지, 색연필, 활동지
과정	**도입** • 『오즈의 마법사』 책을 읽고 동화의 줄거리에 대해 이야기 나눈다.  **전개** • 동화 속 주인공들이 절벽을 만났을 때 나무로 다리를 만들어 건너고, 양귀비 꽃밭에서 사자와 도로시가 잠들었을 때 수레를 만들어 싣고 구해 준 이야기를 함께 보며 나라면 이런 상황에서 어떻게 친구들을 도왔을지 이야기 나누어 본다. T: 주인공들처럼 절벽을 만난다면 어떻게 친구를 도울 수 있을까요? • 내가 주인공이라면 어려움에 처한 친구를 어떻게 도왔을지 생각해서 그림으로 표현해 본다. 

마무리

• 자신의 생각을 친구들 앞에서 발표해 본다.
  C: 자동차로 절벽을 점프해서 절벽을 건너요.
  C: 도로시 일행이 지나온 노란 벽돌길의 벽돌로 다리를 만들어서 건너요.

확장활동

• 내가 오즈의 마법사라면

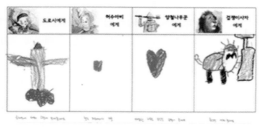

가정과의 연계   • 가족들을 도와줄 수 있는 일에는 어떤 것이 있는지 이야기해 본다.

4 도덕성과 집단생활

인형극을 해 보아요

활동명	인형극을 해 보아요
활동목표	• 다른 사람과 더불어 생활하기 > 사회적 가치를 알고 지키기 > 정직하게 말하고 행동한다. • 다른 사람과 더불어 생활하기 > 사회적 가치를 알고 지키기 > 다른 사람의 생각, 행동을 존중한다.
활동연령	만 4세
활동영역	언어, 일상생활
준비물	• 손인형

과정	**도입**
	
	• 유아가 평소에 솔직하게 이야기하지 못했을 때가 있는지 이야기 나누기를 한다.
	  T: 선생님이나, 친구, 부모님께 정직하게 이야기하지 못한 적이 있어요?
	
	• 앞으로 전개될 진행사항에 대한 설명을 한다.
	  T: 지금부터 친구들이 어떤 상황에서 잘못과 실수를 하는지, 그럴 때에는 어떻게 행동을 해 왔는지, 그리고 앞으로는 어떤 행동을 어떻게 해야 하는지 알아보는 시간을 가질 거예요.
	
	전개
	
	• 인형극을 진행한다.
	  – 두 가지 캐릭터의 손인형을 사용하여 갈등 상황을 만들어 본다.
	  – 장난감 및 도서를 서로 빼앗는 상황
	    (서로 먼저 하고 있었다며 양보를 하지 않는다.)
	  – 또래에게 거친 언어를 한 상황
	    (친구가 먼저 미운 말을 했다며 서로에게 잘못을 미룬다.)
	  – 자리다툼이 일어난 상황
	    (한 자리를 서로 탐내며 민다.)

- 한 가지 캐릭터의 손인형을 사용하여 실수를 한 상황을 만들어 본다.
  - 실수로 주변이 어질러진 경우
    (음료를 쏟은 경우, 물건을 부순 경우 회피를 하며 자리를 떠난다.)
  - 실수로 친구를 속상하거나 아프게 한 경우
    (사과의 행동 없이 가만히 멈춘다. 상황을 질문하는 교사에게 대답을 하지 않는다.)

- 손인형 상황극을 어떻게 감상했는지 이야기 나눈다.
  T: 인형극을 보니까 어떤 생각이 들어요?
  T: 친구들에게도 지금 본 이런 상황이 있었나요?
  T: 왜 이런 일이 일어났을까요?
  T: 인형극에 나온 이 친구들은 어떤 마음이었을까요?

- 같은 상황에서 올바르게 할 수 있는 행동들은 무엇이 있을지 이야기 나눈다.
  T: 함께 놀이를 하던 친구와 같은 장난감을 놓고 서로 갖고 싶어지면 어떻게 해야
     할까요?
  T: 친구에게는 어떤 말을 해야 할까요?
  T: 대집단활동 시에 서로 같은 자리에 앉겠다고 하면 어떻게 해야 할까요?
  T: 간식을 먹으며 장난을 하다 우유를 쏟게 됐을 때에 어떻게 해야 할까요?
  T: 자신도 모르게 친구를 아프게 하거나 속상하게 했을 때에는 어떤 행동을 해야 할까요?

- 모아진 이야기를 정리하여 규칙을 만든다.
  - 서로 한 번씩 번갈아서 놀잇감을 가지고 놀이하기
  - 양보하기
  - 기분이 상했을 때에는 마음이 좋지 않다는 것을 친구에게 설명하기
  - 귀 기울여 듣기
  - 밀거나 때리는 등의 거친 행동 삼가기
  - 실수 혹은 잘못한 일을 이야기하고 앞으로 주의할 것을 다짐하기

마무리

- 이야기 나누기를 한 내용과 만들어진 규칙을 정리한 손인형 상황극을 다시 한 번 보인다.
- 갈등과 잘못이 일어나는 순간에 유아 스스로 수정된 언행을 해 보도록 한다.
- 함께 만든 규칙을 다시 한 번 상기한다.

확장활동	차례대로 옮길 수 있어요.
가정과의 연계	교실에서 만들어진 규칙을 부모님과도 공유하여 비슷한 상황에서 일관성 있는 자세를 알려 줄 수 있도록 한다.

✂ 숲을 보호해요

활동명	숲을 보호해요
활동목표	• 다른 사람과 더불어 생활하기 > 사회적 가치를 알고 지키기 > 다른 사람과 한 약속이나 공공 규칙을 지킨다. • 다른 사람과 더불어 생활하기 > 사회적 가치를 알고 지키기 > 자연과 자원을 아끼는 습관을 기른다.
활동연령	만 5세
활동영역	언어, 미술, 표현
준비물	• 그림재료: 도화지, 색연필
과정	**도입** • 어린이집 주변의 숲을 산책한다. **전개** • 숲을 보호하는 방법에 대해 이야기 나눈다. 　T: 오늘 산책할 때 무엇을 보았나요? 　T: 숲에 사는 친구들을 보호하려면 어떻게 해야 할까요? • 우리가 숲을 보호하기 위해 할 수 있는 일을 찾아본다. 　– "나무뿌리를 밟지 않아요." 　– "나무뿌리가 보이면 모래를 덮어 줘요." 　– "산에서 담배 피지 않아요." 　– "쓰레기를 버리지 않아요."

	• 숲 보호 포스터를 만들어 본다. 
	마무리 • 완성한 숲 보호 포스터 내용을 발표한다. 　– 담배꽁초 버리지 않기 　– 나무뿌리 밟지 않기 
확장활동	• 숲 보호 캠페인 마크 디자인하기 
가정과의 연계	• 지구를 보호하는 방법에 대해서 이야기를 나누고 함께 실천한다.

5 성역할과 평등

✂ 가족을 소개해요

활동명	가족을 소개해요
활동목표	• 가족을 소중히 여기기 > 가족과 화목하게 지내기 > 가족의 소중함을 안다. • 가족을 소중히 여기기 > 가족과 협력하기 > 가족구성원의 역할에 대해 안다.
활동연령	만 4세
활동영역	언어, 신체표현
준비물	• 다양한 일을 하고 있는 가족사진 • 가족놀이 소품
과정	**도입** • 가족사진을 보면서 가족구성원을 소개한다. 　T: 누구의 가족일까요? 　T: ○○이는 어디에 있나요? 　T: ○○이는 사진을 보면서 친구들에게 가족을 소개해 줄 수 있어요?   **전개** • 사진을 보며 가족들이 집에서 하는 일에 대해 이야기를 나눈다. 　T: 이것은 ○○이의 가족이 무엇을 하는 사진일까요? 　T: 엄마는 집에서 무엇을 하시나요? 　T: 아빠는 집에서 무엇을 하시나요? 　T: 형, 누나, 동생은 집에서 무엇을 하나요? 

• 우리 가족들이 집에서 함께 하는 일에는 어떤 것들이 있을지 이야기 나눈다.
  T: 내가 엄마와 함께 할 수 있는 일은 무엇이 있을까요?
  T: 내가 아빠와 함께 할 수 있는 일은 무엇이 있을까요?

• 내가 스스로 할 수 있는 일, 가족들과 함께 할 수 있는 일에 대해 이야기를 나눈다.
  T: ○○이는 가족들과 어떤 일을 함께 하는 것이 좋아요?
  T: 내가 혼자 할 수 있는 일 또는 가족과 함께 할 수 있는 일에는 어떤 것들이 있을
     까요?

마무리

• 집에서 하는 일을 표현해 봐요.
  – 가족들이 하는 일을 동작으로 표현해 본다.
  T: 요리하는 모습은 어떻게 표현할 수 있을까요?
  T: 청소하는 모습은 어떻게 표현할 수 있을까요?
  T: 엄마, 아빠 앞에서 춤을 보여 드린다면 어떻게 표현할 수 있을까요?
  – 음악을 들으며 자유롭게 동작으로 표현하고, 무엇을 표현했는지 이야기해 본다.

확장활동	• 엄마, 아빠가 되어 보아요.
가정과의 연계	• 활동 시간에 친구들이 가족들과 함께 할 수 있는 일에 대해 이야기한 것들을 실천해 본다.

✂ 가족이 함께해요

활동명	가족이 함께해요
활동목표	• 가족을 소중히 여기기 > 가족과 화목하게 지내기 > 가족의 의미와 소중함을 안다. • 가족을 소중히 여기기 > 가족과 협력하기 > 가족은 서로 도와야 함을 알고 실천한다.
활동연령	만 5세
활동영역	언어, 표현
준비물	• 도서자료: 『돼지책』 • 미술재료: 도화지, 색연필
과정	**도입** • 『돼지책』을 읽고 이야기를 나눈다. 　T: 엄마는 왜 집을 나갔을까요? **전개** • 집에서 엄마가 하는 일에 대해서 이야기를 나누어 본다. 　C: 엄마는 약 타서 먹여 주고, 잠자기 전에 책도 읽어 줘요. 　C: 아기도 돌보고, 설거지랑 빨래도 하고, 할머니도 도와줘요. • 가족이 함께 할 수 있는 일에 대해서 이야기 나눈다. • 우리 가족들을 위해 내가 할 수 있는 일을 적어 본다. 　T: 만약에 엄마가 계시지 않는다면, 집에서는 누가 엄마를 대신해서 도와줄 수 있을까요? 　T: 아빠가 음식을 할 때 여러분이 도울 수 있는 일에는 어떤 것들이 있을까요?

마무리

• 집에서 자신이 할 수 있는 일에 대해서 발표하는 시간을 갖는다.
  C: 내 장난감을 장난감 통에 정리해요.
  C: 방청소를 해요.
  C: 동생이랑 놀아 줘요.
  C: 엄마를 도와드려요.

• 내가 엄마라면 ……해요.

확장활동

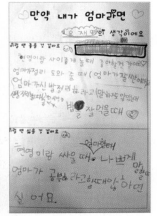

가정과의 연계 • 가족이 함께 할 수 있는 일에 대해서 가족들에게 이야기하고, 실제로 실천해 본다.

6 반편견과 문화수용

 전통의상을 알아보아요

활동명	전통의상을 알아보아요
활동목표	• 사회에 관심 갖기 > 세계와 여러 문화에 관심 갖기 > 세계 여러 나라에 대해 관심을 갖는다. • 사회에 관심 갖기 > 세계와 여러 문화에 관심 갖기 > 다양한 인종과 문화에 관심을 갖는다.
활동연령	만 4세
활동영역	언어, 게임
준비물	• 게임자료: 세계 여러 나라 사람의 모습이 그려진 그림카드 • 한복 사진
과정	**도입** • 우리나라 전통의상 한복을 보며 이야기 나눈다. 　T: 한복을 본 적이 있나요? 　T: 이 옷은 언제 입죠? **전개** • 세계 여러 나라 사람들의 전통의상에 대해 알아본다. 　T: 어떤 나라의 사람인지 알고 있나요? 　T: 이 나라 사람들은 옛날에 어떤 옷을 　　 입었을까요? 　T: 이 옷을 본 적이 있나요? • 활동 자료를 보며 이야기 나눈다. 　T: 여기 여러 나라의 사람들이 그려진 　　 카드가 있어요? 어떤 놀이를 할 수 　　 있을까요?

[게임방법]
- 카드를 모두 뒤집어 놓는다.
- 순서를 정한다.
- 카드 2장을 동시에 뒤집는다.
- 돌려서 같은 전통의상 그림이 나오면 가지고 가고 그렇지 않으면 다시 뒤집어 놓는다.

- 세계 여러 나라 사람들의 전통의상 카드 짝짓기 활동을 한다.
  T: 세계 여러 나라 사람들의 전통의상 카드 짝짓기 게임을 해 볼까요?
  T: 어떤 카드를 2장 뒤집어 보고 싶어요?

마무리

- 세계 여러 나라 사람들의 전통의상 카드 짝짓기 활동을 하고 느낀 점을 이야기 나눈다.
  T: 세계 여러 나라의 전통의상을 살펴보니 어떤 생각이 들었나요?
  T: 카드를 짝지어 보는 활동을 하면서 어려운 점은 어떤 것이 있었나요?
  T: 새롭게 알게 된 의상은 어떤 것이 있나요?

확장활동	• 세계 여러 나라의 집 구성하기 
가정과의 연계	• 다른 나라나 우리나라를 여행할 때 찍은 사진을 보며 나라별, 지역별 다른 점에 대해 이야기 나눈다.

우리나라 지도 만들기

활동명	우리나라 지도 만들기
활동목표	• 사회에 관심 갖기 > 우리나라에 관심 갖고 이해하기 > 우리나라에 대해 자부심을 갖는다. • 사회에 관심 갖기 > 우리나라에 관심 갖고 이해하기 > 우리나라의 전통, 문화, 역사에 관심을 갖는다.
활동연령	만 5세
활동영역	언어, 미술, 표현
준비물	• 지도 만들기 재료: 우리나라 지도, 물감, 붓 • 지도 활동지
과정	**도입** • 우리나라 전도를 보면서 우리나라에 대해 이야기를 나눈다. 　T: 우리나라는 어떤 모양인가요? 　T: 우리나라 옆에는 무엇이 있나요? 　T: 지도의 갈색과 녹색은 무엇을 뜻하나요? • 우리나라 모양의 빈 지도에 이야기 나눈 것들을 옮겨 기록한다.  **전개** • 우리나라 지도를 만들어 본다. 　– 우드락 위에 지도를 붙이고 비닐로 싼 후, 그 위에 지도 밑그림을 그린다. 　– 목공용 본드를 밑그림 위에 바르고 해안선을 따라 지점토를 붙인다. 　– 산맥은 지점토를 덧붙여 높게 만들고, 평지는 낮게 만들어 우리나라의 지형을 한눈에 볼 수 있도록 한다. 

– 지점토가 마르면 땅의 높이에 따라 색을 다르게 하여 물감으로 색을 칠한다.

마무리

• 완성된 우리나라 지도를 보고 지형에 대해 이야기를 나눈다.

확장활동

• 우리나라 포스터 만들기

가정과의 연계

• 가족과 함께 우리나라의 전통음식을 만들어 먹어 보고 이야기를 나누어 본다.

참고문헌

교육과학기술부, 보건복지부(2013a). 3-5세 연령별 누리과정 해설서.

교육과학기술부, 보건복지부(2013b). 3-5세 연령별 누리과정: 교사용 지침서.

Early Childhood Social Education

제12장

유아사회교육의 평가

1. 유아사회교육 평가의 목적과 기준

2. 유아사회교육 평가 내용

3. 유아사회교육 평가 방법

4. 유아사회교육 평가 결과의 활용 및 주의점

평가는 적절한 목적과 기준에 따라 유아가 사회교육 관련 개념을 이해하고 있는지, 필요한 기술을 습득했는지, 적절한 태도를 갖추고 있는지에 대해 종합적으로 이루어져야 한다. 유아사회교육 평가는 관찰, 면접, 포트폴리오를 이용한 방법이 있다. 최근의 유아교육 현장에서는 유아의 수행을 평가할 때 구조화된 방법보다는 비구조화, 비형식적, 통합적인 방법을 자주 사용한다. 또한 평가는 교사의 교수-학습 중에 계속적으로 이루어져서 다시 교수-학습 계획과 수행에 반영되었을 때 의의가 있다. 이 장에서는 유아사회교육 평가의 목적과 기준, 평가내용, 평가 방법과 평가 결과의 활용 및 주의점에 대하여 살펴보려고 한다.

① 유아사회교육 평가의 목적과 기준

1) 평가의 목적

평가는 최적의 발달과 프로그램의 목적을 성취하기 위해 유아가 무엇을 알아야 하고 무엇을 할 수 있는지와 관련된 정보를 수집하고, 해석하고, 문서화하는 기본적인 과정이다(Mcafee, Leong, & Bodrova, 2004). 유아사회교육 평가의 목적은 현재 유아가 사회교육 관련 지식을 얼마나 알고 있는지 진단하고 앞으로의 교육활동의 계획과 운영에 적용하는 것이다.

구체적인 유아사회교육 평가의 일반적인 목적은 첫째, 교사가 유아의 사회교육 관련 개념의 학습 수준에 대한 이해, 유아의 특성과 발달에 대한 이해를 하기 위함이다. 정확하고 객관적인 수준을 파악하는 것은 교육활동의 목표를 설정하는 데 도움이 된다. 둘째, 유아의 이해 수준을 파악하여 교사가 다음 교수-학습 활동계획에 반영하여 유아의 필요를 채워 주고 학습을 조력하기 위함이다. 셋째, 규칙적인 간격으로 증거 수집, 요약, 보고를 함으로써 유아의 성취 정도를 평가하기 위함이다. 넷째, 모든 유아가 제대로 학습하고 있는지에 관한 증거를 수집하여 프로그램의 적절성을 평가하기 위함이다.

유아사회교육의 평가 목적을 달성하기 위해서는 다음의 네 가지 평가 단계가 도움이 된다. 첫 번째는 평가를 위해 자료를 수집하고 해석할 때 사용할 도구와 목적을 선정하는 단계다. 이 단계에서는 유아의 성취를 평가하기 위해 어떤 기준을 설정할 것인지, 평가 결과를 어떠한 형식으로 정리할 것인지 결정해야 한다. 예를 들어, 지금 평가하는 내용이 다음 활동을 계획하기 위해 필요한 것인지, 아니면 유아의 발달 평가를 통해 학부모에게 유아의 발달 상황에 대한 내용을 전달하기 위함인지를 먼저 결정해야 한다. 두번째는 증거를 수집하는 단계다. 이 단계에서는 유아가 한 활동, 과제, 학습과정에 관한 모든 증거를 모으는 것이 필요하다. 수집할 수 있는 자료의 예는 그림, 말, 행동, 글 등 다양하다. 특히 유아는 글이나 말보다는 그림이나 행동을 통해 자신이 알고 있는 것을 표현하는 경향이 있으므로 다양한 방법을 사용하여 자료를 수집해야 한다. 세 번째는 증거를 해석하는 단계다. 이 단계에서는 수집된 증거를 어떠한 기준으로 분석할 것인지 결정해야 한다. 네 번째는 결과를 평가에 활용하는 단계다. 이 단계에서는 결과를 어떻게 보고할 것인지, 어떤 식으로 다음 교수-학습 활동계획에 반영할 것인지를 결정해야 한다. 예를 들어, 학부모에게 보고를 한다면 보고서를 작성해서 배부할 것인지, 전반적인 결과를 구두로 보고할 것인지 결정해야 한다. 유아의 성취 평가 결과를 다음 교수-학습 활동계획에 어떤 식으로 반영하여 더 나은 교육과정을 만들 것인지 결정하는 단계다.

2) 평가의 기준

유아사회교육의 기준은 미국 국립사회교과협회(National Council for Social Studies: NCSS)에서 열 가지 기준을 제시한 바 있다. 이 기준은 미국 국립유치원에서 12학년 사회교과를 지도할 때에 필요한 포괄적인 기준이다. 이것은 1994년에 미국에서 전반적으로 각 교과별로 기준을 설립할 필요성이 있어서 설정하게 된 것이지만 이 기준이 필수적인 국가 교육과정은 아니다(Levstik & Tyson, 2010). 10개의 핵심 요소는 ① 문화, ② 시간, 연속성, 변화, ③ 사람, 장소, 환경, ④ 개인 발달과 정체성, ⑤ 개인, 집단, 제도, ⑥ 힘, 권위, 통치, ⑦ 생산, 분배, 소비, ⑧ 과학, 기술, 사회, ⑨ 세계적인 네트워크, ⑩ 시민 이상과 실천이다. 미국 국립사회교과협회에서 제시하고 있는 기준들을 유아사회교육에서 다루어야 할 기준으로서 참고해 볼 수 있다.

글상자 12-1 ▶ **NCSS 기준: 10개 핵심 요소**

1. 문화(Culture)

모든 사람은 문화를 만들고, 배우고 문화에 적응한다. 인간 문화는 공통점과 차이점을 나타내는 신념, 가치, 전통의 역동적인 체계다. 문화를 이해한다면 우리 자신과 타인에 대해 이해할 수 있다.

2. 시간, 연속성, 변화(Time, Continuity, and Change)

인간은 자신의 역사적 뿌리를 이해함으로써 자신이 어느 시대에 살고 있는지 그 위치를 알아보고자 한다. 과거에는 어떠했고 상황이 어떻게 변하고 발전하는지를 이해하는 것을 통해 역사적 관점을 형성하고 우리의 현 상황과 관련된 중요한 문제에 대한 해답을 얻을 수 있게 된다.

3. 사람, 장소, 환경(People, Places, and Environment)

발전된 기술로 인해 개인의 지리상의 위치와 관계없이 세상에 대해서 알 수 있게 되었다. 어떤 주제에 대해서 공부할 때 학생들은 세상에 대한 공간점 관점과 지리적 조망을 갖게 된다.

4. 개인 발달과 정체성(Individual Development and Identity)

개인의 정체성은 그가 속한 문화, 집단, 제도의 영향에 의해서 만들어진다. 인간 행동을 관찰해 보면 사회 규범과 개인의 정체성의 발현의 관계, 정체성 형성에 영향을 미치는 사회화 과정, 개인 행동의 기저에 있는 도덕적 규칙을 이해할 수 있게 된다.

5. 개인, 집단, 제도(Individuals, Groups, and Institution)

제도는 우리에게 커다란 영향을 미친다. 제도는 구성원의 핵심적인 사회적 가치를 확장하기 위한 조직적인 실체다. 학생들은 제도가 어떻게 형성되는지, 무엇이 제도를 통제하고 영향을 미치는지, 그것이 어떻게 개인과 문화를 통제하고 영향을 미치는지, 제도가 어떻게 유지되고 변화하는지에 대해 알아야 한다.

6. 힘, 권위, 통치(Power, Authority, and Governance)

힘, 권위, 통치 구조의 역사적 발전과 진화 기능을 이해하는 것은 민주시민 능력을 발현하기 위해 반드시 필요하다.

7. 생산, 분배, 소비(Production, Distribution, and Consumption)

교환, 무역, 경제 원칙, 웰빙에 관한 결정은 전 세계적으로 범위가 넓으며 정책을 만드는 것은 시간과 공간을 초월한다. 상호 의존적인 세계 경제와 경제 관련 의사결정에서 기술의 역할에 대해 체계적인 학문을 배우는 것은 매우 중요하다.

8. 과학, 기술, 사회(Science, Technology, and Society)

기술은 선사시대 인류의 도구 개발에서부터 시작해서 현대사회의 기술과 과학에 이르기까지를 의미한다.

9. 세계적인 네트워크(Global Connection)

전 세계적인 상호의존성이란 전 세계 사회가 상호 연결되어 있다는 것을 이해하고 그 중요성을 받아들이는 것이다. 그러기 위해서는 먼저 전 세계적으로 발생하는 이슈를 해결하기 위한 해결책을 모색하고 분석하는 것이 필요하다.

10. 시민 이상과 실천(Civic Ideals and Practices)

모든 사람은 시민 의식과 실천과 관련이 있으며 각자가 속한 민주공화국에서 실제와 이상 간의 간격을 좁히는 것에 대해 관심을 가진다. 시민의 신분에 대한 시민 이상과 실천에 대해 이해하는 것은 사회에 온전히 참여하기 위해 필수다.

출처: Expectations of Excellence: Curriculum Standards for Social Studies(1994).

2 유아사회교육 평가 내용

실제적으로 개별 유아가 유아사회교육의 지식을 습득하고 사회적 기술을 배워 적절한 사회적 태도를 형성하였는지 확인하기 위해서 구체적인 평가 항목이 필요하다. 이를 위해서 누리과정의 사회관계 영역(교육과학기술부, 보건복지부, 2013)의 하위 내용을 연령별로 묶어서 살펴보면 연령에 따라 어떤 지식, 기술, 태도가 요구되는지 알 수 있다. 사회관계 영역의 하위 내용은 ① 나를 알고 존중하기, ② 나와 다른 사람의 감정 알고 조절하기, ③ 가족을 소중히 여기기, ④ 다른 사람과 더불어 생활하기, ⑤ 사회에 관심 갖기로 구성되어 있다.

1) 나를 알고 존중하기

'나를 알고 존중하기' 내용은 크게 ① 나를 알고 소중히 여기기, ② 나의 일 스스로 하기로 나뉜다. 3세 아동은 주로 나와 다른 사람에 대해서 관심을 가지고 있는지, 자신을 소중히 여기는지를 확인함으로써 유아의 사회적 태도를 평가해 볼 수 있다. 4세부터는 자신에 대해서 알아보고, 나와 다른 사람의 차이점을 아는지를 평가한다. 더 나아가 5세가 되면 그러한 차이점을 존중하고 각각의 개별 특성을 긍정적으로 받아들이는지를 평가해 볼 수 있다. 즉, 3세부터 5세까지의 유아들이 나와 타인에 대한 관심에서 출발하여 각자의 특성을 파악하고 존중하는 태도를 기르는 것이 이 영역의 핵심이라 할 수 있다. 또한 내가 할 수 있는 일과 하고 싶은 일을 구분하는 것은 3세 수준에 해당하고 4세 이후에는 그것을 계획하고 실천하는지 여부를 평가해 볼 수 있다.

표 12-1 사회관계 영역 – 나를 알고 존중하기

내용	3세	4세	5세
나를 알고 소중히 여기기	나에 대해 관심을 갖는다.	나에 대해 알아본다.	
	나와 다른 사람의 차이에 관심을 갖는다.	나와 다른 사람의 차이점을 말해 본다.	나와 다른 사람의 신체적·사회적·문화적 차이를 존중한다.
	나를 소중하게 여긴다.	나에 대해 긍정적으로 생각하고 나를 소중하게 여긴다.	
나의 일 스스로 하기	내가 할 수 있는 일을 알아본다.	내가 할 수 있는 일을 해 본다.	내가 할 수 있는 일을 스스로 한다.
	내가 하고 싶은 일을 선택해 본다.	하고 싶은 일을 계획하고 해 본다.	

2) 나와 다른 사람의 감정 알고 조절하기

'나와 다른 사람의 감정 알고 조절하기'는 ① 나와 다른 사람의 감정 알고 표현하기, ② 나의 감정 조절하기로 구분된다. 3세 유아는 나와 다른 사람의 감정이 있음을 인지하고 관심을 갖는지가 평가 기준이 되며, 4세부터는 감정을 알고 적절한 방법으로 표현하

표 12-2 사회관계 영역 – 나와 다른 사람의 감정 알고 조절하기

내용	3세	4세	5세
나와 다른 사람의 감정 알고 표현하기	자신에게 여러 가지 감정이 있음을 안다.	자신의 감정을 알고 표현한다.	
	다른 사람의 감정에 관심을 갖는다.	다른 사람의 감정을 안다.	다른 사람의 감정을 알고 공감한다.
나의 감정 조절하기	자신의 감정을 조절해 본다.		자신의 감정을 상황에 맞게 조절한다.

는지 여부로 평가해 볼 수 있다. 더 나아가 5세는 다른 사람의 감정을 알고 공감하는 태도를 기르는 것이 목적이다. 또한 3세부터는 자신의 감정을 조절하는 것을 연습해야 하며 5세가 되면 자신의 감정을 상황에 맞게 조절할 필요가 있다.

3) 가족을 소중히 여기기

'가족을 소중히 여기기' 는 ① 가족과 화목하게 지내기, ② 가족과 협력하기로 구분된다. 3세부터 가족의 소중함을 알고 느끼는 활동을 실시하며 5세가 되면 가족이 가지는 의미를 파악하고 있는지 평가해 볼 수 있다. 가족과 협력하기 부분은 각 가족구성원에 대해 알아보고, 역할을 파악하고, 다양한 가족 구조를 알아보는 단계로 이루어져 있다. 유아의 연령이 증가함에 따라 가족 및 가족 구조 관련 개념이 이와 같이 확장되고 있는지 평가해 볼 필요가 있다. 더 나아가 유아들이 가족구성원 각자가 맡은 역할이 있지만 서로 도와야 한다는 것을 인식하고 실천하는지 여부를 평가해야 한다.

표 12-3 사회관계 영역 – 가족을 소중히 여기기

내용	3세	4세	5세
가족과 화목하게 지내기	가족의 소중함을 안다.		가족의 의미와 소중함을 안다.
			가족과 화목하게 지낸다.
가족과 협력하기	가족구성원을 알아본다.	가족구성원의 역할에 대해 알아본다.	다양한 가족 구조에 대해 알아본다.
	가족을 위하여 내가 할 수 있는 일을 알아본다.	가족을 위하여 내가 할 수 있는 일을 알아보고 실천한다.	가족은 서로 도와야 함을 알고 실천한다.

4) 다른 사람과 더불어 생활하기

'다른 사람과 더불어 생활하기' 는 ① 친구와 사이좋게 지내기, ② 공동체에서 화목하게 지내기, ③ 사회적 가치를 알고 지키기로 구성된다. 3세 유아는 친구와 함께 놀이를 하고 의견의 차이를 알고 있는지 확인하고, 4세부터는 협동과 갈등해결을 적절히 하고

있는지 유아의 사회적 기술 평가를 할 필요가 있다. 공동체에서 화목하게 지내기는 교사 및 또래와 화목하게 지내는지, 필요시 도움을 주고받는지 유아의 친사회적 행동에 대한 평가가 이루어질 수 있다. 사회적 가치 부분에서는 4세가 되면서 예의, 공공질서, 자연과 자원 등 지켜야 할 사회 규칙이 확장되는데 유아들이 지켜야 할 규칙을 제대로 인지하고 있는지뿐 아니라 실천하고 있는지 지식과 태도에 대한 평가가 함께 이루어져야 한다.

표 12-4 사회관계 영역 – 다른 사람과 더불어 생활하기

내용	3세	4세	5세
친구와 사이좋게 지내기	친구와 함께 놀이한다.	친구와 협동하며 놀이한다.	
	나와 친구의 의견에 차이가 있음을 안다.	친구와의 갈등을 긍정적인 방법으로 해결한다.	
공동체에서 화목하게 지내기		도움이 필요할 때 다른 사람과 도움을 주고받는다.	다른 사람과 도움을 주고받고, 서로 협력한다.
	교사 및 주변 사람과 화목하게 지낸다.		
사회적 가치를 알고 지키기	다른 사람의 소유물을 존중한다.	정직하게 말하고 행동한다.	
	약속과 규칙을 지켜야 함을 안다.	다른 사람의 생각, 행동을 존중한다.	다른 사람을 배려하여 행동한다.
		친구와 어른께 예의 바르게 행동한다.	
		다른 사람과 한 약속이나 공공 규칙을 지킨다.	
		자연과 자원을 아끼는 습관을 기른다.	

5) 사회에 관심 갖기

'사회에 관심 갖기'는 ① 지역사회에 관심 갖고 이해하기, ② 우리나라에 관심 갖고 이해하기, ③ 세계와 여러 문화에 관심 가지기로 구분된다. 3세는 자신이 속한 동네의 이름을 알고 관심을 가지는 정도이지만 4세부터는 구체적으로 동네의 특성이나 사람들이 하는 일 등 세부적인 사실을 알아야 한다. 또한 돈에 대해서 배움으로써 기초 경제에 관한 지식을 습득할 필요가 있다. 즉, 4세 이후에는 자기 동네의 지리, 직업, 생산, 소비 등 사회교과 관련 지식을 배우게 되며 이를 유아가 제대로 습득하였는지에 대한 평가가

| 표 12-5 | 사회관계 영역-사회에 관심 갖기 | | |

내용	3세	4세	5세
지역사회에 관심 갖고 이해하기	우리 동네의 이름을 안다.	우리 동네에 대해 알아본다.	
	우리 동네 사람들에 관심을 갖는다.	우리 동네 사람들이 하는 일에 관심을 갖는다.	다양한 직업에 관심을 갖는다.
		물건을 살 때 돈이 필요함을 안다.	일상생활에서 돈의 쓰임에 대해 안다.
우리나라에 관심 갖고 이해하기	우리나라를 상징하는 것에 관심을 가진다.	우리나라를 상징하는 것을 안다.	우리나라를 상징하는 것을 알고 예절을 지킨다.
	우리나라의 전통놀이와 풍습에 관심을 갖는다.	우리나라의 전통놀이와 풍습에 관심을 갖는다.	우리나라의 전통, 역사, 문화에 관심을 갖는다.
		우리나라에 대해 자부심을 갖는다.	
세계와 여러 문화에 관심 가지기		세계 여러 나라에 대해 관심을 갖는다.	세계 여러 나라에 관심을 갖고 서로 협력해야 함을 안다.
		다양한 인종과 문화에 관심을 갖는다.	다양한 인종과 문화를 알아보고 존중한다.

이루어져야 할 것이다. 우리나라에 대한 학습은 3세부터 이루어지는데 이 시기는 우리나라에 대한 관심을 가지는 소개 단계라고 할 수 있다. 4세부터는 세계 여러 나라에 대한 교과내용이 추가되면서 우리나라와 다른 나라의 전통, 문화, 역사의 차이점에 대해서 배우게 된다. 따라서 4, 5세 연령의 유아는 우리나라 외 다른 문화에 대해 관심을 가지고 유사점과 차이점을 파악하고 있는지 평가해 볼 필요가 있으며 더 나아가 애국심을 가지되 다문화를 인정하고 존중하는 긍정적 태도를 가지는지 확인해야 한다.

③ 유아사회교육 평가 방법

　유아사회교육 평가는 프로그램을 진행하기 전과 후 그리고 과정 중에 지속적으로 이루어지는데 이러한 평가 시기에 따라 진단평가, 형성평가, 종합평가로 구분할 수 있다. 진단평가란 프로그램의 구성 전에 유아의 수준을 파악하기 위해 평가하는 것인데 이러한 평가를 근거로 유아에게 필요한 학습 경험을 선정하고 교수-학습 활동을 계획한다.

형성평가란 교수-학습 활동과정에서 유아 발달의 진보와 성취에 대한 평가를 하는 것을 의미한다. 주로 일화기록법과 같은 관찰 방법으로 유아의 성취에 대한 근거가 될 수 있는 자료들을 수집한다. 마지막으로, 총괄평가는 교수-학습 활동이 끝난 후에 교육 목표의 성취 여부나 성취 수준의 결과를 평가하는 것이다. 이때에는 주로 면접을 통하여 유아의 교수-학습 활동에 대한 생각을 듣거나, 집단으로 이야기 나누기 활동을 하거나, 활동 결과물 전체를 수집하여 평가한다. 각 시기별로 사용하기에 적절한 평가 방법이 정해져 있는 것은 아니다. 여기서는 유아사회교육 평가 방법을 관찰법, 면접법, 포트폴리오로 구분하여서 살펴보려고 한다.

1) 관찰법

유아 관찰은 유아의 발달을 파악하기 위해 오래전부터 유아교육 현장에서 활용되어 오던 방법이다. 교사는 객관적 또는 해석적으로 관찰할 수 있는데 객관적 관찰이란 마치 카메라로 사진을 찍는 것처럼 누가, 무엇을, 언제, 어디서, 어떻게, 왜의 육하원칙에 따라 관찰한 내용을 그대로 기록하는 방법이다. 이렇게 기록한 내용에 교사가 주관적인 설명을 추가하면 해석적 관찰이 된다. 관찰은 관찰 시기에 따라 자연적 관찰과 규칙적 관찰로 구분할 수 있다. 자연적 관찰은 교사가 임의로 특정한 유아를 지정하여 관찰하는 것이 아니라 일상생활 중에 유아의 사회성이나 사회 관련 지식, 기술, 태도 등의 변화가 감지되었을 때 관찰하는 것이다. 반면, 규칙적 관찰은 교사가 유아 관찰을 위해 미리 특정한 유아를 지정하고, 특정한 상황과 관찰 방법을 계획하여서 진행하는 경우를 의미한다. 정확한 평가를 위해서는 교사가 객관적인 입장에서 규칙적 관찰을 계획할 필요가 있지만 의미 있는 사건이 발생하거나 유아가 의미가 있는 말이나 행동을 할 때마다 자연적으로 관찰하는 방법도 현장에서는 유용하다. 관찰 시 교사는 일화기록, 체크리스트, 평정척도를 이용하면 유아의 사회정서 발달 및 사회 관련 지식을 보다 정확히 파악할 수 있다.

(1) 일화기록

일화기록은 유아의 사회성 및 사회교과 관련 지식, 기술, 태도에 있어서 의미 있는 사건이 일어나거나 말이나 행동을 했을 때 교사가 이를 서술형으로 기록하는 형식을 의미한다. 이 방법은 교사가 관찰하고자 하는 대상이나 사건을 미리 정하지 않고 자연스럽게 발생한 발달 상황을 발견했을 때 기록할 수 있다는 장점이 있다. 또한 구조화된 형식이 아니기 때문에 교실에서 교사가 쉽게 활용할 수 있다.

일화기록을 할 때에는 객관적으로 기록하고, 세부적인 행동과 말을 기록할 경우 후에 유아 평가 자료로 활용할 때 도움이 된다. 예를 들어, '진아가 이슬이와 장난감을 함께 가지고 놀았다.' 라고 기록하기보다는 '진아가 이슬이에게 블록을 하나 건네주면서 "너 이거 가지고 놀아도 돼."라고 말했다. 이슬이는 진아가 건넨 블록을 받으면서 "응. 고마워."라고 말했다.' 라고 상세히 기록하는 것이 유아가 또래와 상호작용하는 모습을 객관

글상자 12-2   일화기록 예시

관찰아동	박정수 (만 3세)	성별	남	관찰일	2013. 3. 8.
관찰자	남혜수	관찰시간	오전 11시 00분 ~ 11시 5분(5분)		
누리과정 영역	사회관계 > 나를 알고 존중하기 > 나의 일 스스로 하기 > 내가 할 수 있는 일을 알아본다.				
관찰장면	실외놀이 나가기 위해 옷 입기				
기록	정수는 옷걸이대로 가서 점퍼를 집어 들고 1분간 서 있다. 잠시 후 점퍼를 바닥에 펼쳐 놓는다. 펼쳐 놓은 옷 위로 누워 점퍼를 입으려 한다. 교사가 다가가 "정수야, 옷 입으려고 하니?"라고 하자 정수는 "네."라고 하고, 교사가 "선생님이 도와줄까?"라고 하자 정수는 일어나 점퍼를 들고 교사에게로 온다. 교사가 정수의 옷 입는 것을 도와준다.				
해석 및 평가	정수는 옷을 어떻게 입어야 할지 몰라 서 있다가 나름대로 옷 입는 방법으로 생각한 것이 바닥에 옷을 펼쳐 놓고 그 위에 자신의 몸을 맞추어 입으려 했던 것 같다. 정수는 유치원(어린이집)에 오기 전까지 스스로 옷을 입어 본 적이 없는 아이다. 언제나 할머니가 옆에서 도와주다 보니 옷을 입고 벗는 행동뿐만 아니라 스스로 할 수 있는 일이 많지 않은 아이다. 정수에게는 정수 스스로 할 수 있는 일을 알아보고 해 보는 것에 중점을 두고 교육이 이루어져야 할 것이다. 또한 가정에서도 기본적인 생활습관 지도가 이루어질 수 있도록 부모와의 상담이 필요하다.				

출처: 안선희 외(2015).

적으로 알아볼 수 있다. 이와 같이 상세히 기록하기 위해서는 교사가 유아들을 평상시에 오랫동안 주의를 기울여서 살펴보아야 한다. 즉시 기록하기 어려울 경우 간단하게 유아가 한 중요한 말이나 행동을 메모한 후 나중에 상세히 기록하는 방법이 있다. 녹음기나 카메라를 이용하여서 녹음 또는 녹화한 후 관찰 대상이나 사건에 대해 기록하는 방법도 있지만 이러한 방법은 유아의 활동을 방해할 수도 있으므로 주의하여 사용하도록 한다.

(2) 체크리스트

체크리스트는 평가하고자 하는 사회성 또는 사회교육 관련 행동 목록을 사전에 준비한 후 그 목록에 포함된 행동을 유아가 하는지 여부를 관찰하여서 표기하는 방법이다. 체크리스트의 문항은 유아사회교육 관련 개념을 유아가 이해했는지를 확인할 때 유용하다. 교사는 사전에 실시한 교육활동에서 다루었던 개념이나 지식을 쉽게 체크리스트의 문항으로 만들 수 있다. 문항을 만들 때에는 관찰하고자 하는 행동이나 말의 단위를 구체적으로 작성해야 관찰 여부나 빈도를 표시하기 편리하다. 하지만 체크리스트는 유아의 행동을 개별 문항으로 각각 확인하는 것이기 때문에 유아가 각각의 행동을 했는지 여부를 확인하는 것에서 그친다. 즉, 체크리스트를 통해서는 유아의 사회적 행동이나 정서발달 전반을 알기 어렵다.

표 12-6 체크리스트 예시

문항	예	아니요	비고
살고 있는 집(아파트)의 이름을 안다.			
살고 있는 도시의 이름을 안다.			
집 주소를 안다.			
지도에서 우리나라의 위치를 찾는다.			
우리나라에 가까운 나라를 안다.			

(3) 평정척도

평정척도는 체크리스트의 단점인 각 문항 간의 단절성을 보완하여 유아 행동의 질이나 빈도에 관해 알려 줄 수 있는 방법이다(한유미, 2009). 예를 들어, 한국행동과학연구소

(1984)에서 개발한 유아 사회정서 발달 평정척도를 가지고 유아를 관찰하면서 행동 발달을 체크할 수 있다. 유아 사회정서 발달 평정척도는 총 70개 문항이다. 이 척도는 7개의 하위 척도로 구성되어 있다. 하위 척도는 교사 의존성, 내적 통제력, 또래 상호작용, 학교적응, 성취동기, 호기심, 독립심이며 각 하위 척도는 10문항씩 구성되어 있다. 교사는 이미 개발된 평정척도를 이용하여 각 문항별로 유아의 발달이 어디에 해당하는지 체크하고, 각 범주별로 점수를 합산하여서 발달 상황을 분석해 볼 수 있다. 이때 유아의 응답이 '전혀 그렇지 않다'일 경우 1점, '약간 그렇지 않다'일 경우 2점, '보통이다'일 경우 3점, '약간 그렇다'일 경우 4점, '아주 그렇다'일 경우 5점으로 점수를 배정한다. 코딩 문항의 경우 점수 합산 시 점수를 역으로 배정하여 하위 영역별로 유아의 점수를 합산한다. 예를 들어, 교사 의존성의 경우 평균점수가 5점에 가까울수록 유아가 교사에게 의존적임을 의미한다. 교사는 유아 사회정서 발달 평정척도를 이용하여 유아가 교사에게 의존적인지, 내적 통제력이 있는지, 또래와 적절히 상호작용하는지, 학교에 적응하는지, 성취동기가 높은지, 호기심이 왕성한지, 독립심이 길러졌는지를 평가해 볼 수 있어서 유아의 사회정서 발달이 잘 이루어지고 있는지 평가해 볼 수 있다. 이러한 평정척도는 도덕성, 친사회성, 자기개념 등 교사가 측정하고자 하는 척도를 선행연구에서 찾아 사용하면 된다.

표 12-7 유아 사회정서 발달 평정척도 문항 예시

하위 범주	예시 문항	전혀 그렇지 않다	약간 그렇지 않다	보통이다	약간 그렇다	아주 그렇다
교사 의존성	교사의 칭찬을 받으려고 한다.					
내적 통제력	모든 일에 충동적이다.					
또래 상호작용	다른 아이들과 잘 어울린다.					
학교적응	유치원에 오기를 좋아한다.					
성취동기	맡은 일을 끝까지 마치려고 한다.					
호기심	새로운 놀이를 계속해서 찾는다.					
독립심	상황 속에서 자기가 시작한 일은 스스로 해결한다.					

표 12-8 3세 누리과정 유아관찰척도 예시

내용	세부내용	관찰 문항 (관찰요소)	관찰 준거		
			1	2	3
나와 다른 사람의 감정 알고 표현하기	자신에게 여러 가지 감정이 있음을 안다.	자기 감정을 알고 타인의 감정에 관심을 나타낸다. (감정 인식, 타인의 감정 주의)	자기 감정을 잘 모르거나 다른 사람의 감정표현에 관심을 나타내지 않는다.	자기 감정은 잘 알지만 다른 사람의 감정표현에는 가끔씩만 관심을 나타낸다.	자기 감정을 잘 알고 다른 사람의 감정표현에도 자주 관심을 나타낸다.
			관찰 및 활동 사례		
	다른 사람의 감정에 관심을 갖는다.		친구가 넘어져 울고 있어도 인식하지 못하고 자기 놀이에 빠져 있다.	친구가 넘어져 울고 있으면 잠시 쳐다보다가 다시 자기 놀이로 돌아간다.	친구가 넘어져 울고 있으면, 자기 놀이를 멈추고 그 친구를 계속 살펴본다.

출처: 이정림 외(2014).

2) 면접법

면접법은 유아가 알고 있는 사회교과 지식과 사회성 발달 정도에 관한 근거를 직접적으로 수집할 수 있는 방법이다. 유아 면접은 정해지지 않은 시간에 즉흥적 · 비형식적으로 진행되기도 하고, 교사의 계획에 따라 형식적으로 진행되기도 한다.

형식적인 면접은 유아가 새로 왔을 때나 학기 초에 유아의 수준을 파악하기 위해 또는 태도가 소극적인 유아 행동의 원인을 파악하기 위해 교사가 지정된 유아를 대상으로 별

표 12-9 면접의 유형

유형	특징
구조화 면접	• 면접 질문, 면접 요령, 면접 절차, 면접 장소 등이 사전에 계획되며 모든 면접 대상에게 동일한 내용과 방식으로 질문하는 방식 • 질문지법과 거의 유사함
반구조화 면접	• 면접 내용과 방법이 대략적으로 정해져 있으나 면접 상황에 따라 달라질 수 있음
비구조화 면접	• 면접 주제, 목적만 정하고 질문 목록은 미리 정하지 않고 면접을 실시함 • 면접자는 수동적이며 비지시적인 입장에서 면접을 진행함 • 질적으로 풍부한 자료를 얻을 수 있지만 구조화 면접 결과에 비해 정리하고 분석하기 어려움

도로 실시한다. 형식적인 면접을 위해서는 교사가 유아에게 어떤 질문을 할지, 어느 장
소에서 할지, 어떠한 방식으로 할지, 몇 분 동안 할지 등을 미리 계획해야 한다.

3) 포트폴리오

포트폴리오라는 용어는 본래 화가, 건축가, 배우 등 예술 분야의 전문가들이 자신의
작품활동을 다른 사람에게 소개하기 위해 제작한 작품모음집을 의미하였다. 그런데 교
육학에서 이를 응용하여 학습자의 활동작품 등을 수집하여 학습자의 학문적인 발달이
나 성장을 평가하기 위한 방법으로 포트폴리오라는 용어를 사용하기 시작하였다(Meisel
et al., 1995). 포트폴리오 평가 방법은 유아의 학습과 발달을 평가하기 위해 적절하다.
그 이유는 포트폴리오는 교수-학습 활동과정 중에 자료가 수집되기 때문이다. 체크리
스트, 평정척도, 면접은 정해진 기간 동안 일정한 형식으로 평가가 진행되지만 포트폴
리오는 유아의 그림, 글, 말과 행동 등 완성된 것, 완성되지 않은 것, 잘한 것, 실수한 것
등 형식에 얽매이지 않고 다양한 자료를 수집하여 평가한다. 그렇기 때문에 포트폴리오
평가는 유아의 강점과 약점을 동시에 볼 수 있고 개별 아동의 독특성을 보여 준다. 포트
폴리오 평가는 유아의 발달 진행과정을 보여 준다. 구조화된 평가에 비해 포트폴리오는
시간 흐름에 따라 또는 상황에 따라 유아가 어떻게 활동을 수행했는지에 대한 정보를
나타내 준다.

그림 12-1 만 3세 유아의 '우리 가족' 그림과 만 5세 유아의 '나의 손과 발' 그림

유아사회교육 평가 결과의 활용 및 주의점

유아사회교육 평가 결과는 다양한 방식으로 활용할 수 있다. 첫째, 유아의 사회정서발달 수준을 파악하여서 유아의 발달을 촉진하기 위해 도움을 줄 수 있는 방안을 생각해 볼 수 있다. 예를 들어, 사회정서 발달 평정척도에서 유아가 성취 동기가 낮다고 평가되었다면 교사는 유아의 성취 동기를 높이기 위한 교수-학습 활동을 계획해 볼 수 있을 것이다. 둘째, 유아와 또래의 관계 증진을 위한 자료로 활용할 수 있다. 유아가 또래와 원만한 관계를 맺지 못하는 원인은 다양한데 유아의 사회정서 발달 평가를 통해서 유아의 정서 이해, 친사회성, 도덕성, 사회적 기술 등 어떠한 부분이 부족하여서 또래관계에 문제가 생긴 것인지 파악하여 개입할 수 있다. 셋째, 교사의 교수-학습 활동 개선을 위해 활용할 수 있다. 교사가 유아사회교육을 하는 목적은 유아의 사회성 발달과 사회 관련 지식을 습득하기 위해서다. 평가를 통해 이러한 목적이 달성되었는지 여부를 확인하고 다음 교육활동을 위해 부족한 부분을 보완하면 교사의 교수-학습 활동이 점차 개선될 것이다. 넷째, 부모 상담 자료로 활용할 수 있다. 부모는 자녀가 사회정서적으로 잘 발달하고 있는지 항상 관심을 가지고 있다. 그렇기 때문에 교사에게 자녀의 발달 상황에 대해 묻기도 하고 정기적으로 상담을 한다. 이때 교사가 관찰, 면접, 포트폴리오 평가를 통해 수집된 자료를 참조하여 부모에게 설명할 경우 효과적인 상담이 될 것이다. 다섯째, 교육 프로그램의 효과를 평가하는 자료로 활용할 수 있다. 각 유아 지원 기관마다 고유의 유아교육 프로그램을 실시하고 그 프로그램이 유아의 사회정서 발달에 기여했는지 확인하기 위해서 평가 결과를 활용할 수 있다.

유아사회교육 평가 시 주의점은 다음과 같다. 첫째, 유아의 발달 수준을 파악할 때 연령집단의 기준을 참조하되 개인차를 충분히 고려해야 한다. 인지 발달뿐 아니라 사회정서 발달의 경우 성, 기질 및 환경에 따라 개인차가 크다. 따라서 평가 결과를 해석할 때에도 성별에 따라, 유아의 가족환경, 교육환경, 매체환경 등 유아의 사회정서 발달에 영향을 미칠 수 있는 제반 요인에 대해 충분히 고려해야 한다. 둘째, 다면적인 평가를 실시해야 한다. 유아는 아직 발달 중이며 상황에 따라 유아의 수행이 달라질 수 있다는 점을 염두에 두고 일화기록, 체크리스트, 평정척도, 면접, 포트폴리오 등 여러 가지 방법을 혼합하여서 다양한 측면에서 평가해야 한다.

참고문헌

교육과학기술부, 보건복지부(2013). 3-5세 연령별 누리과정 교사용 지침서.

안선희, 문혁준, 김양은, 김영심, 안효진, 이경옥, 신혜원(2015). 아동관찰 및 행동연구. 서울: 창
　　지사.

이정림, 최효미, 정주영, 오유정, 이정아(2014). 「3-5세 누리과정 유아관찰척도」를 활용한 누리과정
　　효과 분석 연구. 육아정책연구소.

한국행동과학연구소(1984). 유아 사회정서발달 평정척도.

한유미(2009). 유아수학교육. 서울: 창지사.

Expectations of Excellence: Curriculum Standards for Social Studies, *Bulletin 89*, Fall 1994,
　　Washington, DC: NCSS.

Levstik, L. S., & Tyson, C. A. (Eds.). (2010). *Handbook of research in social studies
　　education.* New York: Routledge.

McAfee, O., Leong, D., & Bodrova, E. (2004). *Basics of Assessment: A Primer for Early
　　Childhood Professionals.* National Association for the Education of Young Children,
　　1509 16th Street, NW, Washington, DC 20036.

‖ 찾아보기 ‖

‖ 저자 소개 ‖

이순형(Yi, Soonhyung)
서울대학교 대학원 아동학 박사
한국아동학회 회장, 인간발달학회 회장
서울대학교 어린이보육지원센터 센터장
현 서울대학교 아동가족학과 교수

김진경(Kim, Jinkyung)
서울대학교 대학원 아동학 박사
육아정책연구소 부연구위원
남서울대학교 아동복지학과 교수
현 한국방송통신대학교 유아교육과 교수

서주현(Suh, Joohyun)
서울대학교 대학원 아동학 박사
국민체육진흥공단어린이집 원장
서경대학교 아동학과 대우교수
현 상명대학교 가족복지학과 교수

김정민(Kim, Jungmin)
서울대학교 대학원 아동학 박사
국민체육진흥공단어린이집 원장
서울법원어린이집 원장
서울대학교 어린이보육지원센터 느티나무어린이집 원장
현 대구가톨릭대학교 아동학과 교수

이정현(Lee, Junghyeon)
서울대학교 대학원 아동학 박사
서울대학교 생활과학연구소 연수연구원
서울대학교 사범대학 유아교육협동과정 강사
현 한국외국어대학교 강사

순진이(Soon, Jinyi)
서울대학교 대학원 아동학 박사
현 성신여자대학교 일반대학원 음악치료학과 겸임교수
　　가천대학교 특수치료대학원 음악치료전공 겸임교수
　　명지대학교 대학원 아동학과 객원교수
　　사단법인 전국음악치료사협회 이사

정현심(Jung, Hyunsim)
서울대학교 대학원 아동학 박사
서울대학교 어린이보육지원센터 느티나무어린이집 원장
서울대학교 어린이보육지원센터 백학어린이집 원장
상명대학교 가족복지학과 겸임교수
현 명지대학교 대학원 아동학과 객원교수

최은정(Choi, Eunjung)
서울대학교 대학원 아동학 박사
서울대학교 생활과학대학 어린이집 교사
하이닉스어린이집 교사
캐나다 토론토 대학교 정신과 연구원

정하나(Chung, Hana)
서울대학교 대학원 아동학 박사
서울대학교 생활과학대학 어린이집 부원장
울산여성가족개발원 부연구위원
현 대구가톨릭대학교 강사

김태연(Kim, Taeyeon)
서울대학교 대학원 아동학 박사
국민체육진흥공단어린이집 원장
서울대학교 생활과학연구소 연수연구원
현 안양법원어린이집 원장

유아사회교육
Early Childhood Social Education

2016년 7월 25일 1판 1쇄 인쇄
2016년 8월   5일 1판 1쇄 발행

지은이 • 이순형 · 김진경 · 서주현 · 김정민 · 이정현
        순진이 · 정현심 · 최은정 · 정하나 · 김태연
펴낸이 • 김진환
펴낸곳 • (주) **학 지사**
        04031 서울특별시 마포구 양화로 15길 20 마인드월드빌딩
대표전화 • 02)330-5114   팩스 • 02)324-2345
등록번호 • 제313-2006-000265호

홈페이지 • http://www.hakjisa.co.kr
페이스북 • https://www.facebook.com/hakjisa

ISBN 978-89-997-1033-9 93370

정가 18,000원

이 도서의 국립중앙도서관 출판시도서목록(CIP)은 서지정보유통지
원시스템 홈페이지(http://seoji.nl.go.kr)와 국가자료공동목록시스템
(http://www.nl.go.kr/kolisnet)에서 이용하실 수 있습니다.
(CIP 제어번호: CIP2016016880)

교육문화출판미디어그룹 학 지사

학술논문서비스 **뉴논문** www.newnonmun.com
심리검사연구소 **인싸이트** www.inpsyt.co.kr
원격교육연수원 **카운피아** www.counpia.com